frommann-holzboog
Studientexte

fhS 8

AF125525

Christian Wolff

Einleitende Abhandlung
über Philosophie im allgemeinen

(Discursus Praeliminaris de Philosophia in Genere)

Übersetzt, eingeleitet und herausgegeben von
Günter Gawlick und Lothar Kreimendahl

frommann-holzboog

Gedruckt mit Unterstützung der
Hans Werner Arndt-Stiftung der Universität Mannheim

Bibliographische Information Der Deutschen Bibliothek
Die Deutsche Bibliothek verzeichnet diese Publikation in der
Deutschen Nationalbibliographie; detaillierte bibliographische Daten
sind im Internet über ‹http://dnb.ddb.de› abrufbar

ISBN 13: 978-3-7728-2393-0
ISBN 10: 3-7728-2393-9

© 2006 Friedrich Frommann Verlag · Günther Holzboog
König-Karl-Straße 27 · 70372 Stuttgart-Bad Cannstatt
produktsicherheit@frommann-holzboog.de
www.frommann-holzboog.de
Druck 2026: BoD, Norderstedt
Gedruckt auf säurefreiem und alterungsbeständigem Papier

Inhalt

Einleitende Abhandlung über Philosophie im allgemeinen

Vorwort der Herausgeber

Im Jahr 1996 ist die Abteilung I der *Forschungen und Materialien zur deutschen Aufklärung* [FMDA] mit der lateinisch-deutschen Parallelausgabe des *Discursus Praeliminaris de Philosophia in Genere* eröffnet und damit zugleich die erste historisch-kritische Edition eines Werks von Christian Wolff überhaupt durch die Herausgeber vorgelegt worden. Ihr folgte drei Jahre später in der Abteilung III der FMDA ein nach Maßgabe der Standards der Indexbände dieser Reihe erarbeiteter Index nebst Konkordanz, durch den der Text Wolffs unter vielfältigen Gesichtspunkten erschlossen wird.

Die vorliegende Studienausgabe bringt den Text der Übersetzung jener Ausgabe samt Einleitung, aktualisierter Bibliographie, Erläuterungen und Personenindex. Der lateinische Text des Werkes selbst sowie Beigaben, die sich auf ihn beziehen, wurden fortgelassen. Leser, die Wolffs Abhandlung in ihrer Originalsprache zur Kenntnis nehmen möchten, seien auf die genannte, weiterhin greifbare kritische Edition verwiesen.

Der Anstoß, dieses Werk Wolffs in einer Studienausgabe herauszubringen, liegt in dem weithin verspürten Bedürfnis, einen vom Umfang her überschaubaren und gleichwohl repräsentativen Text Wolffs zur Verfügung zu haben, der sich insbesondere für den akademischen Unterricht eignet und darüber hinaus auch auf Interesse bei einem breiteren Lesepublikum treffen dürfte. Denn neben der lateinischen Sprache, in der Wolff seine ab 1728 erscheinende Werkreihe veröffentlicht hat, ist es besonders der monumentale Umfang auch seiner zentralen deutschsprachigen Bücher, der einer Beschäftigung mit seiner Philosophie für weite Kreise erschwerend entgegensteht und ihr in der universitären Lehre nicht die Präsenz zukommen läßt, die ihr gebührt. Die vorliegende Edition ist von der Absicht getragen, diesen Zustand zu verbessern und dem Leser den Zugang zu Wolffs Philosophie zu erleichtern.

Die Herausgeber haben die angenehme Pflicht, der Hans Werner Arndt-Stiftung der Universität Mannheim für die Gewährung eines großzügigen Druckkostenzuschusses zu danken, durch den das Erscheinen dieser Studienausgabe ermöglicht wurde.

Bochum und Mannheim
im August 2005

Günter Gawlick / Lothar Kreimendahl

Einleitung

1. Der Ort des *Discursus praeliminaris* im Gesamtwerk Christian Wolffs

Noch ehe Christian Wolff die Ausarbeitung seines deutschen Werkes abgeschlossen hatte, war der Entschluß in ihm gereift, diesem ein lateinisches Œuvre folgen zu lassen.[1] Der früheste Hinweis darauf findet sich gleich in der Vorrede zur *»Deutsche(n) Logik«* aus dem Jahr 1713, mit der er die Reihe seiner deutschen Schriften eröffnet, und Wolff nennt dort auch schon den Grund, der ihn zu diesem Vorhaben brachte. Es gibt nämlich »(...) unter den Ausländern viele (...), die auf gründliche Erkänntniß viel halten, denen zu Gefallen bey anderer Gelegenheit etwas vollständigeres von dieser Materie in lateinischer Sprache mitgetheilet werden soll (...)«[2]. Hatte er 1713 lediglich von einer lateinischen Fassung der Logik[3] gesprochen, um mit ihr eine über die Grenzen des deutschen Sprachraumes hinausgehende Wirkung seiner Lehre zu erzielen, so hat er acht Jahre später seine Absicht bereits verallgemeinert. Denn nun begründet er in der Vorrede zur zweiten Auflage der *»Deutsche(n) Metaphysik«*, die das Datum vom 24. Dezember 1721 trägt, die zwar mögliche, aber unterlassene thematische Ausweitung dieses Werkes u. a. mit dem Hinweis darauf, daß »(...) ich fest entschlossen bin alle Theile der Welt-Weißheit in lateinischer Sprache viel ausführlicher herauszugeben, insonderheit da ich in diesem Vorhaben noch immer täglich gestärcket werde, weil Ausländer, welche der deutschen Sprache nicht kundig sind, und an meinen Lehren und deren Vortrage Gefallen haben, mich dergleichen zu thun ermahnen, auch, wie bald solches geschehen möchte, zu wissen begehren«[4]. Doch bevor er an die Ausarbeitung der lateinischen Reihe seiner Schriften geht, um die gewünschte gesamteuropäische Wirkung zu erzielen, muß die deutsche zum Abschluß gebracht werden. In rascher Folge erscheinen nun die *»Deutsche Ethik«*[5] (1720), die

---

1 Wolffs Werke werden zitiert nach der Nachdruckausgabe von Christian Wolff: *Gesammelte Werke.* Hg. und bearbeitet von J. École, J. E. Hofmann, M. Thomann, H. W. Arndt. Hildesheim, New York 1965ff. (künftig: GW). Abteilung I: Deutsche Schriften; Abteilung II: Lateinische Schriften; Abteilung III: Materialien und Dokumente.

2 *Vernunfftige Gedancken von den Kräfften des menschlichen Verstandes und ihrem richtigen Gebrauche in Erkänntniß der Wahrheit. (»Deutsche Logik«)*, (GW I,1), S. 107.

3 In der *Ratio praelectionum* aus dem Jahre 1718 teilt Wolff mit, daß er die sog. »Deutsche Logik« zunächst in lateinischer Sprache aufgesetzt habe, als er 1709 begann, neben mathematischen auch philosophische Vorlesungen zu halten (GW II,36), Sect. II, Cap. 2, § 28, S. 130.

4 *Vernünfftige Gedancken von Gott, der Welt und der Seele des Menschen, auch allen Dingen überhaupt. (»Deutsche Metaphysik«)*, (GW I,2), S. XVf. [n.p.]. Das Werk erschien erstmals Ende 1719, vorausdatiert auf das folgende Jahr. Cf. Carl Günther Ludovici: *Ausführlicher Entwurf einer vollständigen Historie der Wolffischen Philosophie.* Theil I (³1738), (GW III,1.1), § 45, S. 38.

5 *Vernünfftige Gedancken von der Menschen Thun und Lassen, zu Beförderung ihrer Glückseeligkeit* (GW I,4).

»*Deutsche Politik*«[6] (1721), die »*Deutsche Physik*«[7] (1723), die »*Deutsche Teleologie*«[8] (1724), die »*Deutsche Physiologie*«[9] (1725), gefolgt von einer Art rückblickendem Rechenschaftsbericht über seine bisherige literarische Tätigkeit, der *Ausführliche(n) Nachricht*[10] aus dem Jahre 1726. Diese Werke, in denen sich seine literarischen Aktivitäten in der ersten Hälfte der zwanziger Jahre keineswegs erschöpften[11], begründeten Wolffs Ruhm und machten ihn zum führenden Kopf der deutschen Aufklärung.

Unmittelbar nach Abschluß der deutschen Werkreihe schreitet Wolff zur Realisierung seines lange gehegten Planes und nimmt in Marburg, auf der Höhe seines Ruhmes stehend, vermutlich noch im Jahr 1726[12] die Ausarbeitung der lateinischen Schriften in Angriff. Analog zum deutschen Œuvre beginnt er mit seiner lateinischen Logik, die unter dem Titel *Philosophia rationalis sive logica, methodo scientifica pertractata et ad usum scientiarum atque vitae aptata* 1728 in Leipzig und Frankfurt bei Renger erschien. In Fortführung der Analogie ist ihr, so wie der »*Deutsche(n) Logik*« ein »Vorbericht von der Welt-Weisheit« vorausgeschickt war, ein *Discursus praeliminaris de philosophia in genere*[13] vorangestellt – der Text, der hier in deutscher Übersetzung vorgelegt wird. Obgleich es nun einige Entsprechungen zwischen dem »Vorbericht« und dem *Discursus* gibt, so ist doch der spätere Text nichts weniger als eine bloße lateinische Fassung des früheren. Zwar hatte Wolff angekündigt, das lateinische Werk werde dem deutschen gegenüber »viel ausführlicher«[14] ausfallen, tatsächlich aber ist dies eher eine Untertreibung. So bean-

---

6 *Vernünfftige Gedancken von dem gesellschafftlichen Leben der Menschen und insonderheit dem gemeinen Wesen zu Beförderung der Glückseeligkeit des menschlichen Geschlechtes* (GW I,5).

7 *Vernünfftige Gedancken von den Wirkungen der Natur* (GW I,6).

8 *Vernünfftige Gedancken von den Absichten der natürlichen Dinge* (GW I,7). Tatsächlich war das Werk bereits 1723 mit der Jahreszahl 1724 auf dem Titelblatt erschienen. Cf. Ludovici: *Ausführlicher Entwurf*, a. a. O., (GW III,1.1), § 59, S. 50.

9 *Vernünfftige Gedancken von dem Gebrauche der Theile in Menschen, Thieren und Pflantzen* (GW I,8).

10 *Ausführliche Nachricht von seinen eigenen Schrifften, die er in deutscher Sprache von den verschiedenen Theilen der Welt-Weißheit heraus gegeben* (GW I,9).

11 Eine chronologisch angelegte Dokumentation der Werke Wolffs bietet bis zum Jahr 1736 Ludovicis *Ausführlicher Entwurf*, a.a.O., (GW III,1.1–3); von ihm fortgeführt bis zum Jahr 1748 im Artikel *Wolf, Christian*. In: Johann Heinrich Zedler: *Grosses vollständiges Universal-Lexicon aller Wissenschafften und Künste*. Bd. 58, Leipzig, Halle 1748. Reprint Graz 1962, Sp. 604–676. Hiernach sind 91 Schriften allein bis zum Jahr 1726 entstanden.

12 Diese Datierung legt eine Anzeige von anonymer Hand nahe, die in der Nr. 56 der Leipziger *Neue(n) Zeitungen von gelehrten Sachen* im Juli 1727 erschien. Sie weiß zu berichten, daß »Herr Hofrath Wolf (...) nun mit seiner Lateinischen Philosophie sehr beschäfftiget (ist). (...) Der *Discursus praeliminaris* von der Weltweißheit überhaupt (...) ist bereits abgedruckt, und das Werck wird künfftige Michaelis-Messe in Leipzig (...) zu haben seyn« (S. 566f.).

13 Künftig *Discursus*. Der Einfachheit halber wird aus diesem Werk im fortlaufenden Text lediglich unter Angabe der Paragraphenzahl zitiert. Ein hinzugefügtes »Anm.« verweist auf Wolffs Anmerkung zu dem genannten Paragraphen.

14 Cf. das obige Zitat aus der Vorrede zur 2. Auflage der »*Deutsche(n) Metaphysik*« (GW I,2), S. XV [n.p.].

sprucht beispielsweise die Metaphysik, die er im deutschen Werk noch auf knapp 700 schmalbedruckten Oktavseiten dargestellt hatte, in der lateinischen Werkreihe insgesamt 6 Bände mit über 4500 Quartseiten. Diese geradezu explosionsartige Ausweitung betrifft auch den *Discursus,* denn aus den 17 kurzen Paragraphen des »Vorberichts« zur *»Deutsche(n) Logik«* ist nun ein in sechs Kapitel eingeteilter Text von 171 Paragraphen geworden, die im Zuge der Darlegungen beständig an Umfang zunehmen.

2. Aufbau und Themen des *Discursus praeliminaris*

Wer der Überschrift des Wolffschen Textes vertraut und von ihm eine Einführung in die Philosophie überhaupt im herkömmlichen Sinn erwartet, sieht sich bald enttäuscht. Denn bei dem *Discursus* handelt es sich um ein Werk, das mehrere, recht disparate Zwecke erfüllen soll.[15] Wolffs leitende Absicht ist es jedoch, rückblickend auf das deutsche Werk die Aufnahme des lateinischen vorzubereiten, dessen Grundriß er hier skizziert. Zugleich entwirft er damit seinen Arbeitsplan für die folgenden Jahre,[16] den er kontinuierlich, wenngleich nicht in aller Strenge verfolgt und der zum Zeitpunkt seines Todes im Jahre 1754 noch nicht vollständig realisiert ist. Wolffs Werk bleibt trotz seines gewaltigen Umfanges gemessen an dem hier skizzierten Plan ein Torso.

Kapitel I handelt »Von der dreifachen menschlichen Erkenntnis: der historischen, philosophischen und mathematischen« und gilt somit einem erkenntnistheoretischen Thema.[17] Das leitende Interesse Wolffs bei dieser epistemologischen Untersuchung ist die für ihn dominierende Fragestellung, wie zuverlässige Erkenntnis gewonnen werden kann, »(...) denn nichts liegt uns mehr am Herzen als Gewißheit« (§ 28,

---

15 Um dem Urteil des Lesers nicht vorzugreifen, bieten wir im folgenden keine Interpretation des *Dis-cursus* insgesamt. Eine solche liegt übrigens vor in dem Band von Lothar Kreimendahl: *Interpretationen. Hauptwerke der Philosophie. Rationalismus und Empirismus.* Stuttgart 1994, S. 215–246. Vielmehr werden in der Einleitung zunächst die Binnenstruktur der einzelnen Kapitel des *Discursus* skizziert und sodann schlaglichtartig einzelne Punkte näher beleuchtet, die besonders interessant erscheinen. Dies geschieht bisweilen unter Berücksichtigung der Vor- oder Wirkungsgeschichte der jeweiligen Lehrstücke, bisweilen auch unter dem ihrer modifizierten Behandlung an anderen Stellen des Wolffschen Werkes. Gelegentlich werden kritische Bemerkungen eingeflochten.

16 Diese Funktion des *Discursus* für sein künftiges Schaffen hat Wolff selbst deutlich herausgestellt, so z. B. in einem Brief an Johann Daniel Schumacher aus dem August 1728. Wolff hatte ihm drei Exemplare der *Philosophia rationalis sive logica* übersandt und das Erscheinen des nächsten Bandes der lateinischen Werkreihe zwar schon für »künfftige Ostern« in Aussicht gestellt, dann jedoch hinzugefügt: »Das gantze Werck aber dörffte so bald nicht complet werden; wie aus dem discursu praeliminari zu ersehen.« Christian Wolff: *Briefe aus den Jahren 1719–1753. Ein Beitrag zur Geschichte der kaiserlichen Akademie der Wissenschaften zu St. Petersburg.* St. Petersburg 1860. Reprint Hildesheim, New York 1971 (GW I,16), S. 79f.

17 Cf. Jean École: *La métaphysique de Christian Wolff.* Bd. I. Hildesheim, Zürich, New York 1990, S. 65–69.

Anm.). Die Absicht, größtmögliche Gewißheit zu erzielen, die für Wolff und seine
Zeit identisch ist mit der in der Geometrie nach dem Vorbild der Euklidischen *Elemente* anzutreffenden Evidenz, beherrscht auch die Kapitel IV und V des *Discursus*.
Die Erreichung absolut zuverlässiger Erkenntnis ist das Thema, das diese drei Kapitel des *Discursus* miteinander verbindet und in dem ein Grundzug des Wolffschen
Denkens überhaupt zum Ausdruck gelangt.
Die Unterscheidung dreier Erkenntnisarten prägt die Struktur von Kapitel I. Im kognitiven Akt muß zunächst festgestellt werden, daß etwas ist oder geschieht. Dies leistet die historische Erkenntnis (§§ 1–3). Sodann gibt es für alles, was ist oder geschieht, einen Grund, aus dem es ist oder geschieht. Seine Auffindung obliegt der
philosophischen Erkenntnis (§§ 4–12). Schließlich trägt alles, was ist oder geschieht,
quantitative Bestimmungen. Diese werden in der mathematischen Erkenntnis ermittelt (§§ 13–19). Es handelt sich bei den drei Erkenntnisarten also nicht um in den entsprechenden Disziplinen einzusetzende Verfahren, so daß beispielsweise die mathematische Erkenntnis nur auf Gegenstände der Mathematik Anwendung fände.
Historische, philosophische und mathematische Erkenntnis sind vielmehr die Erkenntnisweisen, die auf jeden beliebigen Erkenntnisgegenstand Anwendung finden,
und sie bezeichnen überdies völlig eigenständige Verfahren. Allerdings etabliert
Wolff später noch eine vierte Erkenntnisweise. Von diesem »mittleren Grad zwischen
philosophischer und historischer Erkenntnis« ist dann zu sprechen, wenn jemand
zwar die Beweise, die für die Wahrheit eines Satzes angeführt werden, nicht versteht,
den Satz jedoch durch Beobachtung oder Experiment bestätigen kann (§ 54).
Nun liegen einige Tatsachen am Tage, andere fallen nicht unmittelbar ins Auge. Folglich muß man zwischen einer gemeinen und einer verborgenen Erkenntnis unterscheiden und die Mittel benennen, durch die verborgene Tatsachen in offensichtliche
überführt werden können (§§ 20–25). Schließlich ist das Zusammenspiel der drei Erkenntnisarten zu erläutern und die Bedeutung darzustellen, die ihnen für die Erkenntnis einer beliebigen Sache jeweils zukommt (§§ 26–28). Die Kombinationen
der Erkenntnisarten erörtert Wolff innerhalb der einzelnen thematischen Blöcke.
Denn es ist beispielsweise möglich, eine bloß historische Erkenntnis der philosophischen (§ 8) und auch der mathematischen (§ 15) Erkenntnis eines anderen zu haben;
dann nämlich, wenn man weiß, welchen Grund dieser für eine Sache angeführt bzw.
welche Quantität er einer solchen beigelegt hat.
Diese Trichotomie der Erkenntnisarten reklamiert Wolff als eine originelle Leistung[18]
– zu Recht, wie es scheint. Zum ersten Mal begegnet sie in ihrer ausgeprägten Gestalt

---

18 So sagt er in einem Beitrag der *Horae subsecivae Marburgenses*: »Cognitionis philosophicae ab historica seu communi & mathematica differentiam primi, quantum novimus, distincte tradidimus, etsi con-
fuse eam dudum viderint alii (…)«. *De habitu philosophiae ad publicam privatamque utilitatem aptae.*
Anni 1729, trimestre brumale (GW II,34.1), S. 2f.

– entgegen Wolffs eigenen Angaben[19] – im *Mathematische(n) Lexicon*[20] von 1716.[21] Die historische Erkenntnis heißt hier noch »die gemeine«; eine Bezeichnung, die Wolff auch später gelegentlich noch verwendet.[22] Gleichwohl betritt Wolff mit seiner Unterscheidung nicht völliges Neuland, und er ist sich dessen bewußt.[23] Er selbst erwähnt Ehrenfried Walther von Tschirnhaus, der in seiner *Medicina Mentis* bereits »auf gutem Wege«[24] war. Doch gehören sicherlich auch Erhard Weigel[25] und nicht zuletzt Francis Bacon, dessen Werk Wolff viel zu verdanken hat, in die Vorgeschichte der Wolffschen Trichotomie. Denn dieser unterscheidet drei Bereiche des menschlichen Wissens und ordnet ihnen drei Erkenntnisvermögen der Seele zu.[26] Des weiteren wäre René Descartes zu nennen, der den Unterschied zwischen historischer und philosophischer Erkenntnis im Sinne Wolffs bereits in Regel III seiner *Regulae ad directionem ingenii*[27] antizipiert, und auch John Locke, in dessen *Essay Concerning Human Understanding*[28] der Fall der – in Wolffs Terminologie – historischen Erkenntnis der philosophischen Erkenntnis eines anderen erörtert wird. Die einzelnen die Trias der Erkenntnisarten konstituierenden Termini sind noch wesentlich älter.

---

19 Wolff verweist *De habitu philosophiae* (GW II,34. 1), S. 3 Anm. auf die Vorrede zu den *Aerometriae elementa* von 1709 und auf den »Vorbericht von der Welt-Weisheit« zur *»Deutsche(n) Logik«* von 1713. Die §§ 5 und 6 des letztgenannten Werkes können aber bestenfalls als ein Präludium dieser Unterscheidung gelten.

20 »Nemlich es hat dreyerley Grade der Erkäntniß so wohl der Natur, als der Kunst, ja überhaupt aller Dinge, die möglich sind. Der erste Grad, welchen ich die *gemeine Erkäntniß* nenne (…). Den anderen Grad nenne ich die *Philosophische Erkäntniß*, oder die *Erkäntniß des Weltweisen* (…). Endlich der dritte Grad ist die *Mathematische Erkäntniß* (…)«. Art. *Curva*, (GW I,11), Sp. 464 f.

21 So auch Michael Albrecht: *Kants Kritik der historischen Erkenntnis – ein Bekenntnis zu Wolff?*. Studia Leibnitiana 14 (1982), S. 8.

22 Etwa 1722 in der Vorrede zur 2. Auflage der *»Deutsche(n) Ethik«* (GW I,4), S. XVI [n.p.]. Cf. auch das in Anm. 18 angeführte Zitat aus *De habitu philosophiae* (GW II,34.1), S. 3.

23 Cf. das in Anm. 18 angeführte Zitat aus *De habitu philosophiae* (GW II,34.1), S. 3.

24 Vorrede zur 2. Auflage der *»Deutsche(n) Ethik«* (GW I,4), S. XVI [n.p.].

25 Cf. dessen *Compendium logisticae, praemissa doctrina de tribus mentis operationibus in computando, quibus latens veritas eruitur*. Jena 1691, bes. Ziffer IV des »Prooemium«, S. 3–4.

26 Kap. I des zweiten Buches von *De dignitate et augmentis scientiarum* trägt die programmatische Überschrift »*Partitio universalis doctrinae humanae in* historiam, poësim, philosophiam; *secundum tres intellectus facultates*, memoriam, phantasiam, rationem (…)«. *The Works of Francis Bacon*. Collected and ed. by James Spedding, Robert Leslie Ellis, Douglas Denon Heath. Bd. I, London 1858. Reprint Stuttgart-Bad Cannstatt 1963, S. 494.

27 »(…) neque enim unquam, exempli gratia, mathematici evademus, licet omnes aliorum demonstrationes memoria teneamus, nisi simus etiam ingenio apti ad quaecumque problemata resolvenda; vel philosophi, si omnia Platonis et Aristotelis argumenta legerimus, de propositis autem rebus stabile judicium ferre nequeamus: ita enim, non scientias videremur didicisse, sed historias.« *Œuvres de Descartes*. Publiées par Charles Adam et Paul Tannery. Nouvelle présentation. Bd. X, Paris 1966, S. 367.

28 *Essay* IV, 15, § 1. Ed. with an introduction, critical apparatus and glossary by P. H. Nidditch. Oxford 1975. Reprinted (with corrections) 1979, S. 654. Norbert Hinske weist auf entsprechende Parallelen zu Lockes posthum erschienenem Werk *Of the Conduct of the Understanding* hin. *Die tragenden Grundideen der deutschen Aufklärung. Versuch einer Typologie*. In: Raffaele Ciafardone: *Die Philosophie der deutschen Aufklärung. Texte und Darstellung*. Deutsche Bearbeitung von Norbert Hinske und Rainer Specht. Stuttgart 1990, S. 420.

So kommt beispielsweise der Ausdruck »cognitio historica«[29] bereits bei Augustinus[30] als feststehender Terminus vor, wenngleich freilich noch nicht als Kontrastbe-
griff zu »cognitio philosophica« oder »cognitio mathematica«.
Ab 1716 jedenfalls gehört die Unterscheidung zum festen Lehrbestand der Wolffschen Philosophie, wenngleich die Terminologie noch schwankt. 1717 taucht sie –
nun auch unter Verwendung des Ausdrucks »historicus« für »communis«, doch
durch Substitution von »philosophicus« durch »scientificus« in einer akademischen
Schrift auf, die Sigismund Ferdinand Weismüller unter dem Vorsitz von Christian
Wolff öffentlich verteidigte.[31] Ein Jahr später begegnet sie in der Vorrede zur *Ratio
praelectionum*[32]. Die Vorrede zur zweiten Auflage der *»Deutsche(n) Ethik«*[33] aus dem
Jahre 1722 schreibt die Unterscheidung bereits aus historischer Perspektive fest, und
schon bald stößt man auf sie auch in den Werken der frühen Wolffianer[34]. Die im ersten Kapitel des *Discursus* entfaltete Lehre von der dreifachen menschlichen Erkenntnis gehört zu den prominenten Lehrstücken des *Discursus* und der Wolffschen
Philosophie überhaupt. In den Schriften der Wolffianer trifft man sie allenthalben an,
wenngleich bei den selbständigeren Köpfen zumeist in modifizierter Gestalt; und sie
hat ihre Spuren noch im Werk Kants hinterlassen.[35] Sie wird erst hier im *Discursus*

29 Zum Begriff der historischen Erkenntnis cf. Arno Seifert: *Cognitio historica. Die Geschichte als Namengeberin der frühneuzeitlichen Empirie.* Berlin 1976 (=Historische Forschungen Bd. 11). Kap. IX ist
   der historischen Erkenntnis bei Wolff und seinen Nachfolgern gewidmet.
30 Cf. etwa *De trinitate* XII,14,22 und XIII,1,2. Aurelius Augustinus: *Opera omnia (…)*. Editio novissima,
   emendata et auctior. Bd. VIII. Paris 1886 (=Patrologia Latina Bd. XLII).
31 *Specimen physicae ad theologiam naturalem adplicatae, sistens notionem intellectus divini per opera naturae illustratam.* Halle o.J. (1717), Coroll. II: »Omnium rerum triplex datur cognitio, historica, scientifica, mathematica; haecque perfectissima omnium.«
32 »(…) docui, triplicem dari omnium rerum cognitionem, vulgarem (quam & historicam appello), philosophicam & mathematicam« (GW II,36), § 12, S. 8. Dies ist die rückblickende Formulierung der zweiten vermehrten Auflage des Jahres 1735, die in den *Gesammelte(n) Werken* ohne Verzeichnis der Vari-
   anten abgedruckt ist.
33 »(…) da nach meinem Begriffe die mathematische Erkäntniß eine gantz besondere Art ist, die mit der
   philosophischen so wenig gemein hat, als die philosophische mit der gemeinen oder historischen. De-
   rowegen, da ich den Unterschied dieser dreyfachen Erkäntniß beständig vor Augen habe (…)« (GW
   I,4), S. XVI [n.p.].
34 So unter ausdrücklichem Hinweis auf die Schriften Wolffs bei Georg Bernhard Bilfinger schon im Jahre
   1722 in seiner Tübinger Dissertation *De triplici rerum cognitione, historica, philosophica et mathematica*, § 10, S. 4: »Sequor in ea doctrina & appellatione Christianum Wolfium (…), philosophum simul &
   mathematicum undique celeberrimum (…)«. In seinen drei Jahre später erschienenen *Dilucidationes
   philosophicae de Deo, anima humana, mundo, et generalibus rerum affectionibus.* Tübingen 1725 (GW
   III,18), § 279, S. 264f. wiederholt Bilfinger zunächst seine Darlegungen, erweitert sie in der Folge jedoch unter Rückgriff auf Leibnizens Unterscheidung von intuitiver und symbolischer Erkenntnis. Cf.
   hierzu Heinz Liebing: *Zwischen Orthodoxie und Aufklärung. Das philosophische und theologische
   Denken Georg Bernhard Bilfingers.* Tübingen 1961, S. 26–34.
35 Die Wirkmächtigkeit dieser Trichotomie quer durch alle philosophischen Lager konstatiert bereits eine
   noch zu Lebzeiten Wolffs verfaßte akademische Schrift, die Johannes Christoph Lindner unter dem
   Vorsitz von Johann Albert Spies öffentlich verteidigte: *Exercitatio academica de triplici cognitione
   humana.* Altorf 1748, wo es S. 5 heißt: »(…) nemini certe, qui philosophiam vel saltem logicam recen-

ausführlich präsentiert und stellt dem deutschen Werk gegenüber ein Novum dar.[36] Die geläufige These, wonach Wolffs lateinisches Werk nichts weiter als eine breit angelegte Auswalzung des deutschen sei,[37] ohne daß in ihm auch nur neue Akzente gesetzt würden, darf schon durch diesen Befund als unhaltbar erwiesen gelten.

In diesem ersten Kapitel nimmt Wolff eine für einen Rationalisten mehr als nur erstaunliche Aufwertung der Empirie vor, die sich in folgenden sieben Punkten zusammenfassen läßt.

(1) Die Erfahrung ist sowohl logisch wie genetisch die grundlegende und unverzichtbare Basis jeder Erkenntnis. Denn zunächst muß ein Gegenstand gegeben sein, damit in der philosophischen und der mathematischen Erkenntnis sein Grund bzw. seine quantitativen Bestimmungen ermittelt werden können. Dies leistet eben die historische Erkenntnis, die Wolff bereits im *Mathematische(n) Lexicon* als Erfahrungserkenntnis[38] bezeichnet. Daraus folgt zunächst:

(2) daß die Masse des Wissens historisches, d. h. Erfahrungswissen ist. Für die meisten Zwecke des Lebens reicht die Feststellung der Tatsächlichkeit eines Sachverhaltes völlig aus; nur gelegentlich ist uns daran gelegen, seine Ursachen oder quantitativen Bestimmungen zu kennen. Die »gemeine historische Erkenntnis«, die es mit den auf der Hand liegenden Tatsachen zu tun hat, repräsentiert somit den »unterste(n) Grad der Erkenntnis«, weil in ihr aufgrund bloßer Erfahrung, d. h., wie Wolff meint, völlig theoriefrei festgestellt wird, ob etwas der Fall ist oder nicht (§ 22). Historische Erkenntnis darf also bereits als Wissen angesprochen werden; tatsächlich besteht dieses zum größten Teil daraus. Aus (1) folgt weiterhin:

(3) daß sich der Philosoph, d. h. im Sinne Wolffs der Wissenschaftler überhaupt, um ein möglichst breites empirisches Wissen bemühen muß. Wolff selbst hat über ein beachtlich umfangreiches Faktenwissen verfügt, was nur zu häufig übersehen wird; tatsächlich stammen die meisten der Beispiele, mit denen er seine Thesen im *Discur-*

---

tiorem tantum a limine salutavit, ignota esse potest tripertita illa cognitionis humanae divisio in *historicam, philosophicam, et mathematicam* (…). Quam divisionem, a (…) *Christiano Wolfio*, primum, quantum constat, in medium allatam, magno applausu et communi fere consensu, non illi solum adoptarunt, qui placita viri celeberrimi presso pede (…) sequuntur; sed alii quoque, qui liberiori et eclectica philosophandi ratione utentes (…).« Durch Albrechts Studie über *Kants Kritik der historischen Erkenntnis*, a. a. O., in der eine Vielzahl von Filiationen dieser Trichotomie bis hin zu Kant aufgespürt wird, erfährt diese frühe Diagnose eine eindrucksvolle Bestätigung.

36 Die Neuartigkeit dieses Lehrstücks hat bereits Max Wundt herausgestellt: *Die deutsche Schulphilosophie im Zeitalter der Aufklärung.* Tübingen 1945. Reprint Hildesheim 1964, S.184 (= Heidelberger Abhandlungen zur Philosophie und ihrer Geschichte Bd. 32).

37 Entsprechende Urteile sind ubiquitär. Otto Willareth beispielsweise bestätigte Wolff »im Wiederholen des tausendmal Gesagten (…) eine enorme Virtuosität« (*Die Lehre vom Uebel bei Leibniz, seiner Schule in Deutschland und bei Kant.* Diss. phil. Würzburg 1897. Strassburg i. E. 1898, S.38), und noch Lewis White Beck bezeichnet Wolff als den größten »one-man ›Zitierverband‹« und Selbstplagiator der Geschichte. *Early German Philosophy. Kant and his predecessors.* Cambridge/Mass. 1969, S.262 Anm. 31.

38 »Der erste Grad, welchen ich die *gemeine Erkäntniß* nenne, bestehet darinnen, daß man nur aus der Erfahrung mercket, daß dieses und jenes möglich sey (…)«. Art. *Curva*, (GW I,16), Sp.464f.

sus illustriert, aus den Bereichen der Astronomie, der Hydrostatik, der Mechanik, der Kinetik, der Optik, der Geographie, der Botanik, kurz: aus den heute so genannten Naturwissenschaften. Darüber hinaus belegen insbesondere die fünf Bände der *Elementa matheseos universae*, und unter ihnen namentlich die Bände II–IV, sein Interesse an den Experimentalwissenschaften. Außerdem hat er auch selbst empirische Untersuchungen angestellt, unter anderem solche über die Vermehrung des Getreides[39], in denen er zugleich deutlich den utilitaristischen Zweck[40] unterstreicht, dem seine Philosophie dienen soll. Ferner folgt aus (1):

(4) daß auch die einzelnen Disziplinen der Philosophie im engeren Sinne eine empirische Basis haben müssen, und Wolff spricht das für die »abstrakten Disziplinen«, namentlich für die Erste Philosophie, auch unmißverständlich aus.[41] Tatsächlich projektierte Wolff neben einer experimentellen[42] Physik (§ 107) und einer experimentellen allgemeinen Kosmologie[43] auch eine experimentelle Ontologie[44] und eine experimentelle Theologie (§ 107, Anm.); ja er nahm sogar ganz allgemein eine »experimentelle Philosophie«[45] in den Blick (§ 107, Anm., § 111, Anm.). Doch blieben die letztgenannten Disziplinen unausgeführt.

(5) Die Erfahrung dient dazu, verdeckte Sachverhalte offenkundig zu machen. In deutlicher Anlehnung an Francis Bacons Wissenschaftsprogramm und seine Idee

---

39 *Entdeckung der wahren Ursache von der wunderbahren Vermehrung des Getreydes, dadurch zugleich der Wachsthum der Bäume und Pflantzen überhaupt erläutert wird, als die erste Probe der Untersuchung von dem Wachsthume der Pflantzen.* Halle 1718. Ihr folgte ein Jahr später die *Erläuterung der Entdeckung der wahren Ursache von der wunderbahren Vermehrung des Getreydes* (…). Reprint mit einem Nachwort von Holger Böning. Stuttgart-Bad Cannstatt 1993 (=Volksaufklärung. Ausgewählte Schriften Bd. 1). Wolff verweist auf diese Schriften in § 71 Anm. des *Discursus*. Der empiristische Geist, den diese Schriften atmen, kommt an vielen Stellen zum Ausdruck, z. B. auf S. 19°: »(…) über dieses ich längst überführet bin, daß man die Natur nicht hinter dem Ofen mit blossem Nachsinnen ausgrübeln könne, sondern man allezeit den Anfang im Nachdencken von genauen Erfahrungen machen müsse (…).« Cf. ebenso S. 10°, 11°, 34°, 64° u. ö.

40 »(…) die Wahrheiten, darauf die Wohlfahrt der Menschen gebauet ist, sind nöthiger als die anderen, die blosses Vergnügen geben« (ebd., S. 9°). Cf. ebenso S. 10°, 11°, 12°, 18° u. ö.

41 Denn deren »(…) grundlegende Begriffe (müssen) aus der Erfahrung abgeleitet werden (…)« (§ 12).

42 Wolff ist der Unterschied zwischen der zufälligen Beobachtung und dem planmäßig angestellten Experiment geläufig. In der *Psychologia empirica* reflektiert er ihn folgendermaßen: »*Observatio* est experientia, quae versatur circa facta naturae sine nostra opera contingentia. *Experimentum* est experientia, quae versatur circa facta naturae, quae nonnisi interveniente opera nostra contingunt.« (GW II,4), § 456, S. 357.

43 »Datur adeo cosmologia duplex: altera scientifica, altera experimentalis.« Letztere wird definiert als diejenige, »(…) quae theoriam in scientifica stabilitam vel stabiliendam ex observationibus elicit.« *Cosmologia generalis* (GW II,4), § 4, S. 3.

44 »Pertinent haec examina ad *Ontologiam experimentalem* (…)«. *De notionibus directricibus & genuino usu philosophiae primae.* In: *Horae subsecivae Marburgenses.* Anni 1729, trimestre vernale (GW II,34.1), S. 345.

45 Sie dient »(…) tum ad veritatem latentem detegendam, tum ad eam, quam cognovimus, confirmandam.« *De experientia morali.* In: *Horae subsecivae Marburgenses.* Anni 1731, trimestre autumnale (GW II,34.3), S. 682.

einer Zusammenstellung des Entdeckten in sog. Tafeln[46] scheint Wolff zu Zwecken dieser »Rückführung der verborgenen historischen Erkenntnis auf die gemeine« (§ 24) eine Sammlung der angefallenen empirischen Ergebnisse hilfreich zu sein (§ 25). Die Erfahrung schafft auf diese Weise die Voraussetzung für philosophische Erkenntnisse, die uns ansonsten vorenthalten blieben.

(6) Die Erfahrung ermöglicht eine Bestätigung – und konsequenterweise auch eine Falsifikation – philosophischer Erkenntnis. Eine solche liegt vor, wenn die Erfahrung zeigt, daß etwas tatsächlich eingetreten ist, wovon der Verstand erkannt hatte, daß es eintreten könne (§ 26). Wolff läßt also eine empirische Verifikation rationaler Einsichten zu. Er kann dies tun, weil er davon ausgeht, daß der Vernunft und der Erfahrung isomorphe Strukturen zugrunde liegen.

(7) Weil die historische Erkenntnis die philosophische bestätigen kann und weil nach (1) die historische Erkenntnis die Grundlage der philosophischen ist, strebt Wolff eine möglichst enge Verbindung von Empirie und Vernunfteinsicht an: »Ja für uns soll die Ehe zwischen beiden (sc. der historischen und der philosophischen Erkenntnis, Hgg.) in der ganzen Philosophie heilig sein« (§ 12). Der Ehemetapher bedient sich Wolff häufiger, um den engen Zusammenhang zum Ausdruck zu bringen, der zwischen Erfahrung und Vernunft herrschen muß. So spricht er von dem »connubium rationis et experientiae«[47] in der Anmerkung zu § 985 der *Philosophia rationalis sive logica*[48] und in einer kleinen Schrift aus dem Jahre 1731 mit der Überschrift

---

46 *Novum organum*. Lib. I, Aph. 102, 118; Lib. II, Aph. 10 ff. *The Works of Francis Bacon*, a. a. O., Bd. I. – Wolff hat eine kleine Schrift *Tabularum mnemonicarum constructio et usus* verfaßt, in der er besonders den didaktischen Nutzen der Tabellen herausstellt. In: *Horae subsecivae Marburgenses*. Anni 1730, trimestre aestivum (GW II,34. 2), S. 468 – 513.

47 Sonia Carboncini hält den Ausdruck für einen »von Wolff adoptierte(n)« und vermutet, einem Hinweis von Jean École und Luigi Cataldi Madonna folgend, als Quelle das Werk *Rationis atque experientiae connubium, continens experimentorum physicorum (...) compendiosam enarrationem* von Wolferd Senguerd, das 1715 in Rotterdam in dritter Auflage erschienen und Wolff nachweislich bekannt war (*Transzendentale Wahrheit und Traum. Christian Wolffs Antwort auf die Herausforderung durch den Cartesianischen Zweifel*. Stuttgart-Bad Cannstatt 1991, S. 218 Anm. 113 [=FMDA II,5]). Allerdings verwendet auch schon Francis Bacon diese Metapher, um die von ihm in den Wissenschaften geforderte Verklammerung von Erfahrung und Vernunfttätigkeit zu bezeichnen: »Atque hoc modo inter empiricam et rationalem facultatem (...) conjugium verum et legitimum in perpetuum nos firmasse existimamus« (»Praefatio« zur *Instauratio magna*. In: *The Works of Francis Bacon*, a. a. O., Bd. I, S. 131). Im Anschluß an Wolff bedient sich Georg Friedrich Meier dieses Ausdrucks in vielfältigen Variationen. So kennt er in seinem *Auszug aus der Vernunftlehre*. Halle 1752 (wiederabgedruckt in *Kant's gesammelte Schriften*. Hg. von der Königlich-Preußischen Akademie der Wissenschaften. Bd. XVI: *Kant's handschriftlicher Nachlaß*. Bd. III: *Logik*. Berlin, Leipzig 1924 [¹1914]) nicht nur ein »connubium rationis et experientiae« (S. 496), sondern auch ein »connubium experientiae et fidei« (S. 509), ein »connubium fidei et rationis« und ein »connubium rationis experientiae et fidei« (S. 510). Auch Kant verwendet ihn in seinen frühen Schriften *De igne* und *Monadologia physica*. Ebd., Bd. I, S. 378, 480.

48 »Et nos, quantum datur, per universam philosophiam non alio fine rationis atque experientiae connubium intemeratum esse jubemus, confirmantes a posteriori, quae per rationes a priori stabilita fuere.« (GW II,1. 3), S. 708.

De experientia morali[49]. In der *Psychologia empirica* wird der Ausdruck in § 497 als ein quasi-terminologischer[50] bezeichnet.

Kritisch wäre anzumerken, daß Wolff es leider unterließ, sich näher zur Empirie zu äußern, der er – nicht nur an dieser Stelle seines Werkes – eine so vielfältige Funktion in der Philosophie zusprach und damit große Bedeutung beimaß.[51] Trotz der Hochschätzung, die Wolff der Erfahrung entgegenbrachte und die sicherlich nicht nur als ein Lippenbekenntnis oder eine Konzession eines Rationalisten an die Empiristen zu werten ist, hat er in seiner Philosophie empirische und rationale Elemente nicht in ein ausgewogenes Verhältnis gebracht; die letzteren überwiegen deutlich. Kants bissiges Urteil, daß der »Luftbaumeister« Wolff seine Philosophie »(...) aus wenig Bauzeug der Erfahrung, aber mehr erschlichenen Begriffen gezimmert (...)« habe[52], ist daher sachlich nicht unberechtigt.

Wolff eröffnet **Kapitel II** »Von der Philosophie im allgemeinen« mit der Definition der Philosophie und handelt sodann von ihrem Wissenschaftscharakter und ihrer Gewißheit (§§ 29–34), ferner von den Funktionen, die der historischen und mathematischen Erkenntnis in der Philosophie zukommen (§§ 35–36). Erst im Anschluß daran spricht er über Möglichkeit und Wirklichkeit von Philosophie (§§ 37–38), ihre Gebiete (§§ 39–40), die Anwendung der philosophischen Erkenntnis (§§ 41–44) und über den Nutzen der Philosophie (§ 45). Es folgen Ausführungen über den Philosophen[53] (§§ 46–49) und über die historische Erkenntnis der Philosophie (§§ 50–51).

---

49 »Connubium itaque rationis & experientiae commendandum in quolibet cognitionis genere, & magnum habet momentum in Philosophia morali.« A.a.O., (GW II,34.3), S. 682.
50 »Concursus rationis & experientiae in cognoscendo *Connubium rationis & experientiae* dici solet.« (GW II,5), S. 379. Cf. auch die Anm. zu § 497.
51 Cf. zum Verhältnis von Erfahrung und Vernunft bei Wolff die Beiträge von Hans Werner Arndt: *Rationalismus und Empirismus in der Erkenntnislehre Christian Wolffs*. In: Werner Schneiders (Hg.): *Christian Wolff (1679–1754). Interpretationen zu seiner Philosophie und deren Wirkung*. Mit einer Bibliographie der Wolff-Literatur. Hamburg 1983, S. 31–47; Jean École: *De la notion de philosophie expérimentale chez Wolff*. Les études philosophiques n. 4 (1979), S. 397–406.; ders.: *La métaphysique de Christian Wolff*, Bd. I, a.a.O., S. 53–58, 73–75; ders.: *De la nature de la raison, de ses rapports avec l'expérience et la foi selon Christian Wolff*. In: Hans Friedrich Fulda/Rolf-Peter Horstmann (Hgg.): *Vernunftbegriffe der Moderne*. Stuttgarter Hegel-Kongreß 1993. Stuttgart 1994, S. 127–139 (=Veröffentlichungen der Internationalen Hegel-Vereinigung Bd. 20); Luigi Cataldi Madonna: *La metodologia empirica di Christian Wolff*. Il Cannocchiale n. 1–2 (1984), S. 59–93; Cornelia Buschmann: *Connubium rationis et experientiae. Das Problem von Erfahrung und Theorie in seiner Bedeutung für den Denkeinsatz der Philosophie Christian Wolffs*. In: Hartmut Specht (Hg.): *G.W. Leibniz im philosophischen Diskurs über Geometrie und Erfahrung*. Berlin 1991, S. 186–207; Hans Poser: *Teleologie als Theologia experimentalis. Zum Verhältnis von Erfahrung und Finalität bei Christian Wolff*. In: F.W. Korff (Hg.): *Redliches Denken*. Festschrift für Gerd-Günther Grau zum 60. Geburtstag. Stuttgart-Bad Cannstatt 1981, S. 130–143; Daniela Verducci: *Esperienza e ragione nella metafisica latina di Christian Wolff*. Filosofia oggi 5 (1982), S. 485–504.
52 *Träume eines Geistersehers, erläutert durch Träume der Metaphysik*. In: *Kant's gesammelte Schriften*, a.a.O., Bd. II, S. 342.
53 In Georg Friedrich Meiers *Abbildung eines wahren Weltweisen*. Halle 1745, klingen manche der hier getroffenen Bestimmungen Wolffs an.

Das Kapitel schließt mit – auch autobiographisch motivierten – Darlegungen zu der Frage, wem ein Urteil in philosophischen Kontroversen zusteht und wem nicht (§§ 52–54). Wolff definiert die Philosophie als die »(…) Wissenschaft des Möglichen[54], insofern es sein kann« (§ 29).[55] Für diese Definition erhebt er Originalitätsansprüche; tatsächlich dürfte sie seine genuine Leistung sein.[56] Dabei ist es letztlich unerheblich, ob diese Entdeckung, wie Wolff im *Discursus* (§ 29, Anm.) sagt, ins Jahr 1703 fällt oder ob er, wie er in der *Ratio praelectionum*[57] schreibt, ein Jahr später auf sie gestoßen ist. Wichtiger ist, daß er die Aufstellung dieser Definition mit seinen frühzeitigen Bemühungen in Zusammenhang bringt, Philosophie nach einer exakten Methode zu lehren. Der Definition ist zu entnehmen, daß Wolff unter Philosophie noch den Gesamtbereich dessen versteht, was heute »Wissenschaft« heißt; bezeichnenderweise stieß er auf diese Definition nicht in Verfolgung fachphilosophischer Fragen im engeren Sinne, sondern als er mit der Prüfung des Kopernikanischen Systems und seiner Verträglichkeit mit den Lehren der Heiligen Schrift beschäftigt war.[58] Entsprechendes gilt für den Begriff des Philosophen, mit dem er den Wissenschaftler als solchen meint, gleichgültig, auf welchem Felde er tätig sein mag. Auch sein Begriff von Wissenschaft entspricht nicht heutigem Verständnis, denn Wolff versteht darunter nicht den zu einer Theorie verdichteten objektiven Lehrbestand von Sätzen einer Disziplin, sondern einen Habitus, eine subjektive Fertigkeit also, und zwar die, aufgestellte Behauptungen zu beweisen und sie damit aus dem Bereich des nur Möglichen oder Wahrscheinlichen in den des Gewissen zu überführen. Insofern nun Philosophie Wissenschaft ist, erhebt sie den Anspruch auf absolute Gewißheit ihrer Sätze. Wahrheiten auf Zeit, wie sie etwa John Locke seinen Lesern nur glaubte anbieten zu können, gehören für Wolff nicht zum System der Philosophie. Ihre Resultate sind als solche weder revisionsbedürftig noch -fähig, sondern endgültig. Die Philosophie ist nicht länger das Streben nach Wahrheit oder die Liebe zur Weisheit; sie ist bei Wolff aller

---

54 Zur »scientia possibilium« cf. Werner Schneiders: *Deus est philosophus absolute summus. Über Christian Wolffs Philosophie und Philosophiebegriff.* In: ders. (Hg.): *Christian Wolff (1679–1754)*, a. a. O., S. 9–30; hier: S. 16–24.

55 Zu Wolffs Definition der Philosophie cf. Hans Lüthje: *Christian Wolffs Philosophiebegriff.* Kant-Studien 30 (1925), S. 39–66 und Jean École: *Note sur la définition wolffienne de la philosophie.* Studia Leibnitiana 21 (1989), S. 205–208.

56 So bereits Johann Friedrich Stiebritz: *Erläuterungen der Vernünftigen Gedancken von den Kräfften des menschlichen Verstandes (…) Wolffs.* Halle 1741. Reprint Hildesheim, New York 1977 (GW III,8), S. 34. École gelangt in seinem Aufsatz *Note sur la définition wolffienne de la philosophie*, a. a. O., zu der gleichen Einschätzung.

57 GW II,36, S. 107. Cf. das in Anm. 58 angeführte Zitat aus diesem Werk.

58 »Cum A. 1709 elementa Aerometriae in lucem publicam emitterem, in praefatione dedi definitionem philosophiae, in quam A. 1704 incideram occasione systematis Copernicani disquirens, utrum quaestiones philosophicae praesertim physicae ex scriptura sacra decidi possint, nec ne (…)«. *Ratio praelectionum* (GW II,36), Sect. II, Cap. 1, § 2, S. 107.

subjektiven Momente entkleidet und ein völlig emotionsloses Unternehmen.[59] Das mag als Verlust erscheinen, ermöglicht es Wolff aber, Wissenschaft als nüchternes Geschäft nach objektiven Standards zu betreiben und jedermann zur Mitwirkung an ihrer Vervollkommnung einzuladen (§ 86).

Damit die Philosophie diesen Anspruch einlösen kann, ist sie auf zweierlei angewiesen, zum einen auf »gewisse und unerschütterliche Grundsätze«, zum anderen auf formal gültige Schlüsse. Welche Schlußmodi gültig sind, lehrt die Logik (§ 33); die materialen Grundsätze, welche die Philosophie inhaltlich tragen, müssen »(…) aus der Erfahrung abgeleitet werden, das Bewiesene muß durch Experimente und Beobachtungen bestätigt werden (…)«. Denn »(…) das, was aus der Erfahrung abgeleitet wird, (liefert) einen festen Grundsatz für den Beweis einer Wahrheit, und (…) die Gewißheit dessen, was bewiesen ist, (wird) durch Experimente und Beobachtungen unerschütterlich gemacht (…), so daß seine Wahrheit über jeden Zweifel erhaben ist (…)« (§ 34). Damit nimmt Wolff abermals eine beträchtliche Aufwertung der Empirie vor.

Wolff selbst hat an seiner Definition der Philosophie treu festgehalten.[60] Seine Gegner stießen sich jedoch gerade an ihr, weil sie ihrer Ansicht nach durch einen überzogenen Anspruch die Philosophie selbst diskreditiere.[61] Auch bei den selbständigeren Wolffianern stieß sie weithin auf Ablehnung.[62] Hermann Samuel Reimarus beispielsweise faßt die »Weltweisheit im Ganzen« als eine »(…) Wissenschaft aller beträchtli-

---

59 Hinske zählt diese Definition zu den »Themendefinitionen« der Philosophie; Wolff gebe der Philosophie als Thema »das Ganze schlechthin«. *Die Geliebte mit den vielen Gesichtern. Zum Zusammenhang von Selbstdefinition und Funktionsbestimmung der Philosophie*. In: Hermann Lübbe (Hg.): *Wozu Philosophie? Stellungnahmen eines Arbeitskreises*. Berlin, New York 1978, S. 322.

60 Belege bei Lüthje: *Christian Wolffs Philosophiebegriff*, a. a. O. Im Jahr 1737 war sie in Wittenberg Gegenstand einer kritischen Dissertation, die Christian Benjamin Schaiblin unter dem Vorsitz von Gottfried Christoph Claudius verteidigte. *Singularia reformationis philosophicae wolffiana de definitione philosophiae*. Ausgangspunkt war die im *Discursus* gegebene Definition (ebd., S. 2).

61 So berichtet Stiebritz in seinen *Erläuterungen der Vernünftigen Gedancken*, a. a. O. (GW III,8), § 41, S. 50: »Nichts hat die abgeneigten so sehr verdrossen, als daß die Welt-Weisheit soll eine Wissenschaft *aller* möglichen Dinge seyn. Denn, sagen sie, der allerweiseste unter den Menschen kan sich nicht rühmen, daß er *aller* möglichen Dinge Wissenschaft besitze. (…) Man hält also dafür, daß diese Philosophie, die eine Wissenschaft aller möglichen Dinge seyn soll, in der That ein Unding und unmögliches unter den Menschen sey.« Hinweise auf die kontroversen Stellungnahmen zur Wolffschen Definition der Philosophie gibt bereits Friedrich Christian Baumeister in seiner *Philosophia definitiva* von 1738 (GW III,7), S. 2 f.

62 Eine Ausnahme bildet z. B. Kants Lehrer Martin Knutzen, dem das Prädikat relativer Selbständigkeit nicht vorenthalten werden kann und der sich gleichwohl der Wolffschen Definition anschließt: »*Philosophia* est scientia, quae circa rerum causas, vel potius rationes versatur, sive est scientia possibilium quorumcunque, qua talium, vel quatenus esse possunt.« Dementsprechend übernimmt er auch Wolffs Definition der Wissenschaft: »*Scientia* est habitus veritates derivativas ex principiis indubitatis deducendi per legitimam consequentiam s(eu) ostendendi nexum, qui inter haec et illas intercedit, vel brevius, est habitus demonstrandi.« *Elementa philosophiae rationalis seu logicae cum generalis tum specialioris mathematica methodo in usum auditorum suorum demonstrata*. Königsberg, Leipzig 1747. Reprint Hildesheim, Zürich, New York 1991, § 9, § 6, S. 4, 3.

chen und sittlichen Hauptwahrheiten, die in der Menschen Glückseligkeit einschlagen«[63], für Georg Friedrich Meier ist »die Weltweisheit (philosophia) (…) eine Wissenschaft der allgemeinern Beschaffenheiten der Dinge, in so ferne sie ohne Glauben erkannt werden«[64], und Alexander Gottlieb Baumgarten definiert die Philosophie in gleicher Frontstellung wie Meier als »(…) scientia qualitatum in rebus sine fide cognoscendarum (…)«[65]. Johann Christoph Gottsched macht den Grund für die gemeinhin verspürte Unzufriedenheit mit Wolffs Definition darin aus, daß sie einen »(…) viel zu speculativen und bloß theoretischen Begriff von der Weltweisheit (…)« gebe, in der insbesondere das menschliche Verlangen nach Glück nicht zureichend berücksichtigt werde.[66]

Die gewollte Konsequenz der Wolffschen Definitionen von Philosophie und Wissenschaft ist es, daß der Gegenstandsbereich der Philosophie eine enorme Erweiterung erfährt. Denn weil in der Philosophie der Grund angegeben wird, »(…) warum das Mögliche zur Wirklichkeit kommen kann« (§ 31), fällt potentiell alles Wirkliche in den Bereich der Philosophie. Damit erweitert Wolff das Tableau der Disziplinen selbst über das uns heute geläufige Maß hinaus. Er führt den Gedanken anhand der niedrigsten Kunst des Holzspaltens ein und spricht ausdrücklich von der Möglichkeit einer Philosophie des Rechts, der Medizin und selbst der Künste. An dieser Aufzählung ist einerseits bemerkenswert, daß Wolff unter Absehung von der Theologie die Philosophie, die traditionell der unteren Fakultät zugehörte, in zwei der drei Disziplinen der oberen Fakultäten hineinträgt, was diese als Bevormundung empfanden, und andererseits, daß Wolff damit eine Aufwertung der unteren Fakultät vornimmt, an der die Künste ansässig waren, denen bislang der Status einer Wissenschaft abgesprochen worden war. Da er später auch der Theologie ihre Vorzugsstellung gegenüber der Philosophie bestritt[67], war das bisherige Ordnungsgefüge der Univer-

---

63 *Die Vernunftlehre, als eine Anweisung zum richtigen Gebrauche der Vernunft in der Erkenntniß der Wahrheit, aus zwoen ganz natürlichen Regeln der Einstimmung und des Wiederspruchs hergeleitet.* Nachdruck der ersten Aufl. von 1756 mit fortlaufenden Hinweisen auf die Parallelen der 3. Aufl. von 1766. Hg. von Frieder Lötzsch. München 1979, S. 13.

64 *Auszug aus der Vernunftlehre*, a. a. O., § 5, S. 51.

65 *Initia philosophiae practicae.* Halle 1760, § 1. Wiederabgedruckt in *Kant's gesammelte Schriften*, a. a. O., Bd. XIX, S. 9.

66 *Erste Gründe der gesammten Weltweisheit* (…). Vorrede zur ersten Aufl. Leipzig 1733. In: Johann Christoph Gottsched: *Ausgewählte Werke.* Hg. von P. M. Mitchell. Bd. V, Teil 3: *Erste Gründe der gesammten Weltweisheit* (Variantenverzeichnis). Bearbeitet von Otto Tetzlaff. Berlin, New York 1989, S. 206 f. (=Ausgaben Deutscher Literatur des XV. bis XVIII. Jahrhunderts).

67 *De philosophia non ancillante.* In: *Horae subsecivae Marburgenses.* Anni 1729, trimestre autumnale (GW II,34.1), S. 425 – 478. In Vorwegnahme der bekannten Kantischen Formulierung aus seiner Schrift über den Streit der Fakultäten, wonach die philosophische Fakultät insofern die Magd der theologischen sei, als sie ihr die Fackel vor-, aber nicht die Schleppe nachträgt, behauptet schon Wolff, die Philosophie sei die Magd der Theologie, insofern »(…) sie ihrer Frauen, die sonst im finstern wandeln würde, das Licht vorträget, damit sie nicht etwa falle (…)«. *In wie ferne die Philosophie keine Magd sey.* In: *Gesammlete* (!) *kleine philosophische Schrifften* (GW I,21. 3), S. 72. Cf. ferner *De influxu philosophiae*

sitäten nachhaltig gestört und ein »Streit der Fakultäten« unausweichlich geworden. Das ist die universitätsgeschichtliche Konsequenz der Wolffschen Definition. Wissenschaftsgeschichtlich legt Wolff mit den vorbereitenden §§ 39 und 40 sowie dem § 72, der von einer »Philosophie der freien Künste« spricht, den Grundstein für die heute sog. Geisteswissenschaften und näherhin für die Ästhetik, als deren Begründer sein Schüler A.G. Baumgarten gemeinhin gilt, der sie in seiner *Aesthetica* (1750/58) als eigenständige Disziplin etabliert hat.[68] Indes hat bereits Wolff über die programmatische Forderung einer philosophischen Ästhetik im *Discursus* hinaus erste Ansätze zu ihrer Entwicklung formuliert,[69] so wie er auch in den anderen Bereichen tatkräftig an der Realisierung seines Programmes mitgewirkt hat.

Nachdem der Zuständigkeitsbereich der Philosophie solchermaßen eine maximale Erweiterung erfahren hat, handelt Wolff in **Kapitel III** näherhin »Von den Teilen der Philosophie«. Diese rangieren nun keineswegs gleichberechtigt nebeneinander, derart, daß man sie nur kumulativ auflisten müßte, sondern unter ihnen herrscht ein differenziertes Abhängigkeits- und Begründungsgeflecht, das sowohl bei ihrer Erforschung als auch bei ihrer Vermittlung in der Lehre zu berücksichtigen ist.[70] Leider überlagern und durchdringen sich die Gesichtspunkte mitunter, unter denen Wolff die Klassifikation der Wissenschaften vornimmt. Das trägt Spannungen in den Gesamtplan und geht zu Lasten der Übersichtlichkeit.

Zur Aufstellung der Teile der Philosophie und der innerphilosophischen Disziplinen geht Wolff unter offensichtlicher Bezugnahme auf die Wissenschaftsklassifikation Francis Bacons[71] von der spätestens seit Descartes geläufigen Dreiteilung der metaphysica specialis in die Fragen nach Gott, Seele und Welt aus (§ 55),[72] welche die drei Hauptgebiete der Philosophie bilden und die in der natürlichen Theologie, der Psychologie und Physik behandelt werden (§§ 56–59). Die einzelnen »Teile« der Philo-

---

autoris in facultates superiores. In: *Horae subsecivae Marburgenses*. Anni 1731, trimestre brumale (GW II,34.3), S.1–106.

68 Diese Auffassung vertritt auch Hans Rudolf Schweizer in seiner Einführung zu Alexander Gottlieb Baumgarten: *Theoretische Ästhetik. Die grundlegenden Abschnitte aus der »Aesthetica« (1750/58)*. Übersetzt und hg. von H.R.Sch. Hamburg 1983, S.VII.

69 So insbesondere in der *Psychologia empirica* (GW II,5), §§ 542ff. – Zu Wolffs Ästhetik cf. Joachim Krueger: *Christian Wolff und die Ästhetik*. Berlin 1980 (=Wissenschaftliche Schriftenreihe der Humboldt-Universität zu Berlin); ders.: *Der Gehalt der Ästhetik Christian Wolffs*. Lier en Boog 5 (1982–86), S.86–96.

70 Giorgio Tonelli hat in seinem Beitrag *The Problem of the Classification of the Sciences in Kant's Times*. Rivista critica di storia della filosofia 30 (1975), S.243–294 einige der im 18. Jahrhundert vorgebrachten Gliederungen der Disziplinen vorgestellt, darunter auch diejenige Wolffs von 1728 (S.243–250), die er als »the most influential classification« des vorkantischen Zeitraumes anspricht (S.243).

71 *De dignitate et augmentis scientiarum.* Lib. III. *The Works of Francis Bacon*, a.a.O., Bd.I, S.539–578.

72 Cf. Ernst Vollrath: *Die Gliederung der Metaphysik in eine Metaphysica Generalis und eine Metaphysica Specialis*. Zeitschrift für philosophische Forschung 16 (1962), S.258–284.

sophie ergeben sich nun durch weitere Untergliederung dieser drei Bereiche des Seienden[73].
Die §§ 60–70 gelten der Subdivision der Psychologie, die §§ 71–74 der Technologie, den freien Künsten, der Ontologie und der Erfindungskunst; die §§ 75–85 behandeln die Unterabteilungen der Physik. In diesem Abschnitt kommt Wolff auch auf die Metaphysik zu sprechen, die er als Sammelbezeichnung für Ontologie, allgemeine Kosmologie und Pneumatik versteht und die daher, nachdem die Pneumatik als Oberbegriff für Psychologie und natürliche Theologie eingeführt worden war, als »(…) Wissenschaft vom Seienden, von der Welt im allgemeinen und von den Geistern« definiert wird (§ 79). Der § 86 stellt fest, daß die voranstehende Aufzählung keine Vollständigkeit beanspruchen will und kann, sondern nur die etablierten Disziplinen[74] neu ordnet. Wie Bacon, der sein Wissenschaftsprogramm als ein offenes, prinzipiell unabschließbares Unternehmen konzipiert hatte,[75] setzt auch Wolff ausdrücklich der philosophischen Erkenntnis keine Grenzen (§ 5), weil er, darin ganz Kind der Aufklärung, einen kontinuierlichen Fortschritt in den Wissenschaften (§ 38, Anm.) für möglich hält und mit seinem Werk helfen will, ihn herbeizuführen. Folglich rechnet er mit »(…) noch viel mehr philosophische(n) Disziplinen, die bisher verborgen sind, zu ihrer Zeit aber ans Licht gebracht werden können (…)« (§ 86). Die §§ 87–114 gehen der Frage nach, in welcher Weise die Teile der Philosophie anzuordnen und zu lehren sind und bestimmen ihr Verhältnis zueinander. Grundsätzlich gilt: »Diejenigen Teile der Philosophie, die anderen Grundsätze liefern, müssen (…) vorangehen; diejenigen aber, die Grundsätze von jenen entlehnen, müssen nachfolgen« (§ 87). Nur so ist nämlich eine kontinuierliche deduktive Ableitung der Einzeldisziplinen gewährleistet, die allein einen systematischen Zusammenhang einer »Philosophie« genannten Einheitswissenschaft ermöglicht und Evidenz der Ergebnisse verbürgt. Wolff selbst befolgt diese Methode mit Ausnahme der Behandlung der Logik, die er aus didaktischen Gründen dem ganzen Werk voranstellt (§ 91).
Die Anordnung der philosophischen Teildisziplinen (§ 99) erfolgt mit Blick auf das zu schreibende lateinische Werk. Sie ist dem deutschen Œuvre gegenüber geringfügig modifiziert und stellt den Leitfaden dar, an den sich Wolff bei der Abfassung der

---

73 Wolff bestreitet nicht, daß es daneben noch weitere Bereiche des Seienden geben kann, doch sind diese der bloßen, d. h. nicht durch Offenbarung erleuchteten Vernunft, mit der es eine »Rationalphilosophie« allein zu tun hat, unzugänglich. Wolff denkt an die Engel, von denen die Heilige Schrift spricht. Cf. § 56, Anm.
74 Kritisch anzumerken wäre, daß auch diese nicht vollständig erfaßt sind. Es fehlen z. B. die Chemie, die Zoologie und selbst die Mathematik.
75 Cf. etwa die »Praefatio« zur *Instauratio magna*. *The Works of Francis Bacon*, a. a. O., Bd. I, S. 131, 133 und *Novum organum*. Lib. I, Aph. 116, 129.

großen lateinischen Werke in den dreißiger Jahren tatsächlich gehalten hat,[76] wenn-gleich er freilich Lücken in seiner Ausarbeitung ließ.[77]
Kapitel IV »Von der philosophischen Methode« darf besondere Beachtung bean-spruchen, denn in ihm nennt Wolff die Bedingungen, die eingehalten werden müssen, damit die Philosophie, die »(…) zum Nutzen der Wissenschaften und des Lebens ge-lernt wird« (§ 116, Anm.), ihr Ziel erreicht. Es ist wie folgt gegliedert. Wolff schickt die Definition der philosophischen Methode voraus und spricht anschließend über Ausdrücke, Grundsätze, Lehrsätze und Definitionen als den Elementen, mit denen es die philosophische Methode zu tun hat (§§ 115 – 119). Es folgen Ausführungen zu Ordnung, Form und Nützlichkeit der Lehrsätze (§§ 120 – 122). Die §§ 123 – 124 be-handeln Materie und Ordnung des Beweises. Die folgenden fünf Paragraphen legen den Unterschied zwischen Wahrscheinlichem und Gewissem dar und erläutern, wes-halb es erforderlich ist, Hypothesen zuzulassen. In den §§ 130 – 131 wird geklärt, wie weit sich ein Beweis erstrecken darf. Anschließend handelt Wolff von der Ordnung innerhalb der ganzen Philosophie, formuliert das oberste Gesetz der philosophischen Methode und zieht daraus didaktische Konsequenzen (§§ 132 – 135). Die §§ 136 – 138 schildern drei Nachteile, die man bei Außerachtlassung der philosophischen Me-thode zu gewärtigen hat, und der abschließende § 139 nimmt die Identifizierung von philosophischer und mathematischer Methode vor.
Mit dem Problem, welche Methode in der Philosophie, d. h. Wolffs Sprachgebrauch zufolge also in den Wissenschaften überhaupt, anzuwenden sei, greift er ein Thema auf, das, nachdem es in der Antike u. a. schon von Aristoteles[78] erörtert worden war, mit dem Erstarken der Naturwissenschaften zu Beginn der Neuzeit virulent wird und mit dem sich die herausragenden Köpfe der Zeit, darunter Bacon, Descartes, Pas-cal, Leibniz und Locke, um nur einige zu nennen, auseinandergesetzt hatten.[79] Im

---

76 Für Einzelheiten cf. neben Tonellis in Anm. 70 genanntem Aufsatz Jean École: *La conception wolff-ienne de la philosophie d'après le »Discursus praeliminaris de philosophia in genere«*. Filosofia oggi 1 (1978), S. 403 – 428; hier: S. 408 – 418, wo École auch eine tabellarische Darstellung des Wolffschen Sy-stems der Wissenschaften und der philosophischen Teildisziplinen gibt. (Bei diesem Aufsatz handelt es sich um die geringfügig überarbeitete Einleitung Écoles zu seiner Ausgabe des *Discursus* [GW II,1.1], S.V–XLIX). Cf. ferner Richard J. Blackwell: *The Structure of Wolffian Philosophy.* The Modern Schoolman 38 (1961), S. 203 – 218, der sein Thema auf der Grundlage des *Discursus* behandelt.
77 Darauf ist oben S. XIX bereits hingewiesen worden.
78 *Metaphysik.* Buch α, Kap. 3.
79 Aus der Fülle der Literatur zu diesem Thema sei hingewiesen auf Hans Werner Arndt: *Methodo scien-tifica pertractatum. Mos geometricus und Kalkülbegriff in der philosophischen Theorienbildung des 17. und 18. Jahrhunderts.* Berlin, New York 1971 (=Quellen und Studien zur Philosphie Bd. 4); ders.: Art. *Methode, V. Neuzeit.* In: *Historisches Wörterbuch der Philosophie.* Unter Mitwirkung von mehr als 950 Fachgelehrten (…) hg. von Joachim Ritter und Karlfried Gründer. (…) Bd. 5, Darmstadt 1980, Sp. 1313 – 1323; Giovanni Crapulli: *Mathesis universalis. Genesi di un'idea nel XVI secolo.* Rom 1969 (=Lessico intellettuale europeo Bd. 2); Hermann Schüling: *Die Geschichte der axiomatischen Methode im 16. und 17. Jahrhundert. Wandlung der Wissenschaftsauffassung.* Hildesheim, New York 1969 (=Studien und Materialien zur Geschichte der Philosophie Bd. 13); Giorgio Tonelli: *Der Streit über die*

Hintergrund steht die Einsicht, daß die Wahrheitssuche nicht planlos erfolgen dürfe, sondern methodisch geregelt betrieben werden müsse. Wie dieses Verfahren allerdings auszusehen habe und insbesondere welche Bedeutung dem Syllogismus dafür zukomme, darüber dachte man durchaus verschieden. Noch für das Jahr 1763 stellte die Berliner Akademie der Wissenschaften eine entsprechende Preisaufgabe[80], an der sich auch Kant und Mendelssohn beteiligten.

Wolff selbst hat sich schon frühzeitig mit dem Methodenproblem befaßt. Dazu veranlaßten ihn, wie er in seiner Autobiographie schreibt, die Auseinandersetzungen zwischen Katholiken und Lutheranern, die er als Kind in seiner Vaterstadt Breslau erlebte. Seine Idee war, die mathematische Methode, die Euklid mit so großem Erfolg in der Geometrie angewendet hatte, von ihrem speziellen Inhalt abzulösen[81] und auf die Theologie anzuwenden, um in dieser die gleiche Gewißheit der Ergebnisse zu erzielen und dem Streit der Konfessionen dadurch den Boden zu entziehen.[82] So kommt es, daß Wolff sogar Predigten »more geometrico« hielt, die sich, wie er versichert, wegen ihrer Klarheit großer Beliebtheit gerade unter seinen nicht akademisch gebildeten Hörern erfreuten.[83] In der Folge wandte Wolff die mathematische Methode dann auch auf andere Gebiete an,[84] und zwar zunächst auf die Ethik. Der Untertitel seiner *Philosophia practica universalis* von 1703 kündigte die Abhandlung an als »mathematica methodo conscripta«[85].

Wolff hat an vielen Stellen seiner Schriften methodologische Reflexionen eingestreut

mathematische Methode in der Philosophie in der ersten Hälfte des 18. Jahrhunderts und die Entstehung von Kants Schrift über die »Deutlichkeit«. Archiv für Philosophie 9 (1959), S. 37–66.

80 »On demande, si les vérités métaphysiques en général et en particulier les premiers principes de la Théologie naturelle et de la Morale sont susceptibles de la même évidence que les vérités mathématiques, et au cas qu'elles n'en soient pas susceptibles, quelle est la nature de leur certitude, à quel degré elle peut parvenir, et si ce degré suffit pour la conviction?«. Adolf von Harnack: *Geschichte der Königlich Preussischen Akademie der Wissenschaften zu Berlin. Bd. II: Urkunden und Actenstücke.* Berlin 1900. Reprint Hildesheim, New York 1970, S. 306f.

81 Diese Idee ist selbstredend nicht neu; sie lag mutatis mutandis auch den diesbezüglichen Bemühungen eines Descartes oder Leibniz zugrunde. Wolff war auch nicht der erste deutsche Philosoph, der die mathematische Methode in die Philosophie einführen wollte. Erhard Weigel und seine Schüler waren ihm hierin vorangegangen. Cf. Max Wundt: *Die deutsche Schulmetaphysik des 17. Jahrhunderts.* Tübingen 1939, S. 130f. (=Heidelberger Abhandlungen zur Philosophie und ihrer Geschichte Bd. 29).

82 *Christian Wolffs eigene Lebensbeschreibung.* Hg. mit einer Abhandlung über Wolff von Heinrich Wuttke. Leipzig 1841. Reprint Hildesheim, New York 1980, S. 121 (=Christian Wolff: *Biographie.* Mit einem Vorwort von Hans Werner Arndt. [GW I,10]).

83 Ebd., S. 128f.

84 »(...) ut caeteras quoque disciplinas ad aliquem certitudini(s) gradum evehere tentarem.« *Ratio praelectionum* (GW II,36), Sect. I, Cap. 1, § 9, S. 6f.

85 In: *Meletemata mathematico-philosophica* (GW II,35), Sect. II, S. 189.

und auch eigene Abhandlungen zur Methodologie verfaßt.[86] Die reifste und ausführlichste seiner Darlegungen dazu bietet[87] jedoch der *Discursus*.[88]
Die oberste methodologische Regel verlangt, daß »(...) dasjenige vorausgeschickt wird, wodurch das Folgende verstanden und bewiesen (...)« wird (§ 133).[89] Dieses »Gesetz« deduktiven Ableitens, das schon für die Anordnung der Wissenschaften und der philosophischen Teildisziplinen galt, dominiert auch die wissenschaftliche, d. h. in Wolffs Sprache die philosophische Beweisführung und gestattet einen streng hierarchisch strukturierten Aufbau des Wissens und der Wissenschaft. Es ist, weil es die genuine Verfahrensweise des Verstandes zum Ausdruck bringt, universalgültig und dominiert Forschung und Lehre, d. h. Auffindung wie Vermittlung von Lehrsätzen gleichermaßen. Einheitswissenschaft und Einheitsmethode konvergieren. Diese Methode, die wohldefinierte Ausdrücke, zureichend bewiesene Grundsätze und Lehrsätze verlangt, die aus ebensolchen Grundsätzen durch gültigen Schluß abgeleitet sind, und die dadurch alle subjektiven Momente ausschließt, ist nicht von der Mathematik abstrahiert; vielmehr ist die Mathematik wegen ihres speziellen Inhaltes nur einer ihrer exponierten Anwendungsfälle. Die Philosophie könnte, selbst wenn es keine Mathematik gäbe, nach gar keiner anderen Methode als der hier skizzierten betrieben werden. Beide, Mathematik wie Philosophie, beziehen ihre Methode vielmehr aus der »wahreren Logik« (§ 139, Anm.). Deshalb sollte man, wie Wolff an späterer

---

86 *Kurtzer Unterricht, von der Mathematischen Methode, oder Lehrart* (1710). In: *Anfangs-Gründe aller Mathematischen Wissenschaften* (GW I,12), S. 1–32; *De methodo mathematica brevis commentatio* (1713). In: *Elementa matheseos universae* (GW II,29), S. 1–17; Art. *Methodus mathematica sive geometrarum, die mathematische Lehr-Art*. In: *Mathematisches Lexicon* (1716), (GW I,11), Sp. 889–891; Kap. 3 »Von der Lehr-Art des Autoris« der *Ausführliche(n) Nachricht* (1726), (GW I,9), S. 52–124.

87 Außer den in Anm. 79 bereits genannten allgemeinen Arbeiten zum Methodenproblem cf. zu Wolffs Methodologie insbesondere Jean École: *De la méthode universelle selon Christian Wolff*. Filosofia oggi 7 (1984), S. 179–192; Hans-Jürgen Engfer: *Zur Bedeutung Wolffs für die Methodendiskussion der deutschen Aufklärungsphilosophie: Analytische und synthetische Methode bei Wolff und beim vorkritischen Kant*. In: Schneiders (Hg.): *Christian Wolff (1679–1754)*, a. a. O., S. 48–65; Tore Frängsmyr: *Christian Wolff's Mathematical Method and its Impact on the Eighteenth Century*. Journal of the History of Ideas 36 (1975), S. 653–668; Ferdinando L. Marcolungo: *Wolff e il problema del metodo*. In: Sonia Carboncini/Luigi Cataldi Madonna (Hgg.): *Nuovi studi sul pensiero di Christian Wolff*. Il Cannocchiale n. 2–3 (1989), S. 11–37; H. J. de Vleeschauwer: *La genèse de la méthode mathématique de Wolf* (!). *Contribution à l'histoire des idées au XVIIIe siècle*. Revue belge de philologie et d'histoire 11 (1932), S. 651–677.

88 Wolffs methodologische Anweisungen sind – worauf die Forschung des öfteren schon hingewiesen hat – wenig originell. Sie finden sich in der Hauptsache bereits in der sog. Logik von Port-Royal formuliert, die ihrerseits stark unter dem Einfluß Pascals steht. Die Parallelität zwischen den Regeln der *Logique ou l'art de penser* (1662) von Antoine Arnauld und Pierre Nicole und denjenigen des *Discursus* hat Arndt anhand mehrerer Beispiele aufgezeigt. *Methodo scientifica pertractatum*, a. a. O., S. 72; cf. auch S. 128.

89 Dieser methodologischen Regel hatte sich bereits Descartes in der Synopsis der *Meditationen* verschrieben: »(...) ideoque non alium ordinem sequi potuisse, quam illum qui est apud geometras usitatus, ut nempe omnia praemitterem ex quibus quaesita propositio dependet, antequam de ipsa quidquam concluderem.« *Œuvres de Descartes*, a. a. O., Bd. VIII, S. 13.

Stelle des Werkes auch selbstkorrigierend anmerkt, statt von »mathematischer« oder
»philosophischer«[90] besser von »wissenschaftlicher« Methode[91] sprechen. Die lateinischen Werke tragen dem Rechnung und weisen ihre Gegenstände im Untertitel als
»methodo scientifica« behandelt aus.
In der Wissenschaft gibt es und kann es also nur die hier beschriebene Methode geben, weil sie allein der eigentümlichen Arbeitsweise des Verstandes Rechnung trägt.
Wer sie mißachtet, verfehlt die Evidenz der Erkenntnis und erreicht folglich nicht das
Ziel, dem die Wissenschaft letztlich dienen muß: den Nutzen für das menschliche Leben. Diese utilitaristische Zielsetzung bringt Wolff in anderen Schriften noch deutlicher zum Ausdruck,[92] doch auch hier in Kapitel IV läßt er keinen Zweifel daran, daß
die mit der philosophischen Methode angestrebte Gewißheit kein Selbstzweck ist[93],
sondern im Dienste jenes übergeordneten Zieles angestrebt wird.[94]
Nun ist es aber so, daß die Methode deduktiven Ableitens, wie Wolff bereits in Kapitel III de facto einräumen mußte, noch nicht durchgängig in den Wissenschaften
praktiziert werden kann. Denn die allgemeine Kosmologie – eine Disziplin, für deren
Etablierung er im übrigen Originalitätsanspruch erhebt (§ 78) – zeige, daß »(...) wir
zu den letzten Gründen nicht vordringen können und uns daher mit denjenigen zufrieden geben müssen, die aus den nächsten Ursachen abgeleitet sind« (§ 107).[95] Das
war der Grund, weshalb Wolff der dogmatischen Physik eine experimentelle an die

---

90 Wolff kennt daneben noch andere Bezeichnungen, meint mit ihnen aber stets ein und dieselbe Methode. So die »methodus accurata« (§ 38, Anm.) und die »methodus geometrarum« (*Aerometriae elementa* [GW II,37], Titelbl.).
91 »Apparet itaque, methodum, quam in discursu praeliminari philosophicam diximus, latius patere atque
   adeo generali nomine scientificam recte appellari.« *Philosophia rationalis sive logica* (GW II,1.3), § 793
   (recte: § 792), S. 571.
92 So z. B. in dem Beitrag *De habitu philosophiae ad publicam privatamque utilitatem aptae* zu den *Horae
   subsecivae Marburgenses, a. a. O.*, (GW II,34.1), S. 1–37. Der Untertitel der *Horae subsecivae* lautet bezeichnenderweise *quibus philosophia ad publicam privatamque utilitatem aptatur.*
93 »Wir bemühen uns, sichere Erkenntnis zu erlangen, nicht aus Eitelkeit, sondern weil wir am Fortschritt
   der Wissenschaften und am Nutzen für das Leben interessiert sind« (§ 139, Anm.). Cf. ferner §§ 116,
   125, Anm., 128, Anm. und auch § 45. Deutlich bereits der Untertitel des *Philosophia rationalis sive logica*, der das Werk *ad usum scientiarum atque vitae aptata* ausweist, sodann die Eröffnungen der Widmung und der Vorrede: »Ein schwieriges und gefahrvolles Werk nehme ich in Angriff, wenn ich mich
   bemühe, die gesamte Philosophie sowohl gewiß als auch nützlich zu machen« (unten S. 269). »Zwei
   Dinge werden bisher in der ganzen Philosophie vermißt. Es fehlt jene Evidenz, die allein feste und unveränderliche Zustimmung bewirkt, und das, was in ihr gelehrt wird, entspricht nicht den Bedürfnissen des Lebens« (unten S. 272).
94 Dies ist ein Anliegen, das Wolff mit repräsentativen Vertretern der sog. empiristischen Richtung der
   frühneuzeitlichen Philosophie wie beispielsweise Francis Bacon verbindet. Cf. etwa die »Praefatio« zur
   Instauratio magna: »Postremo omnes in universum monitos volumus, ut scientiae veros fines cogitent;
   nec eam aut animi causa petant (...), sed ad meritum et usus vitae (...)«. *The Works of Francis Bacon*,
   a. a. O., Bd. I, S. 132.
95 Oder, in den Worten der *Ausführliche(n) Nachricht*: »(...) wir sind noch nicht in dem Stande, daß wir
   die Würckungen der Natur und die Eigenschafften der natürlichen Dinge aus einigen allgemeinen
   Gründen durch die Vernunfft herleiten könten.« (GW I,9), S. 463 f.

Seite stellte (§§ 107–108). Analog unterschied er die empirische von der rationalen
Psychologie (§§ 111–112). In Kapitel IV geht Wolff nun einen wesentlichen Schritt
weiter und räumt dem Wahrscheinlichen[96] ausdrücklich einen Platz in der Philosophie ein (§ 125, Anm.) – was mit deren Wissenschaftscharakter unvereinbar ist, da sie
sich nach § 33 »um völlige Gewißheit« bemühen muß. Wolff sieht sich zu diesem Zu-
geständnis vornehmlich angesichts des rapiden Aufstiegs der Naturwissenschaften
gezwungen, in denen tagtäglich neue Phänomene entdeckt werden, deren – zureichender – Grund nicht immer offenkundig ist und gelegentlich Gegenstand von lang
andauernden Kontroversen wird. So wie es also zu neuen Entdeckungen der Experimentalwissenschaften bedarf, so ist man zu ihrer Erklärung auf Hypothesen angewiesen. Es wäre nämlich »(...) eine grosse Thorheit, wenn man lieber gantz unwis-
send in einer Sache verbleiben wolte, als sich mit einer Erkenntniß begnügen, dabey
man nicht völlige Gewißheit haben kann.«[97] Dieses in seiner Wissenschaftskonzep-
tion heterogene Moment der Hypothesenbildung nimmt Wolff also in Kauf, um den
Fortschritt in der Philosophie nicht zu behindern und ihr Endziel, die Beförderung
der menschlichen Wohlfahrt, nicht zu gefährden.[98] Damit gesteht er freilich implizit
ein, daß die intendierte Einheitswissenschaft mit der hier projektierten Einheitsmethode allein nicht zu errichten ist.

Als ein besonders brisanter Anwendungsfall der mathematischen Methode erwies
sich die Theologie. Die Frage war, ob und wieweit sich der Glaube auf klare und deutliche Begriffe bringen und unbeschadet seines supranaturalen Gehaltes in schulge-
rechten Schlüssen nach demonstrativer Art darlegen lasse. Ermutigt durch Caspar
Neumann,[99] hatte Wolff selbst die mathematische Methode in die Theologie hinein-
getragen und in seinen Schriften ein Argumentationspotential angehäuft, das sowohl
zur Stützung wie zur Kritik der christlichen Religion eingesetzt werden konnte und
tatsächlich auch wurde.[100] Versuche, auch die Mysterien des Glaubens »methodo

---

96 Zur Abfassung einer Wahrscheinlichkeitslogik, die Wolff in *De habitu philosophiae*, a. a. O., (GW
    II,34.1), S. 11 f. angekündigt hatte, ist er nicht gekommen. – Zum Problem des Wahrscheinlichen bei
    Wolff cf. Luigi Cataldi Madonna: *Wahrscheinlichkeit und wahrscheinliches Wissen in der Philosophie
    von Christian Wolff.* Studia Leibnitiana 19 (1987), S. 2–40.
97 So in der Vorrede zu Johann Peter Süßmilchs *Von der göttlichen Ordnung in den Veränderungen des
    menschlichen Geschlechts* aus dem Jahr 1741. In: *Kleine Schriften* (GW I,22), S. 92 f.
98 Wolff hat dem Problem der Hypothesen eine eigene Schrift gewidmet. *De hypothesibus philosophicis.*
    In: *Horae subsecivae Marburgenses.* Anni 1729, trimestre vernale (GW II,34.1), S. 177–230.
99 »H. Neumann hielt auch davor, man sollte die Theologiam revelatam alia methodo, nämlich nach Art
    der mathematicorum tractiren (...)«. *Christian Wolffs eigene Lebensbeschreibung,* a. a. O., (GW I,10),
    S. 134. Cf. auch die *Ausführliche Nachricht,* a. a. O., (GW I,9), S. 118.
100 Cf. Günter Gawlick: *Christian Wolff und der Deismus.* In: Schneiders (Hg.): *Christian Wolff
    (1679–1754),* a. a. O., S. 139–147.

scientifica« abzuleiten,[101] fanden jedoch nicht seine Billigung.[102] Georg Friedrich Meier standen Auswüchse dieser Art vor Augen, als er sich über die unter den unselbständigeren Schülern Wolffs grassierende »gar zu grosse Liebe zum Demonstriren« mokierte und sie als »Demonstrirsucht«[103] brandmarkte. Johann Georg Walch hatte schon eine Generation zuvor die »Demonstrations-Pädanterey«[104] gegeißelt.

---

101 So schrieb Jakob Carpov zunächst eine *Dissertatio theologica, SS. trinitatis mysterium methodo demonstrativa sistens*. Jena 1730, deren im Titel formuliertes Anliegen er in der Schrift *Revelatum SS. trinitatis mysterium, methodo demonstrativa propositum* von 1735 erneut aufgriff und in der vierbändigen *Theologia revelata dogmatica, methodo scientifica adornata* (1737 ff.) abschließend behandelte. Cf. Max Wundt: *Die Philosophie an der Universität Jena in ihrem geschichtlichen Verlaufe dargestellt.* Jena 1932, S. 94 f. Auch Joachim Georg Darjes versuchte eine aus Vernunftprinzipien geführte deduktive Ableitung des Trinitätsdogmas: *Tractatus philosophicus, in quo pluralitas personarum in Deitate (…) ex solis rationis principiis methodo mathematicorum demonstratur.* Leeuwarden (recte: Kahla) 1735. Cf. dazu Günter Mühlpfordt: *Radikaler Wolffianismus. Zur Differenzierung und Wirkung der Wolffschen Schule ab 1735.* In: Schneiders (Hg.): *Christian Wolff (1679–1754)*, a. a. O., S. 237–253; hier: S. 244 – 247. – Die Auseinandersetzungen um die Anwendbarkeit der mathematischen Methode in der offenbarten Religion sind dokumentiert bei Ludovici: *Ausführlicher Entwurf*, a. a. O., (GW III,1. 2), S. 363 – 435, ferner in dessen zweibändiger *Sammlung und Auszüge der sämmtlichen Streitschrifften wegen der Wolffischen Philosophie* von 1737– 38, (GW III,2) und bei Georg Volckmar Hartmann: *Anleitung zur Historie der Leibnitzisch-Wolffischen Philosophie und der darinnen von Hn. Prof. Langen erregten Controvers, nebst einer historischen Nachricht vom Streite und Übereinstimmung der Vernunfft mit dem Glauben, oder Nutzen der Philosophie in der Theologie (…)* (¹1737), (GW III,4), S. 1112 – 1121. Max Wundt hielt diese Kontroversen für »(…) das große, geradezu maßgebende Ereignis der deutschen Aufklärung, an dem sich ihr Gehalt am deutlichsten offenbart.« *Christian Wolff und die deutsche Aufklärung.* In: Theodor Haering (Hg.): *Das Deutsche in der deutschen Philosophie.* Stuttgart, Berlin 1941, S. 233.

102 Wolff hält derartigen Vorhaben entgegen, daß wir »(…) keine vorausgehende Glaubens-Lehren (haben), aus denen erst bewiesen werden könte, daß eine Dreyeinigkeit sey. Daher ist der Articul von Dreyeinigkeit einer von denen, die blos angenommen werden müssen, anstatt man sonsten zuföderst auf Demonstrationen, wie sie in gegenwärtiger Abhandlung erfordert werden, gedencken solte. Nun aber kan aus den göttlichen Attributen kein Grund angezeiget werden, warum er dreyeinig seyn müsse. Alle die den Grund davon demonstriren wollen (…), wollen sie (sc. die Dreieinigkeit, Hgg.) in der That aus den Gründen der Vernunft beweisen (…); ihr Unternehmen aber ist nicht zu billigen gewesen.« *Von dem Nutzen der beweisenden Lehr-Art zu Lehr-Büchern von der geoffenbarten Theologie.* In: *Kleine Schriften* (GW I,22), S. 380 f. Die lateinische Fassung des Textes ist an dieser Stelle weniger deutlich. Cf. *De usu methodi demonstrativae in tradenda theologia revelata dogmatica.* In: *Horae subsecivae Marburgenses.* Anni 1731, trimestre aestivum (GW II, 34. 3), S. 531. – Wolff hat dem Thema eine weitere Schrift gewidmet: *De usu methodi demonstrativae in explicanda scriptura sacra.* In: *Horae subsecivae Marburgenses.* Anni 1731, trimestre vernale (GW II,34. 3), S. 281 – 327. Cf. ferner die deutlichen Worte, die Wolff schon in §§ 979 f. der *Philosophia rationalis sive logica* (GW II,1. 3) findet. – Auch Gottsched beantwortet die Frage *Ob man die geoffenbarte Theologie in mathematischer Lehrart abhandeln könne* mit einem klaren Nein. *Erste Gründe der gesammten Weltweisheit*, a. a. O., Bd. V, Teil 2, S. 578 – 586.

103 *Auszug aus der Vernunftlehre*, a. a. O., § 200. Sie äußert sich u. a. darin, »(…) wenn man zu demonstriren sucht, was man nicht demonstriren kann und darf (…)«. Ebd.

104 Von ihr spricht Walch, »(…) wenn man ohne Ursach mit seinen Demonstrationen aufgezogen kommt (…) und (…) eine unnöthige Weitläufftigkeit vornimmt.« *Einleitung in die Philosophie, worinnen alle Theile derselbigen nach ihrem richtigen Zusammenhang erkläret und der Ursprung nebst dem Fortgang einer ieden Disciplin zugleich erzehlet worden (…).* Leipzig 1727, S. VI [n.p.] der Vorrede.

Reimarus hielt die Gewißheit, welche die mathematische Methode gewährleistet, für
auf den Bereich der Mathematik begrenzt und sah sie ansonsten mit »viele(n) Unbe-
quemlichkeiten«[105] behaftet, weshalb er sich von ihr distanzierte.
Die von Wolff propagierte Methode ermöglicht durch Anwendung formallogisch
einwandfreier Schlußmodi auf bereits bekannte Grundsätze die Herleitung neuer,
bislang unbekannter Wahrheiten. Der Syllogismus hat Inventionskraft, eine Erfindungskunst ist möglich (§ 122). Wolff hat über die diesbezügliche Leistungsfähigkeit
der Logik nicht immer so gedacht.[106] Zunächst hatte er die – übrigens auch von Christian Thomasius[107] geteilte – entgegengesetzte Auffassung in einer These seiner mathematischen Dissertation von 1704 vertreten.[108] Doch als Leibniz, dem er diese gewidmet hatte, widersprach,[109] nahm Wolff dies zum Anlaß, das Problem erneut zu
durchdenken, und änderte seine Meinung.[110] Noch während seiner Leipziger Zeit
hielt er Vorlesungen, die das Programm einer Erfindungskunst skizzieren,[111] das auch
bei Leibniz[112] eine bedeutende Rolle spielt. Und so wollte er sein Lebenswerk auch
mit einer Erfindungskunst, die trotz vieler Versprechungen bisher noch niemand vorgelegt habe, krönen.[113] Doch auch dieses Projekt blieb unrealisiert.[114]

---

105 *Die Vernunftlehre*, a.a.O., § 216, S.464f., wo Reimarus fünf Argumente anführt, die gegen ihre Verwendung sprechen.
106 Cf. hierzu die Einführung von Hans Werner Arndt zur »*Deutsche(n) Logik*« (GW I,1), S.16–20,
   85–88 sowie ders.: *Methodo scientifica pertractatum*, a.a.O., S.139–147: »Wolffs Konzeption einer
   ›ars inveniendi‹«.
107 *Einleitung zu der Vernunfft-Lehre (…)*. Halle 1691. Reprint mit einem Vorwort von Werner Schneiders. Hildesheim 1968. 12. Hauptstück, S.263–285; bes. §§ 10–12, 21, 27f.
108 »Syllogismus non est medium inveniendi veritatem.« *Dissertatio algebraica de algorithmo infinitesi-
   mali differentiali (…)*. In: *Meletemata mathematico-philosophica* (GW II,35), Sect. II, S.289.
109 Leibniz antwortete, »(…) non ausim absolute dicere, syllogismum non esse medium inveniendi veritatem.« *Briefwechsel zwischen Leibniz und Christian Wolff*. Aus den Handschriften der königlichen
   Bibliothek zu Hannover hg. von C.I. Gerhardt. Halle 1860, Reprint Hildesheim 1963, S.18.
110 Wolff berichtet darüber in seiner *Nachricht von den Vorlesungen*. In: *Kleine Schriften* (GW I,22),
   S.610.
111 *Christian Wolffs eigene Lebensbeschreibung*, a.a.O., (GW I,10), S.139.
112 Cf. etwa *De arte inveniendi in genere*. In: Louis Couturat (Ed.): *Opuscules et fragments inédits de
   Leibniz*. Extraits des manuscrits de la bibliothèque royale de Hanovre. Paris 1903, Reprint Hildesheim
   1966, S.161–166; *De arte inveniendi*, ebd., S.167–170; *Schediasma de arte inveniendi theoremata*,
   ebd., S.170–174 und den aus der Zeit um 1686 stammenden Text *Projet et essais pour arriver à quel-
   que certitude pour finir une bonne partie des disputes et pour avancer l'art d'inventer*, ebd., S.175–182.
113 »(…) principia artis inveniendi ex psychologia petenda. Non rectius idem doceri potest, quam si artis
   inveniendi regulae generales ipsae exhibeantur & demonstrationibus suis munitae in systema redigan-
   tur: id quod olim praestabimus, quando ceteris philosophiae partibus ad umbilicum perductis artem
   inveniendi methodo scientifica trademus.« *De notionibus directricibus & genuino usu philosophiae primae*. In: *Horae subsecivae Marburgenses*. Anni 1729, trimestre vernale (GW II,34.1), S.328. Ebenso
   Psychologia empirica (GW II,5), § 454, S.356: »Artem hanc inveniendi data opera explicaturi sumus,
   ceteris philosophiae partibus absolutis, siquidem Deus nobis vires animi ac corporis tamdiu conser-
   vaturus ac otium largiturus, ut telam coeptam pertexere liceat.«
114 Wolff äußert sich zur »Kunst zu erfinden« u.a. auch in der »*Deutsche(n) Logik*« (GW I,1), § 24; ausführlicher in der »*Deutsche(n) Metaphysik*« (GW I,4), §§ 362–367. Im Jahr 1733 macht er sie zum aus-

Galt das vierte Kapitel dem Wissenserwerb und der Wissensvermittlung gleichermaßen, so widmet sich Wolff in dem kurzen **Kapitel V** »Vom philosophischen Stil« ganz dem didaktischen Aspekt, und zwar unter der Fragestellung, in welcher Form die nach Maßgabe der philosophischen Methode gewonnenen Ergebnisse im Medium der Schrift zweckmäßigerweise gelehrt werden sollen. Welche Gesichtspunkte beim mündlichen Vortrag in der akademischen Lehre zu beachten sind, erörtert Wolff an dieser Stelle nicht. Insofern skizziert er hier in erster Linie, wenngleich nicht ausschließlich,[115] die bei der Abfassung wissenschaftlicher Texte zu befolgende »Schreib-Art«[116], in der auch er selbst seine lateinischen Werke der Öffentlichkeit präsentieren wird.

Die Binnenstruktur des Kapitels ist durch den übergeordneten Zweck bestimmt, dem auch es zu dienen hat: dem wissenschafts- und lebenspraktischen Nutzen, denn »der Philosoph schreibt, um zu nützen (...)« (§ 149, Anm.). So folgen auf die Definition des philosophischen Stils und die Formulierung seines obersten Gesetzes die Nennung der zu erfüllenden Bedingungen, damit der Philosoph sich seinem Publikum unmißverständlich mitteilen kann. Wolffs Ansatz mutet außerordentlich modern an, denn er sieht die größte Gefahr, die einer adäquaten Wissensvermittlung im Wege steht, in den Fallstricken der Sprache; und folglich setzen seine Forderungen auch hier, bei der Sprache und genauer bei den Worten, an (§§ 142–145). Als eine der Hauptaufgaben des Philosophen bezeichnet er – darin an Wittgenstein vorauserinnernd – die Rückführung der meist schwankenden umgangssprachlichen Bedeutung der Worte auf eine feste. Es folgt die Darlegung der Anforderungen, die an philosophische Termini zu stellen sind (§§ 146–148), denn Wolff sieht die Notwendigkeit von wissenschaftlichen Fachsprachen ein, da sie die Kommunikation in den jeweiligen Disziplinen erleichtern und diese damit weniger fehleranfällig machen. Die letzten zwei Paragraphen äußern sich zur Einfachheit und Ökonomie des philosophischen Stils und grenzen ihn vom Stil des Redners und Dichters ab.

Wolffs Forderung nach Nüchternheit im wissenschaftlichen Diskurs entspricht einem genuin aufklärerischen Bedürfnis. Alles, was nicht dem Ziel der irrtumsfreien und schnörkellosen Vermittlung der Wahrheit dient, wird aus der Philosophie, das Wort verstanden in dem erläuterten umfassenden Sinne, verbannt. Wolffs stilistisches Ideal ist in jeder Hinsicht ein Minimalismus. Denn jedes Wort über das Maß hinaus, das unabdingbar zur Darlegung unserer Gedanken erforderlich ist, stellt eine potentielle Irrtumsquelle dar. Darum darf der Philosoph »(...) nicht mehr Worte machen

---

drücklichen Thema in der *Epistola gratulatoria ad (...) Ulricum Cramerum (...), qua disquiritur: num utile sit artem inveniendi in systema redigi.* In: *Meletemata mathematico-philosophica* (GW II,35), Sect. III, S. 130–140.

115 Einige der hier genannten Vorschriften dürften nämlich auch für die mündliche Wissensvermittlung gelten, so z. B. die Forderung konstanten Wortgebrauchs (§ 143).

116 Derartige Reflexionen enthält schon die *Ausführliche Nachricht*, a. a. O., Kap. 2: »Von der Schreib-Art des Autoris«, (GW I,9), S. 23–52.

als genügen, um die Wahrheit in ihrer Blöße vorzutragen« (§ 149). Insofern scheiden literarische Präsentationsformen wie etwa das Lehrgedicht, der fingierte Reisebericht oder der Dialog, wie sie von anderen Philosophen erfolgreich eingesetzt wurden, für ihn von vornherein aus. Wolffs Medium ist der nach Maßgabe der Darlegungen der Kapitel III und IV deduktiv konzipierte Traktat, der seinen Gegenstand nackt und bloß und doch tendenziell so umfassend behandelt, wie es nur möglich erscheint. Wenngleich diese Schreibweise dem aufklärerischen Pathos der Nüchternheit entsprach und in der Tat einen klar aufgebauten, durchsichtigen Argumentationsgang ermöglichte, auf den der enorme Erfolg der Werke Wolffs während mehrerer Jahrzehnte zu einem erheblichen Teil zurückzuführen ist, so konnte einem Stil, der auf allen rhetorischen Schmuck bewußt verzichtete und sich beharrlich weigerte, dem Bedürfnis des Lesers nach Abwechslung und Unterhaltung bei der Lektüre entgegenzukommen, kein dauerhafter Erfolg beschieden sein. Die Beharrlichkeit, mit der Wolff und seine Schüler den hier propagierten Stil zur Anwendung bringen, wird schon bald als abstoßende Monotonie empfunden[117] und in Persiflagen gegeißelt.[118] Es ist sicherlich kein Zufall, daß gerade Wolffs bedeutendster und selbständigster Schüler A. G. Baumgarten eine natürliche Anlage zum Schöndenken in der menschlichen Seele ausmachte,[119] die es zu entfalten gelte. Georg Friedrich Meier hat sich dem gewidmet und die Philosophie in ansprechender Gestalt zu präsentieren gesucht.[120]

---

117 Das gilt a fortiori für die allzu begeisterten Anhänger Wolffs. Ein solcher war Michael Kelsch. Ihm wurde sein Übereifer für die Verbreitung der mathematischen Methode, die er in seiner Dissertation *De utilitate methodi mathematicae in docenda inventute.* Altorf 1735, an den Tag gelegt hatte, mit den Worten quittiert, er wolle den Kindern das ABC »methodo mathematica« beibringen. Cf. Ludovici: *Ausführlicher Entwurf,* a. a. O., (GW III,1.3), § 382, S. 342f.

118 So etwa von Jobst Hermann Müller: *Nihil zine rattione zuffizientes. Der nach mathematischer Methode als der allerbesten neuesten und natürlichsten getreulich unterrichtete Schuster-Geselle, zur gründlichen Erlernung und höhern Aufnahme dieses gar edlen Hand-Werckes oder nunmehro Schumacher-Wissenschafft, aus metafysischen und ontrologischen Gründen, in einem mathematischen Gespräche, heraus gewickelt und herausgegeben, von dem Wissenschaftlichen Hoff-Schuster in Dresden* (…). Gedruckt in Aller Heiligen-Stätt [1739]. Zitiert nach: *Tradition & Emanzipation. Katalog der Ausstellung.* Von Claude Weber und Frank Grunert. Mit einem Essay von Werner Schneiders. Luxembourg 1991, Nr. 20, S. 25.

119 »Dispositio naturalis animae totius ad pulcre (!) cogitandum, quacum nascitur.« *Aesthetica.* Unveränderter reprografischer Nachdruck der Ausgabe Frankfurt 1750, Hildesheim 1961, § 28. Eine – nicht in jeder Hinsicht befriedigende – Interpretation der Baumgartenschen »ars pulcre cogitandi« findet sich bei Michael Jäger: *Kommentierende Einführung in Baumgartens »Aesthetica«. Zur entstehenden wissenschaftlichen Ästhetik des 18. Jahrhunderts in Deutschland.* Hildesheim, New York 1980, S. 22–33 (=Philosophische Texte und Studien Bd. 1). Cf. auch Horst-Michael Schmidt: *Sinnlichkeit und Verstand. Zur philosophischen und poetologischen Begründung von Erfahrung und Urteil in der deutschen Aufklärung (Leibniz, Wolff, Gottsched, Bodmer und Breitinger, Baumgarten).* Diss. Konstanz 1978, München 1982, S. 204–210 (=Theorie und Geschichte der Literatur und der schönen Künste Bd. 63).

120 Cf. Günter Gawlick: *G. F. Meiers Stellung in der Religionsphilosophie der deutschen Aufklärung.* In: Norbert Hinske (Hg.): *Zentren der Aufklärung I. Halle. Aufklärung und Pietismus.* Heidelberg 1989, S. 157–176; hier: S. 159 (=Wolfenbütteler Studien zur Aufklärung Bd. 15).

Denn, so argumentiert Meier, wenn man eine Wahrheit »auf eine reitzende und angenehme Art« vorträgt, spricht man mehr Menschen an, als durch Anwendung der mathematischen Methode erreichbar wären, so daß die Ästhetik für die optimale Verbreitung der Wahrheit unverzichtbare Dienste leistet.[121] Wolff selbst hielt nichts von derartigen Verbesserungsversuchen.[122] Er sah in ihnen vielmehr eine tatsächliche Verschlechterung und befürchtete, daß »(...) die Schöndenker (...) alles in der Philosophie verderben«[123] würden; ein Urteil, das Moses Mendelssohn[124] der Sache nach teilte und das auch Kants Zustimmung fand[125]. Auch andere dem Wolffianismus nahestehende Denker wie z. B. H. S. Reimarus distanzierten sich bei aller Anerkennung der Vorteile und der im Falle des Reimarus beinahe schon aus historischer Perspektive betrachteten Verdienste der Wolffschen Philosophie und ihrer Darstellungsweise gleichwohl von dem propagierten Stil;[126] und Jean Henri Samuel Formey[127] wußte, daß es, um die Lehre Wolffs dem schönen Geschlecht und dem Volk nahezubringen, einer besonderen Präsentationsform bedurfte.

Das abschließende **Kapitel VI** des *Discursus* handelt »Von der Freiheit des Philoso-

---

121 »Wer kein Aestheticus ist, der kan nur den geringsten Theil der Menschen zur Annehmung der Wahrheit bringen.« Georg Friedrich Meier: *Anfangsgründe aller schönen Wissenschaften.* Halle 1748, S. 23.

122 Baumgarten hat übrigens einer Kollegnachschrift zufolge Wolffs Stil ästhetische Qualitäten beigemessen. Cf. Bernhard Poppe: *Alexander Gottlieb Baumgarten. Seine Bedeutung und Stellung in der Leibniz-Wolffischen Philosophie und seine Beziehungen zu Kant.* Diss. phil. Borna-Leipzig 1907, S. 70.

123 Dieses Urteil Wolffs ist überliefert durch Johann Christoph Schwab in der Preisschrift *Welches sind die wirklichen Fortschritte, die die Metaphysik seit Leibnitzens und Wolffens Zeiten in Deutschland gemacht hat?*. In: *Preisschriften über die Frage: Welche Fortschritte hat die Metaphysik seit Leibnitzens und Wolffs Zeiten in Deutschland gemacht? Von Johann Christoph Schwab, Karl Leonhard Reinhold und Johann Heinrich Abicht.* Berlin 1796. Reprint Darmstadt 1971, S. 24.

124 Im 20. der *Briefe, die neueste Litteratur betreffend* vom 1. März 1759 schreibt er: »Einige seiner (sc. Wolffs, Hgg.) Anhänger haben die tiefsinnigsten Wahrheiten aus seiner Philosophie leicht, faßlich, und so Gott will, auch schön abgehandelt.« Die Folge war, daß »die Wahrheit selbst (...) durch die Art, wie man sie annahm, zum Vorurtheile (ward).« Moses Mendelssohn: *Gesammelte Schriften.* Jubiläumsausgabe. Begonnen von I. Elbogen, J. Guttmann, E. Mittwoch. Fortgesetzt von A. Altmann, E. J. Engel. Bd. 5.1: *Rezensionsartikel in Briefe, die neueste Litteratur betreffend (1759–1765).* Bearbeitet von Eva J. Engel. Stuttgart-Bad Cannstatt 1991, S. 12 f.

125 Kant kann nicht finden, daß »(...) bei allem Schönen, was seit langer Zeit in diesem Fache (sc. der Metaphysik, Hgg.) geschrieben worden, (...) die Wissenschaft dadurch um einen Finger breit weiter gebracht worden« wäre. *Prolegomena zu einer jeden künftigen Metaphysik, die als Wissenschaft wird auftreten könne.* In: *Kant's gesammelte Schriften,* a. a. O., Bd. IV, S. 376 f.

126 *Die Vernunftlehre,* a. a. O., § 216, S. 463 f.

127 Im »Avertissement« seines sechsbändigen Werkes *La belle Wolfienne.* La Haye 1741–1753 (GW III,16.1–2), gibt Formey es als sein ausdrückliches Ziel an, die »suivant la méthode des géometres« geschriebene Wolffsche Philosophie von diesen ihren Dornen nach Kräften zu befreien und sie durch Präsentation in Gestalt eines »roman philosophique« den »lecteurs ordinaires« zugänglich zu machen (Bd. I [1741], S. 3 [n.p.]). – Diese Klassifikation als philosophischer Roman ist indes nur für die ersten drei Bände zutreffend, denn Formey hat später die Methode gewechselt. Cf. dazu das »Préface« J. Écoles zu der Nachdruckausgabe (GW III,16.1), S. III [n.p.].

phierens«.[128] Wolff schickt den methodologischen Reflexionen gemäß die Definition der »libertas philosophandi« voraus (§ 151) und grenzt sie sodann von der Knechtschaft im Philosophieren ab (§§ 152–153). Die §§ 154–156 behandeln die Kriterien, die zur Annahme einer Meinung für den Philosophen allein ausschlaggebend sind; die §§ 157–162 regeln, wie er sich zu der Meinung anderer verhält. Die Gefahrlosigkeit der Freiheit des Philosophierens legen die §§ 163–165 dar; die §§ 166–167 bestimmen den Personenkreis, dem sie zu gewähren ist. Das Sonderproblem eines Widerspruchs zwischen Theologie und Philosophie erörtert § 168. In den §§ 169–170 wird der Nutzen der Freiheit des Philosophierens dargelegt; der das Werk abschließende § 171 spricht in der Art eines Schlußwortes über die mit dem *Discursus* insgesamt verfolgte Absicht.

Die Berücksichtigung des Themas der »libertas philosophandi« in einer »Einleitenden Abhandlung über Philosophie im allgemeinen« mag den heutigen Leser überraschen. Für Wolff jedoch gab es neben biographischen und zeitgeschichtlich bedingten auch systematische Gründe, die seine Behandlung nahelegten. So hatte er in Kapitel V bezüglich der geeigneten Wissensvermittlung – und das heißt in erster Linie: bezüglich der Abfassung wissenschaftlicher Werke – Anweisungen erteilt, die politische Verhältnisse voraussetzten, in denen die geradlinige, unmaskierte Mitteilung philosophischer Positionen auch gestattet war. Wie wenig das der tatsächlichen Situation entsprach, hatte Wolff am eigenen Leib erfahren, als er 1723 bei Strafe des Stranges Preußen binnen 48 Stunden verlassen mußte.[129] Der Grund war eben jenes illiberale geistige Klima, das die Hallenser Pietisten, allen voran Joachim Lange,[130] für sich zu nutzen wußten. Es gelang ihnen, den Soldatenkönig durch, wie Wolff sich bitter beklagte, »Consequentien-Macherey«[131] von einem vermeintlich in Wolffs Lehre

128 Sie ist nicht mit der akademischen Freiheit zu verwechseln, die an Universitäten für die dort immatrikulierten Studenten gilt. Wolff hat sie in einer eigenen kleinen Schrift behandelt und gezeigt, daß auch ihr Begriff »ex principiis philosophiae nostrae methodo nobis familiari« bestimmt und die »libertas academica« von der »licentia« unterschieden werden könne. *De notione libertatis academicae.* In: *Horae subsecivae Marburgenses.* Anni 1731, trimestre autumnale (GW II,34.3), S.659–681; hier: S.660.
129 Zu den Vorgängen, die zu Wolffs Vertreibung aus Halle führten, cf. Heinrich Wuttke: *Ueber Christian Wolff den Philosophen. Eine Abhandlung.* In: *Christian Wolffs eigene Lebensbeschreibung,* a.a.O., (GW I,10), S.12ff. und die Studie von Carl Hinrichs: *Preußentum und Pietismus. Der Pietismus in Brandenburg-Preußen als religiös-soziale Reformbewegung.* Göttingen 1971, S.388–441: »Die Auseinandersetzung mit Christian Wolff«.
130 Cf. zu Langes Angriffen auf Wolff die Studie von Bruno Bianco: *Freiheit gegen Fatalismus. Zu Joachim Langes Kritik an Wolff.* In: *Zentren der Aufklärung I. Halle,* a.a.O., S.111–155.
131 *»Deutsche Logik«,* die »Erinnerung wegen der vierdten und fünften Auflage« aus den Jahren 1725/1727 (GW I,1), S.112: »(...) weil ich aus eigener Erfahrung lernte, daß man die liederliche Consequentien-Macherey mit methodo demonstrandi per indirectum verwirrete (...).« In Kap.14, § 5 heißt es dann: »(...) so ist die Consequentien-Macherey Verständigen und Tugendliebenden ein Abscheu, und vergönnet man ihr nirgends einen Platz, als unter den Mitteln, einen Gegner bey Unverständigen und denen, welche nicht Zeit haben, die Sache selbst zu untersuchen, mit seiner Meinung verhasset, oder auch lächerlich zu machen (...)« (ebd., S.239). Den Bezug zu den Hallenser Pietisten,

angelegten Fatalismus zu überzeugen, so daß desertierende Soldaten gar nicht anders könnten als zu fliehen, wenn sie fliehen, und der König folglich unrecht tue, wenn er sie dafür bestrafe. Die Staatsfeindlichkeit einer solchen Lehre stand für den Monarchen außer Frage, und so unterschrieb er jenen Befehl, der Wolff zur Symbolfigur der fehlenden Freiheit weit über die Grenzen Preußens hinaus bekannt machte, wodurch die Sensibilität des Publikums für das Thema der Denkfreiheit geschärft wurde. Manche Stelle des *Discursus* spiegelt die Auseinandersetzung mit den Hallenser Pietisten wider,[132] wenngleich Wolff in unserem Werk bemüht ist, das Problem von seinem persönlichen Schicksal abgelöst zu behandeln.

Schon damit die Anweisungen des Kapitels V, die ihrerseits aufs engste mit den methodologischen Vorschriften des Kapitels IV zusammenhängen, in die Tat umgesetzt werden können und die projektierte Wissenschaft ihre segensreiche Wirkung entfalten kann, muß die Herbeiführung geeigneter politischer Rahmenbedingungen im Interesse des Philosophen liegen. Wissenschaftsprogramm und Wissenschaftspolitik sind miteinander verknüpft. Da Wolff nun im *Discursus* nicht zum ersten Mal die wissenschaftliche Methodologie und Schreibart reflektiert, führte ihn der geschilderte Sachzusammenhang zwangsläufig schon früher dazu, auch das Thema der »libertas philosophandi« zu diskutieren. Die erste Stellungnahme enthält die *»Deutsche Politik«*[133] (1721), gefolgt von Kapitel IV der *Ausführliche(n) Nachricht*[134] von 1726. Noch das späte *Jus naturae*[135] behandelt das Thema, und zwar mit Blick auf die Freiheit des Philosophierens über die Religion bemerkenswert restriktiver als vordem. Die umfassendste und geschlossenste Darlegung enthält jedoch der *Discursus*.

Das ist der erste Grund, der die Behandlung des Themas der »libertas philosophandi« stimuliert und Kapitel VI mit den vorangehenden Kapiteln verbindet. Der zweite, dem soeben genannten vorausliegende Grund, der die Forderung nach der Freiheit des Philosophierens hervorbringt, ist intrinsischer Natur. Denn vor der Mitteilung der gewonnenen Ergebnisse gemäß den didaktischen Vorschriften des Kapitels V müssen diese allererst mittels der philosophischen Methode gewonnen worden sein.

---

namentlich zu Joachim Lange und seinem auswärtigen Verbündeten Johann Franz Budde, belegen Wolffs Entgegnungen auf deren Angriffe aus dem Jahr 1724. Cf. etwa *Kleine Kontroversschriften mit Joachim Lange und Johann Franz Budde*: »So gehet es mit der thörichten Consequentien-Macherey, die durch schlimme Affecten ausgebrüttet wird« (gegen Budde, [GW I,17], S. 122, cf. etwa auch die Vorrede, S.V [n.p.]). Cf. ferner die *Ausführliche Nachricht*: »Will man zweiffeln, daß die Consequentien-Macherey alles beschmeissen könne; so darf man sich nur in der Geschichte der Gelehrten umsehen, und man wird finden, daß zu verschiedenen Zeiten einander entgegengesetzte Meynungen mit verhaßten Consequentien angeschwärtzet worden, ja auch wohl von verschiedenen angeschwärtzt werden.« (GW I,9), S.147.

132 Cf. etwa die unüberhörbaren Anspielungen in §§ 52, 142, Anm. sowie in der Widmung und der Vorrede zur *Philosophia rationalis sive logica*, unten S. 269, 273.

133 GW I,5, §§ 303 f.

134 »Von der Freyheit zu philosophiren, deren sich der Autor bedienet.« (GW I,9), S. 124–149.

135 Pars VI (1746), (GW II,22), §§ 909–918.

Deren Prinzip aber ist das Selbstdenken, denn der Philosoph darf sich nur »(...) nach seinem eigenen, nicht nach fremdem Urteil richten (...)« (§ 151, Anm.). Er ist allein der Wahrheit verpflichtet (§ 154) und darf daher keinerlei äußeren Vorgaben unterworfen sein, deren Berücksichtigung ihn daran hindern könnte, dieses Ziel zu erreichen. Aus systematischen Erwägungen ist die Freiheit des Philosophierens unverzichtbar; Wolffs Lehre steht und fällt mit ihrer Zubilligung.

Damit sind zugleich die einschränkenden Bedingungen genannt, unter denen die reklamierte Freiheit zu gewähren ist, denn nichts liegt weniger in Wolffs Absicht als im Sinne Schillers Gedankenfreiheit[136] schlechthin zu fordern. So spricht er nicht zufällig statt von »Denkfreiheit« stets von »Freiheit des Philosophierens«, womit Wolff dasjenige Maß an Freiraum für den Wissenschaftler einfordert, das dieser und auch er nur insofern, als er wissenschaftlich tätig ist, unabdingbar benötigt, um Fortschritte in seiner Disziplin zu erzielen und damit das Ziel zu erreichen, auf das die Wissenschaften letztendlich alle ausgerichtet sind, nämlich den Nutzen für das Leben (§ 166, Anm.): »Die Freiheit des Philosophierens ist also offenkundig dem zu gewähren, der Philosophie nach philosophischer Methode lehren soll« (§ 166). Wolff bietet hier also eine utilitaristische Deduktion der Freiheit des Philosophierens, mit der er nach unserem heutigen Sprachgebrauch nichts anderes meint als Wissenschaftsfreiheit.

Mit dieser Forderung wirkt Wolff genuin aufklärerisch. Der Philosoph muß sich nur »(...) an sein eigenes Urteil, nicht an das Urteil anderer halten« (§ 156). Das Prinzip des Selbstdenkens, das »sapere aude«, das nach Kant »der Wahlspruch der Aufklärung«[137] ist, wird von Wolff zur wissenschaftsethischen und -effizienten Maxime des Philosophen erklärt. Gleichwohl schränkt er die geforderte Freiheit sofort in dreifacher Hinsicht ein, denn ihre Gewährung darf nicht dazu führen, daß etwas gelehrt würde, was der Religion, der Sittlichkeit oder dem Staat zuwiderliefe. Wolff hält einen Mißbrauch zwar grundsätzlich für möglich, glaubt ihn aber de facto ausschließen zu können (§ 167). Allein die Darlegung der Unbedenklichkeit der Wissenschaftsfreiheit vermag kaum zu überzeugen. So meint Wolff beispielsweise, der Philosoph werde deswegen nichts lehren, was die öffentliche Meinung gegen den Staat aufbringen könnte, weil, wie dieser wisse, in der Staatsphilosophie »als oberstes Gesetz die öffentliche Wohlfahrt und Ruhe festgestellt wird« (§ 165), so daß er ggf. eine Wahrheit lieber verschweigen werde als hiergegen zu verstoßen (§ 167). Ein Blick über die Grenzen, wo die Aufklärung bereits in ihrer Frühphase stärker sozialpolitische Forderungen erhob als in Deutschland, könnte indes zeigen, daß mit der von

---

136 *Don Carlos* III/10: »Ein Federzug von dieser Hand, und neu/erschaffen wird die Erde. Geben Sie/Gedankenfreiheit –.« *Schillers Werke.* Nationalausgabe. Bd. VI: *Don Karlos.* Erstausgabe 1787. Thalia-Fragmente 1785–1787. Hg. von Paul Böckmann und Gerhard Kluge. Weimar 1973, V. 3860–62.

137 *Beantwortung der Frage: Was ist Aufklärung?.* In: *Kant's gesammelte Schriften,* a. a. O., Bd. VIII, S. 35. Tatsächlich begleitet dieser Wahlspruch die gesamte Aufklärung. Cf. Franco Venturi: *Europe des lumières. Recherches sur le 18e siècle.* Traduction de Françoise Braudel. Paris, La Haye 1971, S. 35–47: »Sapere aude!«.

Wolff vorausgesagten Selbstzensur der Philosophen nicht unbedingt zu rechnen war. Doch immerhin war die Forderung nach Freiheit des Philosophierens, wenngleich in einer recht restriktiven Form, erhoben, so daß die Nachfolger hieran anknüpfen konnten.[138]

3. Zur Wirkungsgeschichte des *Discursus praeliminaris* und zu seiner Stellung innerhalb der Philosophie der deutschen Aufklärung

Wolffs *Einleitende Abhandlung über Philosophie im allgemeinen* ist, wie jedes andere philosophische Werk auch, in die Kontinuität der philosophischen Reflexion eingebettet. Über die im Voranstehenden gegebenen Hinweise zur philosophiehistorischen Situierung einzelner Lehrstücke des *Discursus* hinaus mag hier, was die Vorgeschichte des Textes angeht, auf die schon vor Wolff bisweilen festzustellende Praxis hingewiesen sein, dem eigentlichen Werk, in unserem Falle also der Logik, eine einleitende Abhandlung vorauszuschicken. So stellt beispielsweise Pierre Bayle seinem *Commentaire philosophique sur ces paroles de Jesus-Christ ›Contrains-les d'entrer‹* (1687) einen »Discours préliminaire qui contient plusieurs remarques distinctes de celles du Commentaire«[139] voran, Leibniz eröffnet seine *Essais de theodicée* (1710) mit einem »Discours préliminaire de la conformité de la foy avec la raison«[140], und auch Emanuel Swedenborg schickt, wie Wolff bekannt war,[141] seinem *Prodromus principiorum rerum naturalium (…)* von 1721 einen »Discursus praeliminaris prodromi principiorum rerum naturalium« voraus.

Doch Wolffs *Discursus* nimmt nicht nur Impulse aus der ihm vorausliegenden Philosophie auf, er gibt solche auch weiter, und zwar angesichts der eminenten Bedeutung, die Wolffs Werk für die deutsche Aufklärung insgesamt zukommt, mit einer solchen Wirkmächtigkeit, daß sich Rezeptionsspuren des *Discursus* bis hin zu Kant allenthalben finden. Diese Filiationen sind schon bald sekundär vermittelt, so daß es insbesondere in der nicht unmittelbar an die Publikation des Werkes anschließenden Rezeptionsphase nicht in jedem Fall eindeutig auszumachen ist, ob der Rezeptionsanstoß von Wolffs Text selbst ausging oder von dem Werk eines Wolffianers, das die

---

138 Unter ihnen Georg Friedrich Meier: *Rettung der Ehre der Vernunft wider die Freygeister.* Halle 1747. Erster Theil, erster Abschnitt: »Von der Freyheit zu dencken«, S. 1–51 (cf. hierzu Gawlick: *G. F. Meiers Stellung in der Religionsphilosophie der Aufklärung,* a. a. O., S. 163–167); Alexander Gottlieb Baumgarten: *Philosophia generalis.* Edidit cum dissertatione prooemiali (…) Joh. Christian Foerster. Halle 1770. Reprint Hildesheim 1968. Cap. IX: »Libertas philosophandi«, S. 233–262.

139 Pierre Bayle: *Oeuvres diverses.* Bd. II. La Haye 1727. Reprint avec une introduction par Elisabeth Labrousse. Hildesheim 1965, S. 357–366.

140 Gottfried Wilhelm Leibniz: *Die philosophischen Schriften.* Hg. von C. I. Gerhardt. Bd. VI. Berlin 1885. Reprint Hildesheim, New York 1978, S. 49–101.

141 Das belegt die »*Deutsche Teleologie*« (GW I,7), S. 462 Anm. (f).

Lehren des Meisters gar nicht oder nur geringfügig modifiziert und nicht selten ohne Nennung ihres Urhebers weiter verbreitete. Dieser Umstand der weithin apokryphen Vermittlung der Wolffschen Lehrstücke spricht selbstredend nicht gegen, sondern für die Wirksamkeit Wolffs und seiner Philosophie insgesamt: seine Schriften dominierten die Philosophie der deutschen Aufklärung bis zur Jahrhundertmitte in einem Maße, daß Philosophie hierzulande beinahe gleichbedeutend war mit Wolffscher Philosophie. Von den zwanziger bis in die fünfziger Jahre hinein war er tonangebend in der intellektuellen Welt. Bereits 1737 zählte man über hundert schreibende Wolffianer, die weit über die Grenzen der Hörsäle hinaus wirkten.[142] »Wolfio docente, rege philosopho regnante«, so charakterisierte Voltaire[143] Zeit und Zeitgeist. Angesichts der dominierenden Stellung Wolffs erübrigt es sich, einen Nachweis der intensiven Rezeption dieses von Wolff selbst als Programmschrift verstandenen Werkes bei den Wolffianern zu führen;[144] tatsächlich sind Rückgriffe und Anspielungen auf einzelne Lehrstücke des *Discursus* ubiquitär in deren Schriften. Besondere Beachtung verdienen deshalb hier nur die vergleichsweise wenigen Fälle, in denen der *Discursus* als ganzer in den Blick genommen wird.[145] Das geschieht in deutlich kritischer Absicht bereits zwei Jahre nach Erscheinen des Wolffschen Werkes durch Eusebius Amort in seiner *Philosophia Pollingana*[146]. Er strebte in diesem Werk ausweislich des Titelblattes u. a. eine »Notitia critica de logica veterum et neotericorum, praesertim Platonis, Lulli, Arnaldi, Lockii, Wolfii« an. In Verfolgung dieser Absicht hat Amort Kapitel für Kapitel die ihm zentral erscheinenden Thesen des *Discursus* zunächst direkt zitiert und sodann in einem durchaus polemischen Ton kommentiert.[147] Trotz der eingeflochtenen Kritik hat Amorts Auseinandersetzung damit zur weiteren Verbreitung der Kenntnis des *Discursus* beigetragen. Ein Fall uneingeschränkt positiver Rezeption liegt vor, wenn Carl Günther Ludovici einen 32 Seiten langen und aus 215 Paragraphen bestehenden *Discursus praeliminaris de philosophia in genere* verfaßt, der sprachlich wie inhaltlich ganz unselbständig ist und als Kondensat des Wolffschen Textes bezeichnet werden darf. Ludovici hatte ihn für seinen

---

142 So nach der Auflistung der Wolffianer durch Ludovici in seinem *Ausführliche(n) Entwurf*, a.a.O., (GW III,1.1), § 482, S. 342–347.
143 Dieser Eintrag Voltaires in ein Stammbuch ist überliefert durch Wolff selbst. *Christian Wolffs eigene Lebensbeschreibung*, a.a.O., (GW I,10), S. 185.
144 Ludovici führt zeitgenössische Erläuterungsschriften zum *Discursus* auf. *Ausführlicher Entwurf*, a.a.O., (GW III,1.3), §§ 370–387, S. 339–345.
145 Die meisten Rezensionen der *Philosophia raionalis sive logica* setzten den Schwerpunkt auf den *Discursus*. Einige von diesen sind aufgeführt in Écoles Einleitung zur lateinischen Logik (GW I,1.1), S.VI.
146 Augsburg 1730. Das Werk, das nach Amorts Wirkungsstätte Polling benannt ist, erschien auch in Venedig 1734. (Cf. Wilhelm Risse: *Bibliographia logica. Verzeichnis der Druckschriften zur Logik mit Angabe ihrer Fundorte*. Bd I: 1472–1800. Hildesheim 1965, S. 198 [= Studien und Materialien zur Geschichte der Philosophie Bd. 1]). Amort publizierte seine Kritik an Wolff unter Hinzufügung einiger neuer Anmerkungen, ansonsten aber wortwörtlich abermals in seinen *Judicia de Wolfiana philosophia et logica et de Leibnitiana physica s(eu) monadologia*. Frankfurt, Leipzig 1747, S. 5–34.
147 *Philosophia Pollingana*, a.a.O., S. 578–581.

akademischen Unterricht an der Universität Leipzig geschrieben und dem zusammengefaßten Werk damit eine beträchtliche Wirkung verschafft.[148] Von Johann Nikolaus Frobesius stammt eine ebenfalls mit Blick auf den Lehrbetrieb konzipierte tabellarische Aufbereitung der Argumentation des *Discursus*.[149] Jean Henri Formeys Darstellung der Wolffschen Konzeption der Philosophie in *La belle Wolfienne* erfolgt auf der Grundlage des *Discursus*[150], und als Johann Gottfried Herder »nochmals an(fängt)«, die Schriften Wolffs zu lesen, nimmt er sich die lateinische Logik vor und fertigt Exzerpte aus der Vorrede und aus dem ersten und letzten Kapitel des *Discursus* an.[151]

Wir wollen deshalb an dieser Stelle lediglich auf die stilbildende Funktion des Wolffschen Textes hinweisen, der sich selbst Gegner seiner Philosophie nicht entziehen konnten. Diese liegt in dem Umstand, daß es – trotz der oben angesprochenen Vorläufer, an die Wolff seinerseits anknüpfen konnte – von nun an übliche Praxis wird, Werken zur Logik, dann aber auch solchen zu anderen Disziplinen, einen »Discursus praeliminaris« oder eine »Einleitende Abhandlung« voranzustellen.[152] Friedrich Christian Baumeister sei mit seinen 1735 in Wittenberg erschienenen *Institutiones philosophiae rationalis*[153], die sich im Untertitel als »methodo Wolfii conscriptae« ankündigen, als Vertreter des frühen orthodoxen Wolffianismus genannt. Das Werk beginnt mit einem »Caput praeliminare de philosophia in genere« und handelt zunächst von der Philosophie im allgemeinen und sodann von den Teilen und der Einteilung der Philosophie.[154] Beispielhaft für die selbständigen Wolffianer mag Martin Knutzen erwähnt sein, der seine *Elementa philosophiae rationalis seu logicae* mit »Prolegomena de natura et constitutione philosophiae in genere«[155] eröffnet, die im Kolumnentitel mit Blick auf die Vorlage noch prägnanter »Praecognita de philosophia in genere« heißen und die auch inhaltlich sehr viele Positionen in beinahe gleichem Wortlaut aus dem *Discursus* übernehmen.[156] Als Gegner der Wolffschen Philo-

---

148 Er war anonym 1732 in Leipzig erschienen. Die Verfasserschaft Ludovicis ist sichergestellt durch ihn selbst in seinem Artikel *Wolfische Philosophie.* In: Zedler: *Grosses vollständiges Universal-Lexicon*, a. a. O., Bd. 58, Sp. 927.

149 *Christiani Wolfii (…) Philosophia rationalis sive logica in compendium et luculentas tabulas redacta cum observationibus atque indice qui lexici logici instar esse potest nec non cum bibliographia logica singulari in usum auditorum edita.* Helmstedt 1746, (GW III,6), S. 7–22.

150 Cf. das »Préface« J. Écoles zu der Nachdruckausgabe von *La belle Wolfienne*, a. a. O., (GW III,16.1), S. III [n.p.].

151 Diese sind überliefert unter der Überschrift *Ueber Christian Wolfs Schriften.* In: Johann Gottfried Herder: *Sämtliche Werke.* Hg. von Bernhard Suphan. Bd. XXXII: *Poetische Werke.* Hg. von Carl Redlich. Berlin 1899. 2. Nachdruckaufl. Hildesheim, New York (o. J.), S. 156–159.

152 Darauf hat Hinske bereits aufmerksam gemacht: *Zwischen Aufklärung und Vernunftkritik. Die philosophische Bedeutung des Kantschen Logikkorpus.* Aufklärung 7 (1992), S. 57–71; hier: S. 60 f.

153 GW III,24.

154 GW III,24; §§ 1–40; §§ 41–61.

155 A. a. O., S. 1–32.

156 Darunter die Definitionen der Wissenschaft (§ 6) und der Philosophie (§ 9), die Unterscheidung der drei Erkenntnisarten (§ 19), die Definition der Methode (§ 47) usw. Knutzen gibt dem Material eine

sophie kann Adolph Friedrich Hoffmann zitiert werden, der sich 1729 in einer polemischen Schrift kritisch mit Wolffs lateinischer Logik auseinandersetzt und dabei
auch den *Discursus* nicht ausspart[157], in seine eigene *Vernunft-Lehre*[158] aber einen
»Eingang. Von der Philosophie überhaupt«[159] aufnimmt, der in Aufbau und The-
menwahl deutliche Hinweise auf die Vorlage gibt.[160] Die Reihe ließe sich mühelos
über Joachim Georg Darjes' *Lehrende Vernunft-Kunst*[161] aus dem Jahre 1737 und die
Vernunftlehre[162] des Hermann Samuel Reimarus von 1756 bis hin zu Kant erweitern.

andere Anordnung und nimmt, darin über Wolff hinausgehend, auch einen »Grundriss von der Geschichte der Weltweisheit« mit auf (§ 57). Cf. oben Anm. 62.

157 *Gedancken über Hn. Christian Wolffens (...) Logic, oder sogenannte Philosophiam rationalem. Nebst
einem Anhange, worinnen gedachter Herr Auctor auf die von Hn. D. Andreas Rüdigern (...) wider
seine Meinungen von dem Wesen der Seele und eines Geistes überhaupt gemachten Einwürffe zu ant-
worten eingeladen wird.* Leipzig 1729. Den *Discursus* attackiert er S. 5–14.

158 *Vernunft-Lehre, darinnen die Kennzeichen des Wahren und Falschen aus den Gesezen des menschlichen Verstandes hergeleitet werden.* Leipzig 1737.

159 Ebd., S. 13–41.

160 Als weiteres prominentes Beispiel aus der Reihe der Anti-Wolffianer wäre Christian August Crusius
zu nennen. Auch seine Logik, die er 1747 in Leipzig unter dem Titel *Weg zur Gewißheit und Zuver-
läßigkeit der menschlichen Erkenntniß* publizierte, beginnt mit einem umfangreichen »Vorbericht von
der Philosophie überhaupt und den Wissenschaften derselben«. Reprint Hildesheim 1965, S. 3–61
(=Die philosophischen Hauptwerke. Hg. von G. Tonelli Bd. 3).

161 *Die Lehrende Vernunft-Kunst, welche eine vernünftige Anweisung zur Verbesserung der Kräfte des
Verstandes in Beurtheilung und Erfindung der Wahrheiten in sich enthält und aus der Natur der Seele
in mathematischer Lehr-Art zur Grundlegung zu einer höheren Wissenschaft und zum Nutzen seiner
Zuhörer aufgesetzet worden.* Jena 1737. Darjes hat den »Vorbericht« in drei Kapitel untergliedert und
ihnen die Überschriften »Von der Philosophie, deren Erkänntniß und Eintheilung überhaupt«
(§§ 1–29), »Von der Philosophischen Lehr-Art« (§§ 30–46) und »Von der Vernunft-Kunst überhaupt«
(§§ 47–60) gegeben. Die Parallelität zu Wolffs *Discursus* ist in vielen inhaltlichen Bestimmungen mit
Händen greifbar, so z. B. bei der Unterscheidung der drei Erkenntnisarten (§§ 8–16), den Definitionen der Wissenschaft (§ 19), der Philosophie (§ 20), des Philosophen (§ 21) usf.

162 Reimarus stellt der Erstauflage seiner *Vernunftlehre* analog zu Wolffs Werk eine »Einleitung zur Vernunftlehre« voran, die er in zwei Abschnitte unterteilt und denen er die Überschriften gibt »Von den
Stufen der menschlichen Erkenntniß. Von der Weltweisheit überhaupt, und der Vernunftlehre insbesondere« und »Von der Vernunft und deren Regeln, Gebrauch und Grenzen«, a. a. O., S. 1–26, 26–53.
Die formalen wie inhaltlichen Parallelen zu Wolffs *Discursus* hat Hinske deutlich herausgestellt. *Reimarus zwischen Wolff und Kant. Zur Quellen- und Wirkungsgeschichte der »Vernunftlehre« von Hermann Samuel Reimarus.* In: Wolfgang Walter/Ludwig Borinski (Hgg.): *Logik im Zeitalter der Aufklärung. Studien zur Vernunftlehre von Hermann Samuel Reimarus.* Göttingen 1980, S. 9–32
(=Veröffentlichung der Joachim Jungius-Gesellschaft der Wissenschaften Hamburg Nr. 38). Die 4.
Auflage, die Hamburg, Kiel 1782 erschien, hat der Sohn Johann Albert Hinrich Reimarus herausgegeben und ihr unter der Überschrift »Vorläufige Abhandlung« die §§ 1–16 der »Einleitung zur Vernunftlehre« der Erstauflage vorangestellt, nachdem in der 2. und 3. Auflage von 1758 bzw. 1766 auf
ihren Abdruck verzichtet worden war. Diese Überschrift, die in noch deutlicherer Nähe zu Wolffs
Discursus steht, findet sich also, anders als Hinske (a. a. O., S. 12) meint, erst in der Ausgabe von 1782
und stammt damit von Reimarus' Sohn.

Sowohl in der sog. *Logik Jäsche*[163] als auch in seinen Logik-Kollegs[164] hat Kant ausweislich der überlieferten Nachschriften der Behandlung der eigentlichen Logik der mittlerweile Tradition gewordenen Praxis entsprechend eine allgemeine Einleitung nach der Art des Wolffschen *Discursus* vorangestellt,[165] wie er es seinerseits ja schon bei seinem Lehrer Martin Knutzen erlebt hatte und wie es auch in dem Kompendium, über das er Logik las – Georg Friedrich Meiers *Auszug aus der Vernunftlehre* –, der Fall war.

Doch nicht nur in Büchern zur Logik, auch in solchen zu anderen Disziplinen findet man im Anschluß an Wolff »Einleitende Abhandlungen«. So stellt Israel Gottlieb Canz seinen voluminösen *Disciplinae morales omnes*[166] einen in vier Kapitel untergliederten »Discursus praeliminaris de actione morali«[167] voran. Weithin bekannt ist, daß Jean Lerond d'Alembert die *Encyclopédie* 1751 mit einem »Discours préliminaire« eröffnete, dessen Absichten den Intentionen entsprechen, die auch Wolff mit dem seinen verfolgt hatte.[168] Übrigens, und mit diesem Hinweis mag die Reihe der Beispiele beendet werden, will noch der späte Kant in der *Metaphysik der Sitten* (1797) der Darstellung der Tugendlehre »als vorbereitender Theil (discursus praeliminaris)«[169] Ausführungen über das Prinzip der inneren Freiheit als Bedingung der Tugendpflichten vorausschicken.

163 *Immanuel Kant's Logik. Ein Handbuch zu Vorlesungen.* In: *Kant's gesammelte Schriften*, a. a. O., Bd. IX, S. 11–87.

164 Cf. hierzu die in Bd. XXIV der Akademieausgabe der Werke Kants bislang publizierten Vorlesungsnachschriften zur Logik sowie Hinske: *Zwischen Aufklärung und Vernunftkritik*, a. a. O.

165 Tillmann Pinder scheint diese sich von Wolff herleitende Traditionslinie nicht zu kennen, denn sonst würde er sich nicht wundern, daß »diese Zweiteilung (der Kantischen Logik-Vorlesung) mit keiner der Einteilungen der *Logik* etwas zu tun hat, die Kant in den Prolegomena seiner Vorlesung vortrug (...)«; und vermutlich hätte er es andernfalls auch die einleitend behandelten Themen nicht als »ein Sammelsurium von Gegenständen« verschiedenster Disziplinen bezeichnet. *Zu Kants Logik-Vorlesung um 1780, anläßlich einer neu aufgefundenen Nachschrift.* In: Reinhard Brandt/Werner Stark (Hgg.): *Neue Autographen und Dokumente zu Kants Leben, Schriften und Vorlesungen.* Hamburg 1992, S. 100, 101 (= Kant-Forschungen Bd. 1).

166 *Disciplinae morales omnes. Etiam eae quae forma artis nondum hucusque comparaverunt perpetuo nexu traditae.* Leipzig 1739.

167 Ebd., S. 1–56. Diese sind überschrieben: »De liberis hominum actionibus«, »De obligatione«, »De lege naturali« und »De conscientia«.

168 Auf die Bedeutung, die Wolffs Werk für eine ganze Reihe von Artikeln der französischen *Encyclopédie* zukommt, hat Marcel Thomann: *Une source peu connue de l'«Encyclopédie»: l'influence de Christian Wolff,* Actes du 92e congrès national des sociétés savantes. Section d'histoire moderne et contemporaine. Paris 1970, S. 95–110 hingewiesen. Sonia Carboncini hat im Anschluß an Thomanns Beitrag wortwörtliche Übersetzungen aus den lateinischen Werken Wolffs in einer Reihe weiterer Artikel identifiziert: *L'»Encyclopédie« et Christian Wolff. A propos de quelques articles anonymes.* Les études philosophiques (1987), S. 488–504; bes. S. 490–499. Besonders hervorzuheben ist, daß der Philosophiebegriff der *Encyclopédie* »fast wörtlich« aus Wolffs *Discursus* übernommen ist. Cf. Norbert Hinske: *Wolffs Stellung in der deutschen Aufklärung.* In: Schneiders (Hg.): *Christian Wolff (1679–1754)*, a. a. O., S. 308.

169 *Die Metaphysik der Sitten. Zweiter Theil: Metaphysische Anfangsgründe der Tugendlehre.* In: *Kant's gesammelte Schriften*, a. a. O., Bd. VI, S. 407.

Wenngleich die Rezeption der *Philosophia rationalis sive logica* und a fortiori die des *Discursus praeliminaris* noch nicht näher erforscht ist,[170] scheint es doch sicherlich nicht übereilt oder übertrieben, unseren Text als ein Hauptwerk der deutschen Aufklärung zu bezeichnen.[171] Dafür sprechen neben den aufgewiesenen Rezeptionsspuren auch folgende Gründe. Wolff gibt mit seiner Philosophie insgesamt einen Großteil der Themen vor, die in den folgenden Jahrzehnten in Deutschland diskutiert werden. Einige von diesen sind im *Discursus* und damit an exponierter Stelle formuliert, darunter das Thema der »libertas philosophandi« und der Hierarchie der Fächer, zu der sich noch Kant am Ende des Jahrhunderts in der Schrift über den *Streit der Facultäten* äußern wird. Ferner entwirft er den Grundriß eines allgemeinen, von ihm »Philosophie« genannten Konzeptes der Wissenschaft, das von den folgenden Generationen ausgebaut wird, und stellt dazu das von diesen benutzte begriffliche Werkzeug bereit. Durch Einbeziehung der bis dahin diskreditierten Künste in diesen Plan betreibt er nicht nur deren Aufstieg zur Wissenschaft, sondern leistet einen erheblichen Beitrag zur Rationalisierung der gesamten Lebenspraxis. Diese Rationalisierung ist aufs engste verknüpft mit seiner Methodologie, die nur das als wahr gelten läßt, was durch eigene – philosophische – Einsicht[172] einleuchtet.[173] Wolff fördert und for-

---

170   Das gilt – trotz einiger Detailuntersuchungen – selbst mit Blick auf einen so prominenten Rezipienten wie Kant. Cf. hierzu besonders die Arbeit von Albrecht: *Kants Kritik der historischen Erkenntnis*, a. a. O. Hinske meint, Kant habe »(...) den *Discursus praeliminaris* in der Tat selbst gelesen (...)«. *Die tragenden Grundideen der deutschen Aufklärung*, a. a. O., S. 447 Anm. 63. Jean École hingegen billigt Kant lediglich eine durch A.G. Baumgarten und andere Wolffianer vermittelte Kenntnis der Metaphysik Wolffs zu. *De la connaissance qu'avait Kant de la métaphysique wolffienne, ou Kant avait-il lu les ouvrages métaphysiques de Wolff?*. Archiv für Geschichte der Philosophie 73 (1991), S. 261–276. – Die Aufspürung und Auswertung der vielen, zumeist apokryphen Filiationen, die auf den *Discursus* zurückweisen, stellt ein Desiderat der Wolff-, mehr aber noch der Kant-Forschung dar. Die Schließung dieser Forschungslücke kann hier freilich nicht in Angriff genommen werden. Sie bildet aber eine unabdingbare Voraussetzung zur Überprüfung der geläufigen These, wonach Kant – zumindest in einer bestimmten Phase seiner denkerischen Entwicklung – die spätere Transzendentalphilosophie in Auseinandersetzung mit der dogmatischen Philosophie ausarbeitete, die für ihn in der Philosophie Wolffs ihre prägnanteste Gestalt angenommen hat (cf. *Kritik der reinen Vernunft*, B XXXVI) und die er schließlich »überwunden« haben will.

171   Hinske spricht von einem »kaum hoch genug zu veranschlagenden Einfluß«, den Wolffs *Discursus* auf die deutsche Hochaufklärung ausgeübt habe. *Zwischen Aufklärung und Vernunftkritik*, a. a. O., S. 61.

172   Insofern koinzidiert die philosophische Erkenntnis für Wolff mit dem Selbstdenken. Ebenso Hinske: *Die tragenden Grundideen der deutschen Aufklärung*, a. a. O., S. 421.

173   In der Methode sehen die nachfolgenden Philosophen trotz aller Kritik, die sie an Wolff üben, sein vorrangiges und bleibendes Verdienst um die Philosophie. So urteilt Johann Heinrich Lambert: »Die Ehre, eine Methode, eine richtige und brauchbare Methode in der Weltweisheit anzubringen, war Wolfen vorbehalten.« *Anlage zur Archtitectonik, oder Theorie des Einfachen und des Ersten in der philosophischen und mathematischen Erkenntniß*. Bd. I. Riga 1771. Reprint Hildesheim 1965, § 11, S. 8 f. (=Philosophische Schriften. Hg. von Hans Werner Arndt. Bd. III). Für Kant ist Wolff »(...) der Urheber des bisher noch nicht erloschenen Geistes der Gründlichkeit in Deutschland (...), der »(...) zuerst das Beispiel gab (...), wie durch gesetzmäßige Feststellung der Prinzipien, deutliche Bestimmung der Begriffe, versuchte Strenge der Beweise, Verhütung kühner Sprünge in Folgerungen der sichere Gang einer Wissenschaft zu nehmen sei (...)« und dessen »strenge Methode« Kant bei der Ausarbeitung der Metaphysik befolgen will. *Kritik der reinen Vernunft*, B XXXVI.

dert also das Selbstdenken, das nach Kants Diagnose das Kennzeichen der Aufklärung darstellt. Mit alldem prägt Wolff das Klima der deutschen Aufklärung wie kein anderer Denker vor oder nach ihm, so daß er zu Recht als deren zentrale Gestalt gilt und der *Discursus*, in dem diese Momente gebündelt gegenwärtig sind, den begründeten Anspruch erheben darf, wenn nicht der zentrale Text der deutschen Aufklärung schlechthin, so doch ein solcher zu sein, ohne dessen Kenntnis diese Periode der Geistesgeschichte unverständlich bleiben muß.

Literaturhinweise zu Christian Wolffs
»Einleitender Abhandlung über Philosophie im allgemeinen«

Albrecht, Michael: *Kants Kritik der historischen Erkenntnis – ein Bekenntnis zu Wolff?*. Studia Leibnitiana 14 (1982), S. 1–24.

Arndt, Hans Werner: *Rationalismus und Empirismus in der Erkenntnislehre Christian Wolffs*. In: Werner Schneiders (Hg.): *Christian Wolff (1679–1754). Interpretationen zu seiner Philosophie und deren Wirkung*. Mit einer Bibliographie der Wolff-Literatur. Hamburg 1983, S. 31–47.

ders.: *Methodo scientifica pertractatum. Mos geometricus und Kalkülbegriff in der philosophischen Theorienbildung des 17. und 18. Jahrhunderts*. Berlin, New York 1976 (= Quellen und Studien zur Philosophie Bd. 4).

Baumann, Julius: *Wolffsche Begriffsbestimmungen. Ein Hilfsbüchlein beim Studium Kants*. Leipzig 1910.

Bianco, Bruno: *Freiheit gegen Fatalismus. Zu Joachim Langes Kritik an Wolff*. In: Norbert Hinske (Hg.): *Zentren der Aufklärung I. Halle. Aufklärung und Pietismus*. Heidelberg 1989, S. 111–155 (= Wolfenbütteler Studien zur Aufklärung Bd. 15).

Biller, Gerhard (Hg.): *Wolff nach Kant. Eine Bibliographie*. Mit einem Vorwort von Jean École. Hildesheim, Zürich, New York 2004.

Blackwell, Richard J.: *The Structure of Wolffian Philosophy*. The Modern Schoolman 38 (1961), S. 203–218.

Buschmann, Cornelia: *Connubium rationis et experientiae. Das Problem von Erfahrung und Theorie in seiner Bedeutung für den Denkeinsatz der Philosophie Christian Wolffs*. In: Hartmut Specht (Hg.): *G. W. Leibniz im philosophischen Diskurs über Geometrie und Erfahrung*. Berlin 1991, S. 186–207.

Campo, Mariano: *Christiano Wolff e il razionalismo precritico*. 2 Bde. Mailand 1939–1947. Reprint Hildesheim, New York 1980.

Carboncini, Sonia/Cataldi Madonna, Luigi (Hgg.): *Nuovi studi sul pensiero di Christian Wolff*. Préface de Jean École. Hildesheim, Zürich, New York 1992.

Ciafardone, Raffaele: *L'illuminismo tedesco. Metodo filosofico e premesse etico-teologiche (1690–1765)*. Rieti 1978.

Corr, Charles A.: *Christian Wolff's Treatment of Scientific Discovery*. Journal of the History of Philosophy 10 (1972), S. 323–334.

ders.: *Christian Wolff and Leibniz.* Journal of the History of Ideas 36 (1975), S. 241–262.

Delfosse, Heinrich P. / Krämer, Berthold / Reinardt, Elfriede: *Stellenindex und Konkordanz zu Christian Wolffs »Deutscher Logik«.* Stuttgart-Bad Cannstatt 1987. (= FMDA III, 19).

École, Jean: *La conception wolffienne de la philosophie d'après le »Discursus praeliminaris de philosophia in genere«.* Filosofia oggi 1 (1978), S. 403–428.

ders.: *De la notion de philosophie expérimentale chez Wolff.* Les études philosophiques n. 4 (1979), S. 397–406.

ders.: *En quels sens peut-on dire que Wolff est rationaliste?* Studia Leibnitiana 11 (1979), S. 45–61.

ders.: *Logique formelle et logique de la vérité dans la »Philosophia rationalis sive logica« de Christian Wolff.* Filosofia oggi 4 (1981), S. 339–373; 5 (1982), S. 71–101.

ders.: *Des différentes parties de la métaphysique selon Wolff.* In: Schneiders (Hg): *Christian Wolff (1679–1754),* a. a. O., S. 121–128.

ders.: *Introduction de l'éditeur.* In: Christian Wolff: *Philosophia rationalis sive logica.* Édition critique avec introduction, notes et index par Jean École. Hildesheim, Zürich, New York 1983 (= GW II,1.1), S. V–LXXXVII.

ders.: *De la méthode universelle selon Christian Wolff.* Filosofia oggi 7 (1984), S. 179–192.

ders.: *Du rôle de l'entendement intuitif dans la conception wolffienne de la connaissance.* Archiv für Geschichte der Philosophie 68 (1986), S. 280–291.

ders.: *Études et documents photographiques sur Wolff.* Hildesheim, Zürich, New York 1988.

ders.: *Note sur la définition wolffienne de la philosophie.* Studia Leibnitiana 21 (1989), S. 205–208.

ders.: *La métaphysique de Christian Wolff.* 2 Bde. Hildesheim, Zürich, New York 1990.

ders.: *De la connaissance qu'avait Kant de la métaphysique Wolffienne, ou Kant avait-il lu les ouvrages métaphysiques de Wolff?.* Archiv für Geschichte der Philosophie 73 (1991), S. 261–276.

ders.: *Les pièces les plus originales de la métaphysique de Christian Wolff (1679–1754), le »professeur du genre humain«.* In: Schneiders (Hg.): *Aufklärung als Mission. La mission des lumières. Akzeptanzprobleme und Kommunikationsdefizite.* Marburg 1993, S. 103–113.

ders.: *De la nature de la raison, de ses rapports avec l'expérience et la foi selon Christian Wolff.* In: Hans Friedrich Fulda / Rolf-Peter Horstmann (Hgg.): *Vernunftbegriffe in der Moderne.* Stuttgarter Hegel-Kongreß 1993. Stuttgart 1994, S. 127–139.

Engfer, Hans-Jürgen: *Philosophie als Analysis. Studien zur Entwicklung philoso-phischer Analysiskonzeptionen unter dem Einfluß mathematischer Methoden-modelle im 17. und frühen 18. Jahrhundert.* Stuttgart-Bad Cannstatt 1982.
ders.: *Zur Bedeutung Wolffs für die Methodendiskussion der deutschen Aufklärungsphilosophie: Analytische und synthetische Methode bei Wolff und beim vorkritischen Kant.* In: Schneiders (Hg.): *Christian Wolff 1679–1754,* a. a. O., S. 48–65.

Frängsmyr, Tore: *Christian Wolff's Mathematical Method and its Impact on the Eighteenth Century.* Journal of the History of Ideas 36 (1975), S. 653–668.

Gawlick, Günter / Kreimendahl, Lothar: *Stellenindex und Konkordanz zu Christian Wolffs „Discursus praeliminaris de philosophia in genere".* Erstellt in Zusammenarbeit mit Hans-Werner Bartz unter Mitwirkung von Heinrich P. Delfosse und Katja Weckesser. Stuttgart-Bad Cannstatt 1999.
Gerlach, Hans-Martin / Schenk, Günter / Thaler, Burchard (Hrsg.): *Christian Wolff als Philosoph der Aufklärung in Deutschland. Hallesches Wolff-Kol-loquium 1979 anläßlich der 300. Wiederkehr seines Geburtstages.* Halle 1980.

Hinske, Norbert: *Reimarus zwischen Wolff und Kant. Zur Quellen- und Wirkungsgeschichte der »Vernunftlehre« von Hermann Samuel Reimarus.* In: Wolfgang Walter / Ludwig Borinski (Hgg.): *Logik im Zeitalter der Aufklärung. Studien zur Vernunftlehre von Hermann Samuel Reimarus.* Göttingen 1980, S. 9–32.
ders.: *Wolffs Stellung in der deutschen Aufklärung.* In: Schneiders (Hg.): *Christian Wolff 1679–1754,* a. a. O., S. 306–319.

Kreimendahl, Lothar: *Christian Wolff: »Einleitende Abhandlung über Philosophie im allgemeinen« (1728).* In: ders.: *Interpretationen. Hauptwerke der Philosophie. Rationalismus und Empirismus.* Stuttgart 1994, S. 215–246.

Lüthje, Hans: *Christian Wolffs Philosophiebegriff.* Kant-Studien 30 (1925), S. 39–66.

Madonna, Luigi Cataldi: *La metodologia empirica di Christian Wolff.* Il Cannocchiale n. 1–2 (1984), S. 59–93.
ders.: *Wahrscheinlichkeit und wahrscheinliches Wissen in der Philosophie von Chri-stian Wolff.* Studia Leibnitiana 19 (1987), S. 2–40.
Marcolungo, Ferdinando L.: *Wolff e il problema del metodo.* In: Sonia Carboncini / Luigi Cataldi Madonna (Hrsg.): *Nuovi studi sul pensiero di Christian Wolff.* Il Cannocchiale 2–3 (1989), S. 11–37.

Merker, Nicolao: *Cristiano Wolff e la metodologia di razionalismo.* Rivista critica di storia della filosofia 22 (1967), S. 271–293; 23 (1968), S. 21–38.

Poser, Hans: *Teleologie als Theologia experimentalis. Zum Verhältnis von Erfahrung und Finalität bei Christian Wolff.* In: F. W. Korff (Hg.): *Redliches Denken. Festschrift für Gerd-Günter Grau zum 60. Geburtstag.* Stuttgart 1981, S. 130–143.
ders.: *Die Einheit von Teleologie und Erfahrung bei Leibniz und Wolff.* In: ders. (Hg.): *Formen teleologischen Denkens. Philosophische und wissenschaftliche Analysen.* Kolloquium an der Technischen Universität Berlin WS 1980/81. Berlin 1981, S. 99–117.

Schneiders, Werner (Hg.): *Christian Wolff (1679–1754). Interpretationen zu seiner Philosophie und deren Wirkung.* Mit einer Bibliographie der Wolff-Literatur. Hamburg 1983.
ders.: *Deus est philosophus absolute summus. Über Christian Wolffs Philosophie und Philosophiebegriff.* In: ders. (Hg.): *Christian Wolff 1679–1754,* a. a. O., S. 9–30.
ders.: *Christian Wolff über Verstand und Vernunft.* Il Cannocciale n. 2–3 (1990), S. 39–59.
Schwaiger, Clemens: *Das Problem des Glücks im Denken Christian Wolffs.* Stuttgart Bad-Cannstatt 1995.
Seifert, Arno: *Cognitio Historica. Die Geschichte als Namengeberin der frühneuzeitlichen Empirie.* Berlin 1976.

Tonelli, Giorgio: *Der Streit über die mathematische Methode in der Philosophie in der ersten Hälfte des 18. Jahrhunderts und die Entstehung von Kants Schrift über die »Deutlichkeit«.* Archiv für Philosophie 9 (1959), S. 37–66.
ders.: *The Problem of the Classification of the Sciences in Kant's Time.* Rivista critica di storia della filosofia 30 (1975), S. 243–294.

Verducci, Daniela: *Esperienza e ragione nella metafisica latina di Christian Wolff.* Filosofia oggi 5 (1982), S. 485–504.
Vleeschauwer, H. J. de: *La genèse de la méthode mathématique de Wolf (!). Contribution à l'histoire des idées au XVIIIe siècle.* Revue belge de philologie et d'histoire 11 (1932), S. 651–677.

Wundt, Max: *Die deutsche Schulphilosophie im Zeitalter der Aufklärung.* Tübingen 1945. Reprint Hildesheim 1964.

Zeller, Eduard: *Geschichte der deutschen Philosophie seit Leibniz.* München 1876.

Kapitel- und Paragraphenüberschriften der »Einleitenden Abhandlung über Philosophie im allgemeinen«

Kapitel II
Von der Philosophie im allgemeinen

Kapitel III
Von den Teilen der Philosophie

Kapitel IV
Von der philosophischen Methode

Kapitel V
Vom philosophischen Stil

Kapitel VI
Von der Freiheit des Philosophierens

Einleitende Abhandlung
über Philosophie im allgemeinen

Kapitel I
Von der dreifachen menschlichen Erkenntnis:
der historischen, philosophischen und mathematischen

§ 1
Die Grundlage der historischen Erkenntnis

Mit Hilfe der Sinne erkennen wir, was in der materiellen Welt ist und ge-
schieht, und der Geist ist sich der Veränderungen bewußt, die in ihm selbst
stattfinden. Es gibt niemanden, der dies nicht weiß, wenn er nur auf sich
selbst achtgibt.

In der Tat ist uns durch den Sinn bekannt, daß es Tiere, Pflanzen, Steine gibt; daß die
Sonne auf- und untergeht; daß ein unter Tieren aufgezogener Mensch keineswegs
stark im Gebrauch der Vernunft ist; daß die Seele sich an Vergangenes erinnert; daß
es kein Verlangen nach Unbekanntem gibt.

§ 2
Warum die Grenzen der historischen Erkenntnis
hier nicht festgesetzt werden

Wie weit der Sinn in die Erkenntnis dessen eindringen kann, was in der
materiellen Welt ist und geschieht, und ob die Seele sich alles desjenigen
bewußt ist, was in ihr selbst geschieht, oder nicht, das untersuchen wir gegenwärtig nicht. Diese Untersuchung gehört an einen anderen Ort[1]. Uns
genügt es gegenwärtig, daß ein Wissen, das durch den Sinn und durch Aufmerksamkeit auf uns selbst erworben ist, nicht in Zweifel gezogen werden
kann. Um seine Grenzen kümmern wir uns hier nicht, denn sie sind bei
dem gegenwärtigen Geschäft nicht von Bedeutung.

§ 3

Definition der historischen Erkenntnis

Die *Erkenntnis* dessen, was ist und geschieht, sei es in der materiellen Welt oder in den immateriellen Substanzen, nennen wir *historische Erkenntnis*.

> Z. B. handelt es sich um historische Erkenntnis, wenn einer aus Erfahrung weiß, daß die Sonne morgens aufgeht, abends dagegen untergeht; daß zu Beginn des Frühlings die Knospen der Bäume aufgehen; daß Tiere sich durch Zeugung fortpflanzen; daß wir nichts erstreben, außer wenn es uns gut erscheint.

§ 4

Die Grundlage der philosophischen Erkenntnis

Das, was ist oder geschieht, ermangelt nicht seines Grundes, aus dem erkannt wird, warum es ist oder geschieht. Die Wahrheit dieser Behauptung erhellt aus Beispielen, wenn wir nur genügend Aufmerksamkeit und sodann den erforderlichen Scharfsinn aufbringen.

> Z. B. entsteht kein Regenbogen, wenn nicht Sonnenstrahlen in einem bestimmten Winkel auf Wassertropfen treffen. Es fällt kein Regen, wenn nicht der Himmel mit Wolken bedeckt ist und jener Luftzustand herrscht, der zur Entstehung von Regen führt. Der Geist erstrebt kein dargebotenes Objekt, wenn er es nicht als gut beurteilt. Er erstrebt nur etwas Gutes, weil er aus dem Guten Lust schöpft.

§ 5

Warum die Grenzen der philosophischen Erkenntnis
nicht festgesetzt werden

Ich erkläre das an dieser Stelle nicht deutlicher und beweise auch nicht die Allgemeingültigkeit meiner Behauptung. An anderem Ort (*Ontol.* § 70 ff.)[2] werden wir das sorgfältiger untersuchen. Hier genügt es uns, daß wir nichts behaupten, als was der Erfahrung gemäß ist, und daß keine Gegenbeispiele von Dingen vorgelegt werden können, die schlechthin jedes Grundes entbehren. Ich bestreite nicht, daß Beispiele beigebracht werden können, wo der Grund verborgen ist; ich bestreite nur, daß es solche Beispiele gibt, wo mit Evidenz gezeigt werden könnte, daß kein Grund vorhanden ist. Es ist an dieser Stelle auch nicht nötig, daß die Allgemeingültigkeit der Behauptung bewiesen wird. Es genügt, daß ein jeder eingestehen muß, daß die Fälle weit überwiegen, wo die Wahrheit der Behauptung evident ist. Wir verlangen nicht, daß man zugesteht, daß der Grund dessen, was ist oder geschieht, von uns völlig erkannt wird, außer wo wir ihn vor aller Augen dargelegt haben. Für den gegenwärtigen Zweck ist es uns daher gleich, ob die Allgemeingültigkeit der Aussage anerkannt oder in Zweifel gezogen oder völlig abgelehnt wird. Wir setzen der Erkenntnis der Gründe keine Grenzen.

§ 6
Definition der philosophischen Erkenntnis

Die *Erkenntnis* des Grundes dessen, was ist oder geschieht, heißt *philosophische Erkenntnis*.

Z. B. hat derjenige philosophische Erkenntnis der Bewegung des Wassers im Flußbett, der verständlich zu erklären vermag, wie sie von der Neigung des Untergrundes und vom Druck des höherfließenden Wassers, den das tieferfließende Wasser erfährt, abhängt. Genauso hat derjenige philosophische Erkenntnis des Verlangens, der darlegen kann, auf welche Weise das Verlangen nach einem gegebenen Objekt aus der Wahrnehmung desselben schließlich hervorgegangen ist.

§ 7
Der Unterschied zwischen historischer und philosophischer Erkenntnis

Philosophische Erkenntnis unterscheidet sich von historischer. Denn diese besteht in der bloßen Kenntnis einer Tatsache (§ 3), jene aber reicht weiter und deckt den Grund der Tatsache auf, so daß verständlich wird, warum etwas Derartiges geschehen kann (§ 6). Offensichtlich besteht hier aber ein großer Unterschied. Die Kenntnis einer bloßen Tatsache und die Erkenntnis des Grundes dieser Tatsache sind nämlich keineswegs ein und dasselbe.

Z. B. ist es eine Sache, zu wissen, daß das Wasser in einem Flußbett herabfließt, eine andere aber, zu erkennen, daß dies aufgrund der Neigung des Untergrundes und des Druckes geschieht, den das tieferfließende Wasser vom höherfließenden erfährt. In jenem besteht die Tatsache, in diesem ist der Grund der Tatsache enthalten.

§ 8

Historische Erkenntnis der philosophischen Erkenntnis

Wer weiß, welchen Grund ein anderer für eine Tatsache anführt, der besitzt historische Erkenntnis der philosophischen Erkenntnis des anderen. Denn wer weiß, welchen Grund ein anderer für die Tatsache anführt, der weiß, welche philosophische Erkenntnis der andere im gegebenen Fall hat (§ 6). Die philosophische Erkenntnis des anderen ist eine Tatsachenfrage. Er erkennt daher eine Tatsache über einen anderen, folglich besitzt er historische Erkenntnis der philosophischen Erkenntnis des anderen (§ 3).

Wenn einer z. B. weiß, daß gemäß *Isaac Newton*[3] die Ursache der Ellipsenbewegung der Hauptplaneten und Kometen um die Sonne und der Nebenplaneten um ihre Hauptplaneten, z. B. der Satelliten des Jupiters um Jupiter, der Satelliten des Saturns um Saturn und des Mondes um die Erde, eine von außen wirkende Kraft und die Schwerkraft ist, durch die jene zum Mittelpunkt der Sonne, diese zum Mittelpunkt ihres Hauptplaneten bewegt werden, so hat dieser historische Erkenntnis der philosophischen Erkenntnis eines großen Mannes über die Bewegung der Planeten und Kometen. Denn er erkennt eine Tatsache, nämlich was Newton über die physikalischen Ursachen der elliptischen Bewegung der Planeten und Kometen denkt.

§ 9

Wann philosophische Erkenntnis fehlt

Wenn einer nicht beweisen kann, daß der von einem anderen angeführte Grund einer Tatsache wirklich ihr Grund ist, hat er keine philosophische Erkenntnis dieser Tatsache. Er weiß nur, daß dieser Grund der Tatsache von dem anderen angeführt wird, er selbst aber weiß nicht, warum dies der Grund jener Tatsache ist, und daher muß man sagen, daß er den Grund nicht kennt. Zweifellos hat er also in diesem Fall keine philosophische Erkenntnis (§ 6).

Angenommen einer weiß, *Newton* behaupte, daß die Ursache für die elliptische Bewegung der Hauptplaneten um die Sonne oder der Nebenplaneten um ihre Hauptplaneten eine von außen wirkende Kraft und die Gravitation der Hauptplaneten gegen den Mittelpunkt der Sonne sowie der Nebenplaneten gegen ihre Hauptplaneten ist (§ 8, Anm.); wenn er nicht deutlich erklären kann, wie aus der von außen wirkenden Kraft und der Gravitation gegen den Mittelpunkt des Körpers, um den die Umdrehung stattfindet, eine krummlinige, genauer elliptische Bewegung entsteht, und außerdem nicht beweisen kann, daß die Planeten durch die von außen wirkende Kraft bewegt und durch die Kraft der Gravitation von der geradlinigen Bewegung abgelenkt werden, kann ihm keine philosophische Erkenntnis der Himmelsbewegungen zugeschrieben werden.

§ 10

Historische Erkenntnis als Grundlage der philosophischen

Wenn durch Erfahrung dasjenige festgestellt wird, woraus sich anderes, was ist und geschieht oder geschehen kann, begründen läßt, liefert die historische Erkenntnis die Grundlage der philosophischen. Was durch Erfahrung festgestellt wird, davon gibt es nur historische Erkenntnis (§ 3). Wenn man aber daraus den Grund für anderes, was ist und geschieht, erkennt, dann baut man darauf philosophische Erkenntnis auf (§ 6). Daher ist die historische Erkenntnis die Grundlage der philosophischen.

Wenn einer z. B. im Vertrauen auf Experimente annimmt, daß der Luft Schwere und Elastizität zukommen, obgleich er nicht weiß, welche Ursache diese zu einer schweren und elastischen macht, daraus aber das Aufsteigen des Wassers in Pumpen und in manchen künstlichen Quellen, z. B. in der Quelle *Herons*[4], erklärt, so hat er nur historische Erkenntnis der Schwere und Elastizität der Luft, auf dieser baut er aber philosophische Erkenntnis des in Pumpen aufsteigenden und aus manchen künstlichen Quellen sprudelnden Wassers auf.

§ 11

Historische Erkenntnis ist zu kultivieren

Es ist daher klar, *daß historische Erkenntnis von dem nicht vernachlässigt werden darf, der nach philosophischer strebt, sondern daß sie dieser vielmehr vorausgeschickt, ja sogar ständig mit ihr verbunden werden muß.* Denn weil die historische Erkenntnis die Grundlage der philosophischen liefert (§ 10), sie aber nur dasjenige als möglich zugesteht, wovon feststeht, daß es ist und geschieht (§ 3), deshalb stützt sich die philosophische Erkenntnis, die auf historischer aufbaut, auf eine feste und unerschütterliche Grundlage. Unleugbar muß also der nach philosophischer Erkenntnis Strebende sich um diese Grundlage bemühen. Daher ist die historische Erkenntnis der philosophischen vorauszuschicken und ständig mit ihr zu verbinden, damit dieser nicht die feste Grundlage fehlt.

§ 12

Der weitreichende Nutzen der historischen Erkenntnis

Obschon wir im Vorausgehenden (§ 10, Anm.) nur physikalische Beispiele gegeben haben, gilt das, was wir eben (§ 11) eingeschärft haben, doch auch auf jedem anderen Erkenntnisgebiet. Selbst in den abstrakten Disziplinen, dergleichen die *Erste Philosophie* ist, müssen die grundlegenden Begriffe aus der Erfahrung abgeleitet werden, welche die historische Erkenntnis begründet (§ 3), und auch die *Moralphilosophie* und die *Politik* entnehmen ihr gewisse Grundsätze: ja sogar die *Mathematik* setzt eine gewisse historische Kenntnis voraus, woraus sie den Begriff ihres Gegenstandes und einige Axiome ableitet. Ich spreche hier von der *reinen Mathematik*; von der angewandten Mathematik gilt dasselbe nämlich mit noch größerer Evidenz. Obwohl wir also die historische Erkenntnis von der philosophischen sorgfältig unterschieden haben (§ 3, 6), damit wir nicht Verschiedenes miteinander vermengen (§ 7), dürfen wir doch die historische Erkenntnis nicht deshalb herabsetzen oder gar verachten (§ 11), sondern müssen einer jeden ihren eigentümlichen Wert beimessen. Ja für uns soll die Ehe zwischen beiden in der ganzen Philosophie heilig sein. Denn wir behaupten den Nutzen der historischen Erkenntnis nicht allein in der Philosophie, sondern verteidigen ihre Nützlichkeit auch im Leben. Beides erfahren wir: am richtigen Ort, nämlich wo wir über den Nutzen der Logik sprechen werden[5], wird aber auch der Grund dafür deutlich werden.

§ 13

Die Grundlage der mathematischen Erkenntnis

Allem, was endlich ist, kommt eine bestimmte Quantität zu. Die Wahrheit dieser Behauptung erhellt aus Beispielen, sofern wir nur genügend Aufmerksamkeit aufbringen. Auch liegt der Grund nicht im dunkeln. Insofern etwas endlich ist, kann es vermehrt und vermindert werden. Insofern aber etwas vermehrt oder vermindert werden kann, pflegt demselben Quantität zugesprochen zu werden. Deshalb muß jedem Endlichen als solchem eine bestimmte Quantität zugesprochen werden.

Z. B. ist die Mittagshitze der Sonne nicht zu jeder Zeit des Jahres an dem gleichen Ort dieselbe; auch ist sie nicht an Orten verschiedener Breitengrade zur gleichen Zeit dieselbe. Von der Winter- bis zur Sommersonnenwende nimmt sie nach und nach zu;

auf dieselbe Weise nimmt sie von der Sommer- bis zur Wintersonnenwende ab. Daher kommt der Mittagshitze der Sonne an jedem Tag des Jahres ein bestimmter Grad zu, der die Hitze eines anderen Tages um ein angebbares Maß entweder über- oder unterschreitet (auch wenn dieser von dem, der den Gradunterschied nur verworren erkennt, nicht angegeben werden kann). Wasser fließt in einem Flußbett mit einer bestimmten Geschwindigkeit, die sich in einem künstlichen, weniger geneigten Bett, durch welches das Wasser zu Mühlrädern geleitet wird, verringert; die aber vergrößert wird, wenn das Wasser aus der Höhe auf die Mühlräder stürzt. Ähnlich hat ein Planet, der sich um die Sonne dreht, an jedem beliebigen Punkt seiner Bahn eine bestimmte Entfernung von der Sonne; die von außen wirkende Kraft, aufgrund deren er sich auf der Tangente durch diesen Punkt weiterbewegen will, besitzt einen bestimmten Grad oder bewirkt eine bestimmte Geschwindigkeit; ebenso hat die Zentripetalkraft, durch die der Planet von einer geradlinigen Bewegung abgelenkt wird, einen bestimmten Grad. Die Sache verhält sich ebenso mit immateriellen Dingen. Die Aufmerksamkeit unterscheidet sich in verschiedenen Menschen graduell. Die Aufmerksamkeit des einen ist größer, die des anderen dagegen kleiner. Der eine vermag seine Aufmerksamkeit in der Aufnahme und Durchführung einer längeren Demonstration zu erhalten, die Aufmerksamkeit des anderen hingegen reicht nur für die Beurteilung einer kürzeren aus. Bekanntlich gibt es auch verschiedene Grade der Tugend und Laster je nach der Verschiedenheit der Subjekte.

§ 14

Definition der mathematischen Erkenntnis

Die Erkenntnis der Quantität der Dinge bezeichnen wir als *mathematische* Erkenntnis.

Z. B. hat derjenige mathematische Erkenntnis der Mittagshitze der Sonne, der die Quantität derselben erkennt, indem er das Verhältnis oder die Proportion durchschaut, welche die Hitze eines gegebenen Tages hat, z. B. das Verhältnis der Mittagshitze der Sonne bei der Sommersonnenwende zur Mittagshitze der Sonne bei der Wintersonnenwende, so daß er weiß, um wieviel die Mittagshitze bei der Sommersonnenwende größer ist als die Hitze bei der Wintersonnenwende. Ähnlich hat derjenige mathematische Erkenntnis der Bewegung eines Flusses in seinem Bett, der weiß, wie eine bestimmte Strömungsgeschwindigkeit aus der gegebenen Neigung des Untergrundes und der Tiefe des Wassers innerhalb des Flußbettes resultiert. Derjenige hat mathematische Erkenntnis der Bewegung eines sich in seiner Bahn bewegenden Planeten, der deutlich erklären kann, wie sich die Geschwindigkeit des Planeten in einem gegebenen Punkt seiner Umlaufbahn oder in einer gegebenen Entfernung von der Sonne aus der Quantität der von außen wirkenden Kraft und der Zentripetalkraft ergibt und wie aus der Wirkung dieser zweifachen Kraft auf den Planeten die elliptische Figur der Bahn hervorgeht. Derjenige hat mathematische Erkenntnis der Aufmerksamkeit, der das Verhältnis oder die Proportion derjenigen

Aufmerksamkeit, die eine längere Demonstration erfordert, zu derjenigen, die für eine kürzere ausreicht, erkannt hat.

§ 15

Historische Erkenntnis der mathematischen Erkenntnis eines anderen

Wer die von einem anderen angeführte Quantität einer Sache kennt, der hat historische Erkenntnis der mathematischen Erkenntnis des anderen. Wer nämlich weiß, welche Quantität ein anderer einer endlichen Sache zuschreibt, der erkennt eine Tatsache über den anderen. Weil die Erkenntnis einer Tatsache historische Erkenntnis ist (§ 3), die Erkenntnis der Quantität aber mathematische Erkenntnis (§ 14), daher hat, wer nur die von einem anderen angeführte Quantität einer Sache kennt, höchstens historische Erkenntnis der mathematischen Erkenntnis des anderen.

Z. B. hat *Newton* die Quantität der Zentripetalkraft der in einer Ellipse um die Sonne kreisenden Planeten und ihre Geschwindigkeit in einem beliebigen gegebenen Punkt ihrer Bahn demonstriert.[6] Wer weiß, welche Größe Newton für die Zentripetalkraft und die Geschwindigkeit eines Planeten in einem gegebenen Punkt seiner Bahn oder in einer gegebenen Entfernung von der Sonne angibt, der hat historische Erkenntnis der mathematischen Erkenntnis *Newtons* von der Planetenbewegung.

§ 16

Mathematische Erkenntnis, mit einem anderen geteilt

Wenn einer die von einem anderen angeführte Quantität einer Sache beweisen kann, hat er genauso wie der andere mathematische Erkenntnis derselben. Wer nämlich die Quantität einer Sache beweisen kann, der erkennt, daß dies die Quantität dieser Sache ist, und daher hat er mathematische Erkenntnis von ihr (§ 14). Obwohl daher ein anderer diese Quantität als erster angeführt und daher die mathematische Erkenntnis der Sache vorher gehabt hat (ebd.), wird dadurch doch nicht die Erkenntnis des Nachfolgenden verändert. Der Unterschied liegt in dem, was der Sache intrinsisch ist (§ 17), nicht aber in einem extrinsischen Prinzip.

Wenn einer z. B. die Quantität der Zentripetalkraft eines in einer Ellipse um die Sonne kreisenden Planeten bei einer gegebenen Entfernung von der Sonne und dessen Geschwindigkeit in derselben beweisen kann, sei der Beweis nun mit dem *New-*

tonischen[7] identisch oder sei er von ihm verschieden, so hat er ebenso wie *Newton* mathematische Erkenntnis von der Ellipsenbewegung der Planeten. In der Erkenntnis selbst wird nämlich dadurch, daß *Newton* dieselbe Erkenntnis als erster gehabt hat, nichts verändert.

§ 17

Der Unterschied der mathematischen Erkenntnis von der philosophischen und der historischen

Die mathematische Erkenntnis unterscheidet sich aber jedenfalls sowohl von der historischen als auch von der philosophischen. Denn die historische Erkenntnis begnügt sich mit der bloßen Kenntnis einer Tatsache (§ 3), in der philosophischen geben wir den Grund dessen an, was ist oder sein kann (§ 6), in der mathematischen schließlich bestimmen wir die Quantitäten, die in den Dingen sind (§ 14). Es ist aber eine Sache, eine Tatsache zu kennen, eine andere, ihren Grund zu erkennen, und wieder eine andere, die Quantität der Dinge zu bestimmen.

Beispiele bringen diesen Unterschied klar heraus. Wer weiß, daß die Hitze der Mittagssonne bald ansteigt, bald wiederum abnimmt, der hat historische Erkenntnis davon. Wer weiß, daß ein höherer Grad an Hitze von einer größeren Dichte der auf dieselbe Ebene auftreffenden Lichtstrahlen und von einem weniger schrägen Einfallswinkel abhängt, der besitzt philosophische Erkenntnis. Wer schließlich die Dichte der Lichtstrahlen und die Größe des Einfallswinkels und demzufolge den Grad der Hitze bestimmen kann, der besitzt mathematische Erkenntnis. Es versteht sich von selbst, daß die Bestimmung der Dichte der Lichtstrahlen und der Größe des Einfallswinkels und des davon abhängenden Hitzegrades von dem einfachen Wissen, daß die Hitze der Mittagssonne zu einer Zeit größer, zu anderer geringer ist, verschieden ist. Es ist nicht weniger offenbar, daß jene Bestimmung verschieden ist von der Erkenntnis der Ursache der größeren und geringeren Hitze. Dasselbe ergibt sich aus den übrigen Beispielen, die wir im Vorausgehenden[8] beigebracht haben.

§ 18

Der Nutzen der historischen und der philosophischen Erkenntnis in der mathematischen

Manchmal liefert die historische Erkenntnis die Grundlage der mathematischen Erkenntnis, manchmal die philosophische. Diese Tatsache wird durch Beispiele bestätigt, und es ist nicht nötig, daß wir hier untersuchen, warum dies geschehen kann und wann dieses, wann jenes zutrifft.

Wenn *Optiker* in der *Katoptrik*[9] mathematische Erkenntnis des reflexen Sehens, das mit Hilfe von Spiegeln geschieht, vermitteln wollen, so nehmen sie als Grundlage, gewissermaßen als Axiome, aus der Beobachtung hergeleitete Sätze über die Art und Weise der Lichtbrechung und über den Ort des Bildes an, nämlich daß der Brechungswinkel des Lichts gleich dem Einfallswinkel ist und daß der Ort des Bildes im Schnittpunkt des gebrochenen Lichtstrahls und der Senkrechten über dem Einfallspunkt liegt. Es ist ihnen aber gleichgültig, warum der Brechungswinkel gleich dem Einfallswinkel ist und warum das Bild im Schnittpunkt der Senkrechten über dem Einfallspunkt und des gebrochenen Lichtstrahls erscheint. Astronomen leiten die mathematische Erkenntnis der Bewegungen der Himmelskörper von Beobachtungen ab, ohne sich um ihre physikalischen Ursachen zu kümmern. Als *Galilei*[10] die mathematische Theorie der Bewegung des Schweren begründen wollte, achtete er nicht auf die Ursache dieser Bewegung und gab sich damit zufrieden, daß die Ursache der Schwere, wie immer sie beschaffen sein mag, bei jedem beliebigen Abstand vom Erdmittelpunkt gleichartig auf das Schwere wirkt. Wer sich aber vorgenommen hat, mathematische Erkenntnis der wechselnden Wärme der Mittagssonne zu gewinnen, der muß vorher ihre Ursache erkannt haben (§ 17, Anm.). In den *Aerometriae elementa* habe ich gezeigt, wie die Mathematik auf Experimente angewendet wird, wenn man die physikalischen Ursachen noch nicht erkannt hat, und wie die Wirkungen als den Kräften der Ursachen proportional bewiesen werden.[11] Für beide Fälle findet man ebendort auch Beispiele.

§ 19

Historische Erkenntnis mathematischer Wahrheiten

Von mathematischen Wahrheiten gibt es auch historische Erkenntnis. Denn was durch mathematische Grundsätze bewiesen wird, insbesondere in der angewandten Mathematik, davon kann auch durch Experimente gezeigt werden, daß es sich so verhält. Wer also die Wahrheit mathematischer Lehrsätze durch Experimente lernt, der verschafft sich historische Kenntnis davon, und zwar gewisse (§ 3), obwohl er in Unkenntnis der Beweise der mathematischen Erkenntnis ermangelt (§ 16).

In der reinen Mathematik entsprechen diesen Experimenten die numerischen Beispiele, durch welche die Lehrsätze illustriert werden, und die mechanischen Zeichnungen der nach Maßgabe der Lehrsätze konstruierten Figuren. Denn wer die Beweise vernachlässigt und sich mit diesen Zeichnungen begnügt, erlangt nur historische Erkenntnis mathematischer Wahrheiten.

§ 20

Die Grundlage der verborgenen historischen Erkenntnis

Die Tatsachen der Natur sind manchmal verborgen, so daß sie sich nicht von selbst dem aufmerksamen Betrachter zeigen. Die Wahrheit dieser Behauptung ist denen nicht unbekannt, die in den Wissenschaften so versiert sind, daß sie sich nur mit sicherer Erkenntnis begnügen und auf die Art und Weise achtgeben, wie Grundsätze festgestellt werden.

Z. B. ist es eine Tatsache der Natur, daß das Sonnenlicht aus Lichtstrahlen oder heterogenen Strahlen zusammengesetzt ist. Aber diese Tatsache ist sehr verborgen. Weder zeigt sie sich von selbst dem Betrachter des Sonnenlichts, noch wird sie, wenn durch ein Experiment ans Licht gebracht, ohne Zögern erkannt. In der Tat muß aus den Umständen des Experiments, durch das diese Tatsache für den Gesichtssinn als wahrnehmbar festgestellt wird, bewiesen werden, daß das Sonnenlicht zusammengesetzt ist. Es muß durch besondere Beweise nachgewiesen werden, daß die Strahlen, aus denen es zusammengesetzt ist, ebenso einfach wie heterogen sind. Hierfür sind mehrere Experimente erforderlich und, damit aus diesen evident geschlossen werden kann, was bewiesen werden soll, auch noch andere mathematische, historische und philosophische Kenntnisse. Dies erhellt aus der *Optik Newtons*, der uns dieses Geheimnis der Natur enthüllt hat.[12] Dasselbe erhellt durch die ganze Experimentalphilosophie, und auch die Astronomie hat uns in dieser Sache Licht gebracht. Zu gegebener Zeit wird nicht weniger deutlich sein, daß Beispiele hierfür auch in der Psychologie und Moralphilosophie vorkommen.

§ 21

Einteilung der historischen Erkenntnis in gemeine und verborgene

Einige Tatsachen der Natur sind also verborgen (§ 20), andere dagegen offenbar (§ 1), so daß diese durch bloße Aufmerksamkeit erkannt werden, wenn auch danach ein gewisser Scharfsinn notwendig ist, jene aber durch besondere Kunstgriffe ans Licht gebracht werden müssen und, wenn sie ans Licht gebracht worden sind, nur erkannt werden, wenn die Vernunft die Sinneswahrnehmung unterstutzt. Daher unterteilen wir die historische Erkenntnis in gemeine und verborgene. Die *gemeine historische Erkenntnis* ist die Erkenntnis der Tatsachen der Natur (auch der rationalen), die offenbar sind, die *verborgene historische Erkenntnis* aber ist die Erkenntnis der Tatsachen der Natur (auch der rationalen), die verborgen sind.

Ich füge das Wort *rational* hinzu, damit man versteht, daß hier auch das zu den Tatsachen der Natur gerechnet wird, was in endlichen immateriellen Substanzen, wie

z. B. in unserem Geist, vor sich geht und nicht weniger Gegenstand der historischen Erkenntnis ist als das, was in der materiellen Welt geschieht (§ 3). Beispiele für die gemeine historische Erkenntnis siehe Anm. zu § 3, ein Beispiel aber für die verborgene siehe Anm. zu § 20.

§ 22
Der unterste Grad der Erkenntnis

Gemeine historische Erkenntnis ist der unterste Grad der menschlichen Erkenntnis. Denn die historische Erkenntnis kommt mit Hilfe der Sinne zustande, indem man den Dingen, die wirklich sind oder geschehen, Aufmerksamkeit zuwendet (§ 1, 3). Folglich setzt sie nichts anderes als bekannt voraus, aus dem sie wie aus Prämissen mit großem Aufwand an Schlüssen langwierig hergeleitet werden müßte. Und daher gibt es in der Erkenntnis keinen Grad, der unter der gemeinen historischen Erkenntnis wäre.

§ 23
Warum die gewöhnliche Erkenntnis nur eine historische ist

Hieraus ist der Grund ersichtlich, warum *die Erkenntnis des Volkes und die, die wir fürs Leben brauchen, zumeist nur eine historische ist.* Gewöhnlich begnügen wir uns mit dem, was uns zuerst mit Hilfe der Sinne bekannt wird. Und auch wenn wir die Ursachen und Gründe der Dinge noch so sehr kennen, weil sie den Sinnen zugänglich sind, so erkennen wir dennoch nicht deutlich, wie das eine die Ursache des anderen sein kann oder wie aus einem bestimmten Grund dieses oder jenes geschieht. Beispiele bestätigen das Gesagte.

Z. B. wissen alle, daß Wasser, das man auf Feuer setzt, siedet, weil sie mehr als einmal gesehen haben, daß dies geschieht; aber den Grund, warum das Wasser siedet, kennen sie nicht, im Gegenteil: fast niemand denkt darüber nach. Obwohl also die Hitze des Feuers die Ursache für dieses Sieden ist, so ist dennoch diese gewöhnliche Erkenntnis nur eine historische, weil sie nur darin besteht, daß aus der Verbindung zweier Dinge irgendeine Wirkung entsteht; von einer deutlichen Erklärung, wie daraus die Wirkung entstehen kann, ist sie weit entfernt, so daß nicht einmal ein Minimum an philosophischer Erkenntnis darinsteckt (§ 3, 6).

§ 24

Rückführung der verborgenen historischen Erkenntnis auf die gemeine

Die Kunst führt oft die verborgene historische Erkenntnis auf die Form der gemeinen zurück. Operationen der Kunst ebenso wie Experimente bringen oft Tatsachen der Natur ans Licht, die sonst verborgen sind. Weil daher für den Erkennenden gleich ist, ob die Natur dem Sinn etwas anbietet oder ob die Kunst ihm das gewährt, was ihm sonst entgeht, gelangt er mit Unterstützung der Kunst durch bloße Aufmerksamkeit, die sich, wenn nötig, auf Scharfsinn stützt, zur verborgenen historischen Erkenntnis ebenso wie zur gemeinen (§ 1, 4). Daher wird die verborgene Erkenntnis mit Hilfe der Kunst auf die gemeine zurückgeführt.

Z. B. bringt die Kunst, Metalle zu schmelzen, die verborgenen Eigenschaften und Wirkungen des Feuers zur Anschauung, ebenso wie Experimente mit der Luftpumpe die verborgenen Eigenschaften und Wirkungen der Luft offenbaren. Beispiele bringt *Emanuel Swedenborg*, Assessor des Metallkollegiums in Schweden, in seinen *Nova observata et inventa circa ferrum et ignem*[13] und in *Pars quarta miscellanearum observationum circa res naturales*, S. 36 ff[14]. Nach demselben Gewährsmann (*Observata*, S. 8 und 10)[15] hält sich die Hitze in Kohlen 10 bis 12 Tage lang, obwohl die Kohlen von allen Seiten abgedeckt sind, und die Masse der Kohlen verringert sich in dieser Zeit durch die Hitze auf ein Zehntel des ursprünglichen Wertes, obwohl sich kein Feuerfunke zeigt; in einem offenen Kamin hingegen bricht Feuer und Flamme nach einer viertel oder halben Stunde gleichsam spontan aus und erfaßt die Kohlen an der Oberfläche; ja ein Stück Kohle, das in einer Mauerspalte nicht gut angebrannt war, fing, obwohl es isoliert hing, bei Berührung mit der freien Luft zu brennen an, die Flamme war jedoch sehr flüchtig und leckte gleichsam auf der Oberfläche der Kohle herum, ohne daß sich irgendein Funke auf ihr zeigte.

§ 25

Die Nützlichkeit der Phänomene, die in der Kunst auftreten

Daraus folgt, *daß es für das Philosophieren nützlich sein wird, wenn die Phänomene, die in den Werkstätten der Künstler und anderswo in einer Kunst* (z. B. in der Landwirtschaft) *auftreten, gesammelt und sorgfältig beschrieben werden.* Denn sie stellen einen Teil der verborgenen historischen Erkenntnis dar (§ 21), die sonst mit Hilfe des Sinnes nicht erlangt werden könnte (§ 24). Sie liefern also eine Grundlage der philosophischen Erkenntnis, die wir anderenfalls nicht hätten (§ 10).

§ 26

Historische Erkenntnis bestätigt die philosophische

Wenn einer durch die Vernunft erkennt, daß etwas geschehen kann, und mittels eines Experimentes beobachtet, daß dies in der Tat geschieht, so bestätigt dieser die philosophische Erkenntnis durch die historische. Wer durch die Vernunft erkennt, daß etwas geschehen kann, hat philosophische Erkenntnis (§ 6), wer aber beobachtet, daß dasselbe geschieht, hat historische (§ 3). Wenn er also beobachtet, daß eben das geschieht, wovon er durch die Vernunft erkannt hat, daß es geschehen kann, so stimmt die historische Erkenntnis mit der philosophischen überein. Da nun nicht bezweifelt werden kann, daß das geschehen kann, wovon beobachtet wird, daß es tatsächlich geschieht, und daher die historische Erkenntnis über jeden Zweifel erhaben ist, ist evident, daß die philosophische Erkenntnis durch die historische bestätigt wird.

> Hieraus erhellt der Grund, warum wir die historische Erkenntnis mit der philosophischen ständig verbinden wollen (§ 12), obwohl dies nicht der einzige Grund ist, weil wir schon oben (§ 11) einen anderen beigebracht haben.

§ 27

Mathematische Erkenntnis macht die philosophische gewiß

Wenn die Quantität einer Wirkung als den Kräften der Ursache proportional bewiesen wird, so schöpft die philosophische Erkenntnis völlige Gewißheit aus der mathematischen. Wer beweist, daß die Quantität der Wirkung den Kräften der Ursache proportional ist, der hat mathematische Erkenntnis davon (§ 14), wer aber die Ursache der Wirkung kennt, der hat philosophische Erkenntnis (§ 6). Wenn daher bewiesen werden kann, daß die Quantität einer Wirkung die Kräfte der Ursache, der wir sie zuschreiben, nicht übersteigt, so geht die mathematische Erkenntnis mit der philosophischen einher. Da aber nicht mit größerer Evidenz feststehen kann, daß eine Wirkung von irgendeiner Ursache ausgeht, als wenn feststeht, daß die Quantität derselben den Kräften der Ursache entspricht, erlangt die philosophische Erkenntnis völlige Gewißheit von der mathematischen.

> Im Vorwort zu den *Aerometriae elementa*, die ich im Jahre 1709 zum ersten Mal herausgegeben habe, habe ich schon daran erinnert, daß die Gewißheit der physikali-

schen Erkenntnis in höchstem Maße von der mathematischen abhängt.[16] Um einen augenfälligen Beweis davon zu geben, habe ich eben diese *Elementa* zum Nutzen der Physiker, welche die Mathematik auf ihre Experimente anwenden wollen, geschrieben. Später habe ich sie wegen ihres nicht geringzuschätzenden Nutzens in der Hydraulik in die *Elementa matheseos universae* aufgenommen.[17]

§ 28
Ihre Verbindung mit der philosophischen Erkenntnis

Daraus folgt, daß *die mathematische Erkenntnis mit der philosophischen verbunden werden muß, wenn man sich um höchstmögliche Gewißheit bemüht.*

Aus diesem Grund werden wir der mathematischen Erkenntnis auch künftig einen Platz in der Philosophie einräumen, auch wenn wir sie von der philosophischen unterscheiden (§ 17): denn nichts liegt uns mehr am Herzen als Gewißheit.

Kapitel II
Von der Philosophie im allgemeinen

§ 29

Definition der Philosophie

Philosophie ist die Wissenschaft des Möglichen, insofern es sein kann.

Diese Definition der Philosophie habe ich im Jahre 1703 entdeckt, als ich mich dazu entschloß, Philosophie in privaten Vorlesungen an der Universität Leipzig zu lehren. Zu Beginn des Jahres 1705 habe ich sie *Caspar Neumann*, dem Inspektor der evangelischen Kirchen und Schulen zu Breslau, einem Mann von scharfsinnigem Urteil, mitgeteilt und sie in privaten Briefen gegen einige seiner Einwände verteidigt.[18] Schließlich habe ich sie im Jahre 1709 im Vorwort zu den *Aerometriae elementa*, die ich gerade erwähnt habe (§ 27, Anm.), ins Licht der Öffentlichkeit gerückt.[19] Dies erwähne ich, damit deutlich werde, welcher Begriff von Philosophie mir vorschwebte, als ich zum ersten Mal daran dachte, sie nach einer genaueren Methode zu lehren, denn auf diese habe ich die ganze Zeit hindurch alle meine Gedanken in der Philosophie gerichtet.

§ 30

Definition der Wissenschaft

Unter *Wissenschaft* verstehe ich hier die Fertigkeit, seine Behauptungen zu beweisen, das heißt, sie aus gewissen und unerschütterlichen Grundsätzen durch gültigen Schluß herzuleiten.

Welche Grundsätze gewiß und unerschütterlich sind, welcher Schluß gültig ist und wie das festgestellt wird, werden wir in der *Logica*[20] erörtern. Deren Notwendigkeit für das Philosophieren erhellt daher schon hieraus. In einem *Discursus praeliminaris* ist es nicht möglich, alle Ausdrücke zureichend zu erklären und jede einzelne Behauptung zureichend zu beweisen, obwohl wir auch hier die Gesetze der Methode beachten, soweit es möglich ist.

§ 31

Philosophie gibt den Grund an, warum etwas geschehen kann

In der Philosophie ist der Grund anzugeben, warum das Mögliche zur Wirklichkeit kommen kann. Denn Philosophie ist die Wissenschaft des Möglichen, insofern es sein kann (§ 29). Weil Wissenschaft die Fertigkeit ist, seine Behauptungen zu beweisen (§ 30), muß daher in der Philosophie bewiesen werden, warum das Mögliche zur Wirklichkeit kommen kann. Wer aber beweist, warum etwas geschehen kann, der gibt den Grund an, warum dies geschehen kann: Ein Grund ist nämlich dasjenige, woraus verstanden wird, warum etwas anderes ist. In der Philosophie ist daher der Grund anzugeben, wie das, was geschehen kann, wirklich wird.

§ 32

Sie gibt auch den Grund an, warum das eine eher
als das andere geschieht

Wenn es mehreres gibt, wovon das eine ebensosehr möglich ist wie das übrige, muß die Philosophie also erläutern, warum jenes eher als das übrige geschieht oder geschehen muß. Denn wenn mehreres möglich ist, das dennoch nicht gleichzeitig sein kann, muß es einen Grund geben, warum das eine eher geschieht als das andere (§ 4). Die Philosophie gibt die Gründe dessen an, was ist oder geschieht (§ 31); daher muß sie erläutern, welcher Grund dafür besteht, daß in einem gegebenen Fall das eine eher geschieht als das andere.

Z. B. kann es geschehen, daß das Verlangen eines Menschen sich darauf richtet, seinen Feind zu hassen, oder auch darauf, ihn zu lieben. Weil es einen Grund dafür geben muß, warum es ihn eher zum Haß als zur Liebe seines Feindes treibt, einen anderen aber dafür, warum die Liebe dem Haß vorgezogen wird, deshalb muß in der Philosophie der Grund dargelegt werden, warum ein Mensch einen anderen, ihm feindlich gesinnten, mit Haß verfolgt, und ebenso muß der Grund angegeben werden, warum er demselben mit Liebe begegnet.

§ 33

Sie bemüht sich um völlige Gewißheit

In der Philosophie muß man sich um völlige Gewißheit bemühen. Denn weil Philosophie eine Wissenschaft ist (§ 29), müssen die Behauptungen in ihr bewiesen werden, indem aus gewissen und unerschütterlichen Grundsätzen durch gültigen Schluß Schlußfolgerungen hergeleitet werden (§ 30). Was aber aus gewissen und unerschütterlichen Grundsätzen durch gültigen Schluß hergeleitet wird, ist so gewiß, daß es unrecht wäre, daran zu zweifeln; dies wird an seinem Ort[21] deutlich werden. Es gibt daher keinen Zweifel, daß man sich in der Philosophie, vorausgesetzt, daß sie eine Wissenschaft sein soll, um völlige Gewißheit bemühen muß.

§ 34

Mittel, Gewißheit zu erlangen

In der Philosophie müssen die Grundsätze daher aus der Erfahrung abgeleitet werden, das Bewiesene muß durch Experimente und Beobachtungen bestätigt werden, und zugleich muß man sich um mathematische Erkenntnis bemühen. Denn da wir uns in der Philosophie um völlige Gewißheit bemühen müssen (§ 33), das, was aus der Erfahrung abgeleitet wird, aber einen festen Grundsatz für den Beweis einer Wahrheit liefert (§ 11), und da die Gewißheit dessen, was bewiesen ist, durch Experimente und Beobachtungen unerschütterlich gemacht wird, so daß seine Wahrheit über jeden Zweifel erhaben ist (§ 26), und da schließlich in den meisten Fällen völlige Gewißheit von mathematischen Beweisen oder mathematischer Erkenntnis abhängt (§ 27) – daher muß in der Philosophie unleugbar das geschehen, wodurch die Wahrheit so sehr ins Licht gesetzt wird, daß uns kein Zweifel an ihr bleiben kann.

§ 35

Die Grenzen der historischen und der mathematischen Erkenntnis in der Philosophie

Es erhellt daraus, wie weit *die historische und die mathematische Erkenntnis in die Philosophie hineingenommen werden müssen: die histori-*

sche Erkenntnis nämlich *so weit, wie sie feste und unerschütterliche Grundsätze und entscheidende Prüfungsmaßstäbe liefert, die mathematische dagegen so weit, wie sie die Evidenz vervollständigt.* Denn die historische und die mathematische Erkenntnis können nur in die Philosophie hineingenommen werden, insoweit sie der philosophischen dienen; anderenfalls würden sie ohne Grund hineingenommen. Insoweit aber beide der philosophischen Erkenntnis dienen, insoweit kann die Philosophie beide nicht entbehren, wenn sie nämlich den Namen einer Wissenschaft bewahren soll (§ 29).

Zu Recht werden die Grenzen der historischen und der mathematischen Erkenntnis in der Philosophie also auf diese Art und Weise festgesetzt. Wenn aber meinen Worten bisher noch etwas Dunkles anzuhaften scheint, so werden die Beispiele, die zuvor in den §§ 10 und 13 angeführt worden sind, die Dunkelheit vertreiben.

§ 36

Wann die historische und die mathematische Erkenntnis den Zusammenhang in der Philosophie nicht stören

Wenn die Grenzen also auf die genannte Art und Weise festgesetzt werden, stören die historische und die mathematische Erkenntnis nicht den Zusammenhang der Wahrheiten in der Philosophie. Weil in der Philosophie eine Wahrheit aus der anderen bewiesen werden muß (§ 30), muß alles, was in ihr gelehrt wird, durch einen lückenlosen Zusammenhang verknüpft werden. Wenn die Grenzen also auf die genannte Art und Weise festgesetzt werden, liefert die historische Erkenntnis 1. feste und unerschütterliche Grundsätze (§ 35). Weil aus diesen der Grund für anderes genommen wird (§ 10), hängt das andere mit diesen Grundsätzen zusammen, und daher stört die historische Erkenntnis in diesem Fall den Zusammenhang in der Philosophie nicht. 2. liefert die historische Erkenntnis aus demselben Grund Prüfungsmaßstäbe, durch die entschieden wird, daß dasjenige der Wahrheit nicht widerspricht, was durch Gründe bewiesen worden ist (§ 35). Weil diese Prüfungsmaßstäbe mit den Lehrsätzen, deren Wahrheit sie bestätigen, nicht nur auf dieselbe Weise zusammenhängen, wie deren Beweise mit ihnen zusammenhängen, sondern auch selbst aus den Wahrheiten, die der Prüfung unterworfen werden müssen, abgeleitet werden und mit anderen bewiesenen Wahrheiten übereinstimmen, hängen sie daher in der Tat auf viele Arten mit denselben zusammen, und daher stört die historische Erkenntnis auch in diesem Fall den Zusammenhang in der Philosophie nicht. Wenn die Grenzen auf die genannte Art und Weise festgesetzt werden, vervollständigt schließlich 3. die mathematische Erkenntnis die Evidenz (§ 35) und beweist daher dasjenige klarer, woran bisher ein Zweifel entstehen konnte (§ 27). Ein ausführlicherer und weitläufigerer Beweis stört den Zusammenhang der Wahrheiten nicht, sondern verknüpft diese fester und verbindet noch mehr Wahrheiten mit den übrigen. Daher hindert auch die mathematische Erkenntnis in diesem Fall nicht, daß in der Philosophie alles durch schönste Verknüpfung miteinander zusammenhängt.

Wenn ich behauptet habe, daß die Anzahl der Wahrheiten, die in der Philosophie miteinander verknüpft sind, durch mathematische Beweise vermehrt wird, so hat man nicht allein an die Wahrheiten zu denken, die durch mathematische Beweise den anderen hinzugefügt werden, z. B. daß in einem gegebenen Fall die Wirkung, die einer Ursache zugeschrieben wird, derselben proportional ist (§ 27), sondern auch an andere philosophische Wahrheiten, die aus mathematisch bewiesenen Wahrheiten so abgeleitet werden, daß sie sich ohne jene nicht in die Kette der philosophischen Wahrheiten einfügen würden, auch wenn sie zu dieser Klasse gezählt werden müßten. Denn es gibt in der Natur der Dinge Sachverhalte, deren Grund nur aus mathematischen Beweisen erkannt wird, weil sie von einer bestimmten Figur oder Quantität abhängen, so daß sie anders wären, wenn in einem gegebenen Fall eine andere Figur bzw. eine größere oder kleinere Quantität vorläge. Z. B. muß der Philosoph den Grund angeben, warum die Bienen vielmehr sechseckige als andersgestaltete Waben bauen. Wenn er aber seine Aufgabe vollständig erfüllen soll, dann bedarf er nicht weniger der mathematischen als der historischen und der philosophischen Erkenntnis, wenn er beweisen will, daß aus allen möglichen Figuren in einem gegebenen Fall diejenige ausgewählt wird, die von allen die angemessenste ist. Beweise dieser Art aber haben in der Philosophie große Bedeutung.

§ 37

Es gibt Philosophie

Es ist aber nicht zu befürchten, daß die Philosophie, so wie sie von uns definiert wird, zur Zahl des Unmöglichen gerechnet werden müßte und folglich das, was wir (§ 31 ff.) über sie bewiesen haben, nichtig wäre. Auf jeden Fall *zählt Philosophie zu den Dingen, die nicht unmöglich sind.* Denn weil das, was ist oder geschieht, seines Grundes nicht ermangelt, aus dem verstanden wird, warum es ist oder geschieht (§ 4), ist eine derartige Wissenschaft, die den Grund darlegt, warum das, was ist und geschieht,

sein und geschehen kann und warum in einem beliebigen gegebenen Fall
eher dies als anderes geschieht, nicht unmöglich. Weil jene Wissenschaft
die Philosophie ist (§ 31, 32), erhellt daher, daß Philosophie zu den Dingen zählt, die nicht unmöglich sind. Dasselbe wird auch folgendermaßen
kürzer bewiesen: Es gibt philosophische Erkenntnis, welche die Erkenntnis des Grundes dessen ist, was ist oder geschieht (§ 6). Also ist auch Philosophie möglich, die uns diese Erkenntnis gewährt (§ 31, 32).

> Wie wir es oben (§ 5) aber keineswegs für klug gehalten haben, uns darüber zu strei-
> ten, ob alles, was geschieht, einen Grund hat, aus dem zu verstehen ist, warum es ge-
> schieht, so wollen wir auch hier nicht darüber disputieren, ob alles Mögliche zur Phi-
> losophie gezogen werden kann. Denn wir müssen zum gegenwärtigen Thema
> kommen. Es müssen die Gründe der Dinge erforscht werden, von denen wir wissen,
> daß sie sein oder geschehen können. Das, wovon der Grund gefunden worden ist,
> muß zur Philosophie gezogen werden, das übrige bleibt mit Recht draußen, solange
> sein Grund unbekannt ist (§ 31, 32). Vergeblich aber disputiert man, ob auch dieses
> einen Grund hat. Denn wenn dieser gefunden wird, hat der Zweifel keinen Raum:
> solange er aber unbekannt ist, ist es uns gleich, ob es einen Grund hat oder nicht. In
> beiden Fällen schweigen wir darüber in der Philosophie.

§ 38

Philosophie steht in unserer Macht

Auch kann es geschehen, daß wir der Philosophie, so wie wir sie oben definiert haben (§ 29), *teilhaftig werden*. Durch unser Tun erhellt nämlich,
daß wir die Gründe dessen, was ist und geschieht, mit Erfolg erforschen
können. Darüber ist zu urteilen, sobald wir die Philosophie dargelegt haben. Wer aber die Gründe dessen, was ist und geschieht, aufweisen kann,
der beherrscht die Philosophie, wie wir sie oben definiert haben (§ 31, 32).
Daher kann es geschehen, daß wir der Philosophie teilhaftig werden.

> Wir erörtern nicht, wie weit der Mensch in der Philosophie voranschreiten kann.
> Diese ganze Erörterung ist sinnlos. Wir müssen wiederum zum gegenwärtigen
> Thema kommen. Der Erfolg wird einen jeden lehren, was seine Schultern tragen
> können und was nicht. Wenn daher die Philosophen die Mathematiker nachahmten,
> so daß sie mit genauer Methode das lehrten, was schon entdeckt worden ist, und sich
> bemühten, in beständigem Fortschritt darauf immer neue Wahrheiten aufzubauen,
> dann wird die Philosophie ebenso wie die Mathematik täglich wachsen. In der Tat
> werden wir am geeigneten Ort[22] beweisen, daß es für alles das, was ist und geschieht,
> einen Grund gibt, warum es ist oder geschieht, und daß der Mensch die Fähigkeiten
> besitzt, diesen Grund erforschen und in dieser Wissenschaft täglich weiter fort-

schreiten zu können. Aber ein derartiger Beweis, der sehr viele Grundsätze aus der Logik, Ontologie und Psychologie entlehnen muß, paßt nicht an den Anfang der Philosophie.

§ 39

Philosophie des Rechts, der Medizin, der Künste

Auch eine Philosophie des Rechts, der Medizin und aller Künste ist möglich. Denn 1. werden in der Jurisprudenz Gesetze gelehrt. Es gibt Gründe dafür, warum in einem Staat eher diese als andere Gesetze erlassen werden müssen. Also gibt es eine Wissenschaft, welche diese Gründe erklärt, und daher gibt es eine Philosophie des Rechts (§ 31, 32). 2. Die Medizin befaßt sich mit Gesundheit und mit Krankheiten, mit dem, was die Gesundheit bewahrt, die Krankheiten heilt. Es gibt aber Gründe für die Gesundheit und für die Krankheiten; ebenso gibt es einen Grund, warum dieses oder jenes die Gesundheit bewahrt, diese oder jene Medikamente eine Krankheit heilen. Also ist eine Wissenschaft, welche diese Gründe darlegt, nicht unmöglich, und daher gibt es eine Philosophie der medizinischen Kunst. 3. Auch in jeder anderen Kunst gibt es Gründe für das, was dort geschieht. Daraus erhellt in gleicher Weise, daß eine Philosophie jeder Kunst nicht unmöglich ist.

Z. B. wird Holzspalten zu den niedrigsten manuellen Künsten gezählt. Es gibt aber einen Grund, warum Holz gespalten werden und warum dies mit einem Keil oder sodann auch mit einem Beil geschehen kann. Die Kraft eines Keils und die Gewalt, mit der er eingetrieben wird, können mathematisch bewiesen werden. Es gibt also philosophische Erkenntnis dieser niedrigen Kunst und außerdem mathematische Erkenntnis von ihr (§ 6, 14), aus der die philosophische Erkenntnis völlige Gewißheit schöpft (§ 27). Es besteht also kein Zweifel, daß sie zur Philosophie gezogen werden muß (§ 31). Zwar haben diejenigen, die ihre Aufmerksamkeit auf die Philosophie gerichtet haben, bisher nicht besonders intensiv über die Künste philosophiert. Aber jetzt geht es nicht darum, was gewöhnlich zu geschehen pflegt, sondern vielmehr darum, was geschehen soll. Nachdem wir weiter oben (§ 24) behauptet haben, daß die Kunst den Philosophierenden Hilfe gewährt, zögern wir hier gar nicht hinzuzufügen, daß sich aus der Philosophie der Künste ein großer Nutzen für die Künste selbst ergeben wird, wenn sie sich zum öffentlichen Nutzen hergeben würde. Dies erhellt aus dem, was wir bald[23] über den Nutzen der philosophischen Erkenntnis im allgemeinen beweisen werden.

§ 40

Werke der Kunst fallen in die Philosophie

Selbst die Werke der Kunst gestatten philosophische Erkenntnis. Denn auch sie ermangeln nicht ihrer Gründe, wie wir durch unser Tun erfassen. Daher wird in derselben Weise wie zuvor (§ 39) geschlossen, daß auch die Werke der Kunst in die Philosophie einbezogen werden.

Z. B. sind Bauten Werke einer Kunst. Es gibt aber eine Wissenschaft, welche die Gründe für alles das darlegt, was bei Bauten bestimmt werden muß. Und diese ist die *zivile Architektur*, wenn sie nicht nach Art eines Handwerks, wie gewöhnlich zu geschehen pflegt, sondern nach Art einer Wissenschaft behandelt wird, wie es bei uns in den *Elementa matheseos universae*[24] geschieht.

§ 41

Die Anwendung der philosophischen Erkenntnis ist sicherer als die der historischen

Wenn wir von etwas philosophische Erkenntnis besitzen, wird diese mit größerer Gewißheit erfolgreich auf Fälle angewendet, die im Leben vorkommen, als wenn wir davon nur historische haben. Was auch immer von irgendeinem Seienden ausgesagt wird, kommt ihm nur unter einer bestimmten Bedingung zu, sei diese Bedingung von der Definition oder von etwas anderem hergenommen; was in der *Logica*[25] unabhängig hiervon bewiesen werden wird. Wer philosophische Erkenntnis hat, kennt den Grund, warum etwas ist oder geschieht (§ 6), und erkennt daher jene Bedingung, unter der etwas von einem bestimmten Seienden ausgesagt wird; folglich schreibt er das Prädikat dem vorliegenden Seienden nur zu, wenn er jene Bedingung als gegeben erkennt. In der Anwendung dessen, wovon wir philosophische Erkenntnis besitzen, gehen wir daher nicht fehl. Wo wir aber nur historische Erkenntnis haben, achten wir entweder auf jene Bedingung überhaupt nicht oder erkennen sie zumindest nicht ganz, weil dann nur feststeht, daß irgend etwas sein oder geschehen kann, keineswegs aber, warum dies sein oder geschehen kann (§ 7). Es pflegt daher sehr häufig zu geschehen, daß wir in Fällen, die im menschlichen Leben vorkommen, einem Seienden etwas zuschreiben, ohne daß die Bedingung, unter der es diesem zukommt, gegeben ist; folglich kommt es diesem keineswegs zu. In der Anwendung dessen, wovon wir keine philosophische Erkenntnis haben, gehen wir daher häufiger fehl. Daher tritt der Erfolg bei der Anwendung der philosophischen Erkenntnis mit größerer Sicherheit ein als bei der Anwendung der historischen.

Dieses Abirren zeigt die tägliche Erfahrung deutlich. Damit jedoch meine Worte klarer verstanden werden (zumal noch nicht gesagt worden ist, was bei dem Beweis vorausgesetzt wird), möchte ich dieselben mit dem einen oder anderen Beispiel illustrieren. Z. B. sieht einer, daß Rosmarinzweige, die mit ihrem einen Ende in die Erde gesteckt werden, Wurzeln schlagen und zu einem Strauch emporwachsen. Wer sich aber den gleichen Erfolg bei Zweigen irgendwelcher Bäume verspricht, versucht dasselbe vergeblich. Wer aber nach dem Grund forscht, warum dies beim Rosmarin gelingt, und ihn findet, der kennt die zum Erfolg erforderliche Bedingung, folglich verspricht er sich denselben keineswegs, wenn sie fehlt, und spart sich vergebliche Mühe. *Augustinus Mandirola*[26] vom *Franziskaner-Orden* hat mit einzigartiger Kunstfertigkeit aus Zitronen- und Limonenblättern Bäume aufgezogen. Obwohl dasselbe Experiment in Deutschland nicht ohne Erfolg wiederholt worden ist, haben es viele doch vergeblich versucht, weil sie die philosophische Erkenntnis der Praxis nicht besaßen und bei der Anwendung der Regeln, die *Mandirola* gegeben hatte, in die Irre gingen. In der Moral und Politik ist die philosophische Erkenntnis zwar nicht vollständig vernachlässigt worden, aber die Erfahrung bezeugt, wie zweifelhaft der Erfolg auf diesen Gebieten ist, auch wenn sie auf die Praxis abzielen. Wir werden von Mitleid mit einem Unglücklichen bewegt, sobald wir dessen Unglück erkannt haben. Wenn der Grund unbekannt ist und daher die philosophische Erkenntnis fehlt, reden sich die Unglücklichen ein, andere allein durch die Zurschaustellung ihres Elends zum Mitleid zu bewegen. Ihre Hoffnung wird jedoch enttäuscht: in einigen Fällen bleibt das Mitleid aus, in den anderen regt sich sogar Spott. Wenn aber einer, der philosophische Erkenntnis hat, weiß, daß es Mitleid nur dann geben kann, wenn Liebe zu dem Unglücklichen vorhanden gewesen ist, versucht dieser keineswegs, durch bloße Zurschaustellung seines Elends den anderen zum Mitleid zu bewegen, oder wenn er aus einem nur wahrscheinlichen Grund handelt, verspricht er sich keinen sicheren Erfolg davon. Denn er erkennt, daß er untersuchen muß, ob der andere von umfassender Liebe zum ganzen Menschengeschlecht bewegt wird und ob nicht ein besonderer Grund vorliegt, der verhindert, daß er sich um ihn bemüht, und im entgegengesetzten Fall weiß er, daß er Mittel suchen muß, um die Liebe des anderen zu sich zu erwecken.

§ 42

Philosophische Erkenntnis reicht weiter als historische

Wovon wir philosophische Erkenntnis besitzen, das läßt sich auf mehr im Leben vorkommende Fälle anwenden als das, wovon wir nur historische haben, wenn der Grund für das, was einer Art zukommt, in dem Begriff der Gattung enthalten ist. Denn wer historische Erkenntnis hat, weiß, daß irgend etwas sein oder geschehen kann (§ 3); daher überträgt er das, was er über ein Subjekt irgendeiner bestimmten Art erkannt hat, nur dann auf andere Subjekte, wenn sie derselben Art angehören. Wenn jedoch der Grund dessen, was der Art zugeschrieben wird, in dem Gattungsbegriff enthalten ist, muß dieses von der ganzen Gattung, folglich auch von jeder anderen Art, die derselben Gattung angehört, ausgesagt werden. Wer sich mit historischer Erkenntnis begnügt, wendet daher nur auf die Gegenstände einer Art an, was auf die Gegenstände mehrerer Arten angewendet werden müßte, folglich auf weniger im Leben vorkommende Fälle, als möglich wäre. Wenn aber einer philosophische Erkenntnis besitzt, erkennt er den Grund dessen, was ist und geschieht (§ 6), und daher sieht er, ob dieser in dem Begriff der Gattung oder nur der Art enthalten ist. Wenn er den Grund in dem Begriff der Gattung findet, schreibt er daher dasjenige mehreren Arten zu, was der bloß auf historische Erkenntnis Bauende nur von einer aussagt. Daher wendet er dasselbe auf mehr im Leben vorkommende Fälle an.

Z. B. bewegt sich Wasser schneller als vorher, wenn sich das Flußbett verengt, so daß es durch einen schmaleren Querschnitt des Flusses fließt. Wer bloß historische Erkenntnis hat, der kann dieselbe nur in einem gegebenen Fall verwenden, wenn nämlich bewirkt werden soll, daß das Wasser irgendwo im Flußbett schneller oder langsamer fließt. Wer aber philosophische Erkenntnis besitzt, weiß, daß die Bewegung des Wassers aus dem Grund beschleunigt oder verlangsamt wird: nicht weil es sich um Wasser handelt, sondern um eine schwere Flüssigkeit, und daß die Bewegung jeder schweren Flüssigkeit, die durch einen geneigten Kanal strömt, aus diesem Grund beschleunigt oder verlangsamt werden kann. Ja wenn ihm bekannt ist, daß die Bewegung des Wassers deswegen beschleunigt wird, weil die Geschwindigkeit mit steigender Höhe des Wassers zunimmt, solange in der gleichen Zeit durch den schmaleren Querschnitt ebensoviel Wasser fließt wie vorher durch den größeren, so sieht er deutlich ein, daß dasselbe von jeder Flüssigkeit gilt, wenn die Kraft, die auf die Flüssigkeit wirkt, dadurch vergrößert wird, daß die Öffnung, durch die sie fließt, verengt wird. Und es ist ihm nicht weniger offenbar, daß das verengte oder erweiterte Flußbett hier wie eine kleinere oder größere Öffnung betrachtet wird. Daher drückt er den Sachverhalt in viel allgemeinerer Weise so aus: *Wenn eine Öffnung, durch die irgendeine Flüssigkeit durch irgendeine Kraft gedrückt wird, sich verengt und die Kraft verstärkt wird, dann wird, solange durch die kleinere Öffnung die gleiche Menge an Flüssigkeit in derselben Zeit bewegt wird wie vorher durch die größere, die Bewegung der Flüssigkeit sehr beschleunigt, im entgegengesetzten Fall aber wird sie verlangsamt.* Jeder sieht, daß der Nutzen des Lehrsatzes nun weiter reicht als vorher, als er nur auf einen sehr speziellen Fall beschränkt wurde. In der Tat kann er nun auf Dinge, die an äußerer Gestalt sehr verschieden sind, angewendet werden. Was wir

z. B. über das durch ein Flußbett fließende Wasser gelernt haben, wenden wir auch auf Blasebälge an, wenn wir einen stärkeren Wind erzeugen wollen.

§ 43
Philosophische Erkenntnis ist umfassender als historische

Wenn das, was historische Erkenntnis auf einen Spezialfall beschränkt, allgemeingültiger ausgesagt werden kann, wird durch philosophische Erkenntnis die Zahl der Lehrsätze verringert, so daß man mit weniger umfangreicher Erkenntnis auf mehr Fälle eingerichtet ist. Denn weil der, welcher philosophische Erkenntnis besitzt, den Grund für das kennt, was historische Erkenntnis auf einen Spezialfall beschränkt (§ 6), kann es ihm nicht unbekannt bleiben, daß jener in dem Gattungsbegriff enthalten ist. Weil das von einer Gattung ausgesagt werden muß, wofür der Grund in ihrem Begriff enthalten ist, was am geeigneten Ort in der *Logica*[27] deutlicher wird, daher beschränkt die historische Erkenntnis das auf eine bestimmte Art, was die philosophische auf die Gattung ausdehnt, wie wir schon zuvor (§ 42) gezeigt haben. Deshalb werden mehrere über die verschiedenen Arten zu bildende Lehrsätze auf diese Weise auf einen zurückgeführt. Wenn schon ein Lehrsatz ausreicht, wo vorher mehrere nötig waren, ist man mit einer kompakteren Erkenntnis auf mehr Fälle eingerichtet.

Das Beispiel, das wir zum vorhergehenden Paragraphen angeführt haben, hat auch hier seinen Platz.

§ 44
Die Lust, die aus philosophischer Erkenntnis entspringt

Die philosophische Erkenntnis erfüllt das Gemüt mit einer Lust, die von der historischen nicht erwartet werden kann. Denn wenn die historische Erkenntnis sich mit dem Vorkommenden befaßt, ist das Gemüt indifferent und wird daher durch keinen Grund bewegt. Wenn sie uns Unerwartetes zeigt, geraten wir in Bewunderung; wenn sie uns aber solches zeigt, was zu wissen von Interesse ist, erfreuen wir uns zwar, wenn es uns zum ersten Mal bekannt wird, aber diese vergängliche Lust verschwindet bald wieder. Wenn wir jedoch die Gründe dessen, was wir erkennen, durchschauen, wird das nach Wissen und Wahrheit begierige Gemüt mit einer wunderbaren Lust erfüllt, die immer wiederkommt, sobald man die Gründe von neuem überdenkt. Dem aufmerksamen Betrachter liegt all das zu Tage, dessen Grund von psychologischen Grundsätzen abhängt, die am geeigneten Ort zu erklären und zu bestätigen sind.[28] Wir wissen durch Erfahrung auch, daß die Art des Vergnügens, die aus der Wissenschaft erwächst, den Vorzug vor allen anderen Vergnügen hat.

§ 45

Warum die Philosophie nicht zu verachten ist

Die Philosophie darf wegen des Nutzens, den die historische Erkenntnis für die menschliche Lebenspraxis hat, nicht verachtet werden. Denn weil die philosophische Erkenntnis mit glücklicherem Erfolg in der Lebenspraxis angewendet wird als die historische (§ 41) und sich auf mehr Fälle erstreckt (§ 42), so daß der, der eine weniger umfangreiche Erkenntnis hat, auf mehr Fälle eingerichtet ist (§ 43), und weil sie schließlich den Geist mit einer Lust erfüllt, die von der historischen keineswegs erwartet werden kann (§ 44), besitzt die philosophische Erkenntnis in der Tat einen deutlichen Vorrang vor der historischen, schon wenn man ihren Nutzen für die menschliche Lebenspraxis ins Auge faßt. Daher wäre es absurd, wegen des geringeren Nutzens der historischen Erkenntnis die Philosophie zu verachten, die einen größeren Nutzen gewährt und überdies den Geist mit höchster Lust erfreut, die einen nicht geringen Teil der menschlichen Glückseligkeit ausmacht, wie an seinem Ort[29] gezeigt werden wird.

§ 46

Definition des Philosophen

Philosoph ist, wer den Grund dessen angeben kann, was ist oder sein kann. Der Grund der Definition liegt zu Tage. Denn er beherrscht jene Wissenschaft, die Philosophie genannt wird (§ 29) und deren Aufgabe es ist, den Grund anzugeben, warum Mögliches zur Wirklichkeit gelangen kann (§ 31) und in einem gegebenen Fall das eine eher geschieht als das andere, das ebenso möglich war (§ 32).

§ 47

Wer ein größerer Philosoph ist

Der Philosoph ist also *größer, der den Grund von mehr Dingen angeben kann; kleiner, der den Grund von weniger Dingen kennt.*

In der Tat unterscheidet man mit diesem Kriterium Philosophen, welche über die wahrhaft so genannte Philosophie verfügen. Es gibt allerdings noch andere Unterschiede, die von den Gaben des Verstandes abhängen und eine Rangfolge begründen; über diese kann aber erst geurteilt werden, wenn man tiefer in die Logik eingedrungen ist.

§ 48

Niemand ist in allen Dingen Philosoph

Weil die Anzahl des Möglichen so groß ist, daß kein Mensch den Grund von allen Dingen erkennen kann, ein Philosoph jedoch nur derjenige ist, der den Grund dessen angeben kann, was ist oder sein kann (§ 46), *ist kein Mensch in allen Dingen Philosoph.* Ja wenn einer sich gemäß dieser Norm prüfen wollte, wird er sogar einsehen, *in wie wenigen Dingen er Philosoph ist.*

§ 49

Unsere Definition des Philosophen hält vom Hochmut ab

Unser Begriff von Philosophie hält daher *vom Hochmut ab.* Denn weil kraft unserer Definition niemand Philosoph genannt werden kann, außer insofern er den Grund dessen angeben kann, was ist oder sein kann (§ 46), der sich gemäß dieser Norm Prüfende aber einsieht, daß er nicht nur nicht in allen Dingen Philosoph sein kann, sondern auch in wie wenigen Dingen er Philosoph ist (§ 48), kann es tatsächlich nicht vorkommen, daß er sich mit seiner philosophischen Erkenntnis brüstet. Daher hält unser Begriff von Philosophie ihn vom Hochmut ab.

In der Tat ergibt sich aus unserer Definition, daß der kein Philosoph ist, der allein aufgrund historischer Erkenntnis aufzuzählen weiß, was ist und geschehen kann, den Grund aber, warum es ist oder geschicht, nicht erkennt. Aber niemandem wird durch dieses Argument Unrecht zugefügt, niemand wird deswegen verachtet, weil er gemäß unserem Urteil kein Philosoph ist. Eine im Leben nützliche Bildung und Gelehrsamkeit wird ihm nicht abgesprochen. In den Wissenschaften muß unterschieden werden, was als verschieden erkannt wird, und es muß durch verschiedene Namen gegeneinander abgegrenzt werden. Daß sich historische und philosophische Erkenntnis unterscheiden, haben wir sonnenklar bewiesen (§ 7) und diesen Unterschied in unseren Definitionen berücksichtigt (§ 3, 6). Das erste Gesetz des Schließens ist jedoch, daß wir aus Begriffen schließen und keiner Sache einen bestimmten Namen beilegen, außer wenn ihr die Definition zukommt. Es wäre sogar abwegig, wenn einer sich über uns beschwerte, weil er nach unserem Urteil nicht für einen Philosophen gehalten wird. Denn wenn wir ihm absprechen, in unserem Sinne Philosoph zu sein, sagen wir von ihm, daß er den Grund dessen, was sein kann, nicht kennt (§ 46). Wenn er also diesen Grund nicht kennt, kann er von uns nicht verlangen, daß wir ihm dessen Kenntnis zuschreiben. Wenn er aber den Grund kennt, ist er in unserem Sinne Philosoph, und er wird in jedem Fall als Philosoph anerkannt, wo er den Grund dessen angeben kann, was ist oder sein kann. Es ist nicht Eigentümlichkeit des Philosophen, Lust aus einem Namen zu gewinnen; wenn diesem ein niedriger Begriff entspricht, wird mit einem erhabenen Namen niedrig über die Sache geurteilt, der er zugeschrieben wird.

§ 50
Historische Erkenntnis der Philosophie

Wenn einer die Lehrsätze der Philosophie kennt und sie versteht, ihre Wahrheit aber nicht beweisen kann, so hat er historische Erkenntnis der Philosophie. Wer die Lehrsätze der Philosophie kennt und sie versteht, der erkennt, was in der Philosophie gelehrt wird. Weil er daher eine Tatsache erkennt, hat er historische Erkenntnis (§ 3). Weil er aber die Wahrheit dieser Lehrsätze nicht beweisen kann, fehlt ihm die Wissenschaft (§ 30); folglich besitzt er nicht die Philosophie selbst (§ 29), sondern hat nur historische Erkenntnis der Philosophie und kann daher nicht als Philosoph bezeichnet werden (§ 46), außer man läßt den schwankenden Wortgebrauch zu, dem wir in der Philosophie keinen Platz einräumen (§ 144).

Aus dem, was wir zu § 49 gesagt haben, erhellt, daß dieses zu niemandes Verachtung gesagt wird. Aber abgesehen davon, daß die Vernunft uns rät, so zu denken, regen wir edle Geister an, nach Hervorragendem und Ausgezeichnetem zu streben, wozu die Frucht der Wissenschaft und die Glückseligkeit der Menschheit gehören, worauf die Wahrheit vielfältig Einfluß nimmt. Mir sind die anderen nützlichen Folgen, die bisher zu wenig beachtet worden sind, nicht unbekannt; auf ihre Aufzählung verzichten wir aber so lange, bis ihre Wahrheit deutlich gezeigt werden kann.

§ 51

Historische Erkenntnis der Philosophie ist zum Nutzen des Lebens anwendbar

Wer historische Erkenntnis der Philosophie hat, kann diese auf die menschliche Lebenspraxis anwenden. Wer historische Erkenntnis der Philosophie hat, kennt deren Lehrsätze (§ 50) und durchschaut daher, von welchem Subjekt und unter welcher Bedingung irgendein Prädikat ausgesagt wird. Und weil er die Lehrsätze versteht, hat er entweder die Definitionen der Worte erkannt, oder er besitzt zumindest klare Begriffe der durch dieselben bezeichneten Dinge; am geeigneten Ort wird in der *Logica*[30] nämlich erhellen, daß es anderenfalls unmöglich ist, einen Lehrsatz zu verstehen. Wer die Definition einer Sache begreift oder zumindest einen klaren Begriff von ihr hat, erkennt sie wieder, wenn sie sich ihm zeigt, folglich schließt er, falls die in dem Lehrsatz ausgedrückte Bedingung gegeben ist, daß das Prädikat, das in dem Lehrsatz dem Subjekt zugeschrieben wird, demselben zukommt. Daher wendet er die historische Erkenntnis, die er hat, auf die menschliche Lebenspraxis an.

Die Philosophie erfährt dasselbe Schicksal, das die Mathematik zu haben pflegt. Auch diejenigen, welche die Regeln der Operation nicht beweisen können, betreiben in verschiedenen Fällen des Lebens praktische Arithmetik. Feldmesser und Militärarchitekten verwenden mit Erfolg Verfahren der Geometrie, obwohl sie diese nicht beweisen können. Es ist daher besser, daß diejenigen, die zu stumpfsinnigen Geistes sind, als daß sie die Beweise verstehen könnten, die Lehrsätze ohne Beweise lernen, als daß sie völlig von der Philosophie abgehalten werden. Ja es ist sogar nicht ohne Nutzen, wenn sich einer historische Erkenntnis der Philosophie verschafft, bevor er seinen Geist auf die Wissenschaft selbst richtet. Es werden nämlich bei der Beweisführung vorhergehende bekannte Lehrsätze vorausgesetzt, weswegen derjenige, der sich mit diesen vertraut gemacht hat, bevor er die Beweise abwägt, es sehr leicht findet, sie zu begreifen, und im Studium der Philosophie viel schneller fortschreitet, als wenn er mit allen ihren Lehrsätzen völlig unbekannt wäre.

§ 52

Wer kein Richter in philosophischen Kontroversen sein kann

Wer nur historische Erkenntnis der Philosophie hat, kann über philosophische Kontroversen nicht urteilen. Wer über eine in der Philosophie umstrittene These ein Urteil abgeben will, muß beweisen können, daß diese anderen Thesen widerspricht oder mit denselben übereinstimmt oder daß sie aus diesen durch gültigen Schluß hergeleitet wird. Weil dazu die Fertigkeit des Beweisens erfordert wird und daher Wissenschaft selbst (§ 30), diese aber nicht besitzt (§ 50), wer nur historische Erkenntnis der Philosophie hat, daher ist es evident, daß dieser über philosophische Kontroversen nicht urteilen kann.

§ 53
Dies wird weiter ausgeführt

Viel weniger kann daher _derjenige über philosophische Kontroversen urteilen, der nur historische Erkenntnis der philosophischen Erkenntnis eines anderen hat._ Dieser weiß nämlich nur, welchen Grund ein anderer für eine Tatsache anführt (§ 8), und hat daher oberflächlichere Erkenntnis als der, der historische Erkenntnis der Philosophie selbst besitzt (§ 50). Weil dieser aber nicht den Richter in philosophischen Kontroversen spielen kann (§ 52), wird jener es noch viel weniger können.

§ 54
Ein mittlerer Grad zwischen philosophischer und historischer Erkenntnis

Wenn einer die Thesen der Philosophie, von denen er historische Erkenntnis hat, durch Experimente und Beobachtungen zu bestätigen weiß, obwohl er die Beweise nicht begreift, besitzt er einen mittleren Grad zwischen historischer und philosophischer Erkenntnis. Denn wer nur historische Erkenntnis hat, kennt und versteht nur die Lehrsätze der Philosophie, erkennt jedoch ihre Wahrheit nicht (§ 50). Wer jene durch Experimente und Beobachtungen zu bestätigen weiß, erkennt, daß das geschehen kann, wovon der Philosoph durch die Vernunft erkennt, daß es geschehen kann (§ 26). Weil er jedoch den Grund nicht selbst erkennt, ermangelt er der philosophischen Erkenntnis (§ 6, 9). Somit ist seine Erkenntnis niedriger als die philosophische, höher jedoch als die historische und begründet daher einen mittleren Grad zwischen historischer und philosophischer Erkenntnis.

Es wäre in der Tat zu wünschen, daß diejenigen, die entweder nicht soviel Begabung oder keine Muße haben, sich den Demonstrationen widmen zu können, wenn sie sich philosophisches Wissen verschaffen wollen, nach diesem mittleren Grad strebten, so wie die Lehrsätze der Optik denen durch Experimente bewiesen werden, welche die Beweise selbst nicht erwägen können oder wollen. Dieser Grad kommt nämlich der Philosophie am nächsten und könnte ihr Anfang genannt werden. Ja sie würden in der Philosophie sogar große Fortschritte machen, wenn die Philosophie in Stufen gelehrt würde, so daß diejenigen, die im vollen Besitz ihres Gedächtnisses sind, zuerst zu ihrer historischen Erkenntnis geführt würden. Danach würde dasjenige, was dem Gedächtnis eingeprägt worden ist, durch Experimente und Beobachtungen bestätigt, und schließlich würden die Hochbegabten zu der Wissenschaft selbst geführt. Daraus ergäbe sich ein ausgezeichneter Ertrag für den Staat, und überflüssige Kontroversen würden eliminiert, in denen teils aus Eitelkeit teils aus schlechtem Affekt gestritten wird. Aber davon wollen wir in der *Politica*[31] systematisch handeln.

Kapitel III
Von den Teilen der Philosophie

§ 55

Die Grundlage der Teile der Philosophie

Das Seiende, das wir erkennen, sind Gott, die menschlichen Seelen und die Körper oder materiellen Dinge. Wenn wir nämlich auf uns selbst achtgeben, sind wir uns in jedem beliebigen Augenblick der Dinge bewußt, die außerhalb unser gegenwärtig sind und unsere Sinnesorgane erregen; jeder ist sich aber auch seiner selbst bewußt. Das, was sich in uns seiner selbst bewußt ist, heißt *Seele*; die anderen, ausgedehnten Dinge, die sich in Gestalt und Größe voneinander unterscheiden und die wir außerhalb unser anschauen, heißen *Körper*. Daher lassen wir *Körper und menschliche Seelen* als die beiden Arten des Seienden zu. Und sobald wir feststellen, daß Körper und menschliche Seelen nicht durch sich Seiendes oder durch eigene Kraft Entstandenes und Beharrendes sind, lassen wir auch einen Urheber sowohl der Körper als auch der Seelen zu, durch dessen Kraft jede der beiden Arten des Seienden hervorgebracht worden ist. Und dieser Urheber der Dinge, von denen wir zugestehen, daß sie existieren, wird von uns *Gott* genannt. Daher ist das Seiende, das wir, noch bevor wir philosophieren, erkennen, wenn wir auf uns selbst achtgeben, Gott, die menschlichen Seelen und die Körper.

§ 56

Die hauptsächlichen Teile der Philosophie

Daher ergeben sich drei Teile der Philosophie, von denen der eine von Gott, der zweite von der menschlichen Seele, der dritte von den Körpern oder materiellen Dingen handelt. Denn weil wir außer Gott, den menschlichen Seelen und den Körpern kein anderes Seiendes erkennen (§ 55), können auch nicht mehr Teile der Philosophie von demjenigen festgesetzt werden, der nur auf diese drei Arten des Seienden achtgibt.

Wir bestreiten nicht, daß neben den Körpern, den Seelen und Gott noch anderes Seiendes existiert, auch ziehen wir nicht in Zweifel, was die Heilige Schrift über die Existenz von Engeln lehrt, sondern behaupten nur dies: Wenn wir uns Gedanken über den Gegenstand der Philosophie machen, bevor wir uns auf sie einlassen, so sind uns nicht mehr Arten des Seienden bekannt als die Seelen, die Körper und deren beider Urheber Gott; dessen Existenz kann zwar noch nicht von uns bewiesen werden, solange die Philosophie noch nicht entwickelt ist, wird wegen wahrscheinlicher Gründe jedoch zugestanden, ebenso der Unterschied zwischen Seelen und Körpern. Wir philosophieren nämlich, damit wir sichere Erkenntnis dessen erlangen, was wir, unter der Führung des Sinnes und indem wir unsere Aufmerksamkeit auf uns selbst richten, verworren erkennen.

§ 57
Definition der natürlichen Theologie

Der Teil der Philosophie, der von Gott handelt, heißt *natürliche Theologie*. Daher kann die *natürliche Theologie* definiert werden als die Wissenschaft dessen, was als durch Gott möglich verstanden wird. Denn Philosophie ist die Wissenschaft des Möglichen, insofern es sein kann (§ 29). Weil aber zum Möglichen auch das gehört, was Gott innewohnt und was als durch ihn möglich verstanden wird – was niemand bestreitet, wenn er einmal die Existenz Gottes zuläßt –, daher ist die natürliche Theologie die Wissenschaft dessen, was durch Gott möglich ist.

Wer beweisen soll, was durch Gott möglich ist, der muß wissen, was ihm innewohnt. Das, was ihm innewohnt, sind die Attribute, und das, von dem begriffen wird, daß es kraft dieser Attribute durch ihn selbst geschehen kann, sind seine Werke, wie z. B. die Schöpfung und Erhaltung der Welt. Hieraus erhellt, daß man in der natürlichen Theologie von den Eigenschaften und den Werken Gottes handeln muß. Denn weil wir auch in diesem *Discursus praeliminaris* die Ordnung soweit wie möglich befolgen möchten, derart daß aus dem Vorangehenden das Folgende hergeleitet wird, deshalb haben wir bei der Definition der natürlichen Theologie die Attribute und die Werke Gottes nicht ausdrücklich erwähnt, sondern haben sie in allgemeinen Ausdrücken zusammengefaßt, durch die sie gleichsam als besondere aus der allgemeinen Definition der Philosophie abgeleitet wird. Wir rufen dies in Erinnerung, damit die mit der Methode nicht Vertrauten nicht tadeln, daß die Definition dasjenige nicht ausdrückt, was in der natürlichen Theologie behandelt werden muß. Sobald wir die Regeln des Definierens in der *Logica*[32] dargelegt haben, wird ohne Schwierigkeit zu beweisen sein, daß unsere Definition der natürlichen Theologie denselben völlig entspricht. Denn in einer Definition darf nicht mehr enthalten sein als ausreicht, um das übrige daraus abzuleiten. Aus demjenigen aber, was wir bei der Definition der natürlichen Theologie gesetzt haben, können wir ableiten, was in derselben zu behandeln ist, wie zu seiner Zeit[33] deutlich werden wird. Ich weiß, was mir möglich ist. Was aber mir möglich ist, unter das zu setzen, was unmöglich ist, bedeutet einen Widerspruch.

§ 58

Definition der Psychologie

Der Teil der Philosophie, der von der Seele handelt, pflegt von mir *Psychologie* genannt zu werden. Die *Psychologie* ist daher die Wissenschaft dessen, was durch die menschliche Seele möglich ist. Der Grund der Definition liegt wie vorher zu Tage. Denn Philosophie im allgemeinen ist die Wissenschaft des Möglichen, insofern es sein kann (§ 29). Weil die Psychologie der Teil der Philosophie ist, der von der Seele handelt, wird sie die Wissenschaft dessen sein, was durch die menschliche Seele möglich ist.

§ 59

Definition der Physik

Schließlich wird der Teil der Philosophie, der von den Körpern handelt, als *Physik* bezeichnet. Ich definiere die *Physik* daher als die Wissenschaft dessen, was durch die Körper möglich ist. Der Grund der Definition liegt auch hier wie vorher zu Tage (§ 57). Denn weil die Philosophie die Wissenschaft des Möglichen ist, insofern es sein kann (§ 29), die Physik aber von den Körpern handelt, wird diese die Wissenschaft dessen sein, was durch die Körper möglich ist.

Was wir eben (§ 57, Anm.) zur Definition der natürlichen Theologie angemerkt haben, kann mit den nötigen Veränderungen auch auf die Definition der Psychologie und der Physik angewendet werden. Es wird zu seiner Zeit aus den besonderen Prolegomena zu den Disziplinen deutlich werden, daß durch diese Definitionen dasjenige zureichend bestimmt wird, wovon jene handeln mussen.

§ 60

Die Grundlage der Logik und der praktischen Philosophie

Die Seele hat ein doppeltes Vermögen, ein Erkenntnis- und ein Begehrungsvermögen. Das nehmen wir durch Erfahrung als gewiß an; am geeigneten Ort[34] muß es ausführlicher erklärt und festgestellt werden. Nicht weniger klar ist, *daß jedes der beiden Vermögen bei der Ausübung abirren kann*, und zwar *das Erkenntnisvermögen von der Wahrheit, das Begehrungsvermögen vom Guten*, so daß jenes den Irrtum anstatt der Wahrheit ergreift, dieses das Schlechte anstatt des Guten erwählt.

> Das werden wir in der Psychologie deutlicher darlegen. Jetzt mögen uns klare Begriffe der Ausdrücke und augenscheinliche Erfahrungen genügen, durch die das Gesagte bestätigt wird.

§ 61

Definition der Logik

Der Teil der Philosophie, der den Gebrauch des Erkenntnisvermögens bei der Erkenntnis der Wahrheit und der Vermeidung des Irrtums lehrt, wird *Logik* genannt, die wir daher als die Wissenschaft von der Leitung des Erkenntnisvermögens bei der Erkenntnis der Wahrheit definieren.

> Was zu dieser Definition vorgebracht werden könnte, bewahren wir für die Prolegomena zur *Logica*[35] auf, die bald vorzutragen sind.

§ 62

Definition der praktischen Philosophie

Der Teil der Philosophie aber, der den Gebrauch des Begehrungsvermögens bei der Erwählung des Guten und der Vermeidung des Schlechten einschärft, heißt *praktische Philosophie*. *Praktische Philosophie* ist daher die Wissenschaft von der Leitung des Begehrungsvermögens bei der Erwählung des Guten und der Vermeidung des Schlechten.

§ 63

Die Grundlage der Ethik und der Politik

Der Mensch kann auf zwei Arten *betrachtet werden, entweder insoweit er Mensch ist oder insoweit er Bürger ist* oder, was dasselbe ist, *entweder insoweit er* in der Gemeinschaft des Menschengeschlechts d. h *im Naturzustand lebt,* oder insoweit er *in der bürgerlichen Gesellschaft* lebt. Wegen dieser zweifachen Betrachtungsweise zerfällt die praktische Philosophie in zwei Teile.

§ 64

Definition der Ethik

Der Teil der Philosophie, in dem der Mensch als im Naturzustand oder in der Gemeinschaft des Menschengeschlechts lebend betrachtet wird, heißt *Ethik*. Daher definieren wir die *Ethik* als die Wissenschaft von der Leitung der freien Handlungen im Naturzustand, d. h. insoweit der Mensch eigenen Rechts und nicht der Gewalt eines anderen unterworfen ist.

Obgleich wir jetzt, wo wir der Gewalt eines anderen unterworfen sind, nicht im Naturzustand leben, steht gleichwohl fest, daß im bürgerlichen Zustand die Freiheit des Menschen nicht hinsichtlich aller Handlungen eingeschränkt wird, sondern daß ein großer, ja sogar der größte Teil derselben ihm unbeschränkt gelassen wird. Im Hinblick auf diese verhält es sich daher ebenso, als wenn er im Naturzustand lebte und niemandes Gewalt unterworfen, sondern selbst Herr seiner Handlungen wäre.

§ 65

Definition der Politik

Der Teil der Philosophie, in dem der Mensch als im Staate oder im bürgerlichen Zustand lebend betrachtet wird, heißt *Politik*. Die *Politik* ist daher die Wissenschaft von der Leitung der freien Handlungen in der bürgerlichen Gesellschaft oder im Staat.

§ 66

Die Grundlage der Ökonomik

Es gibt neben dem Staat oder der bürgerlichen Gesellschaft *andere kleinere Gemeinschaften*, die auch im Naturzustand oder außerhalb des Staates möglich sind, wie z. B. die eheliche, elterliche, häusliche; diese pflegen unter dem Namen einfacher Gemeinschaften aufzutreten.

§ 67

Definition der Ökonomik

Der Teil der Philosophie, in dem der Mensch als Mitglied irgendeiner kleineren Gemeinschaft betrachtet wird, wird *Ökonomik* genannt. Daher ist die *Ökonomik* die Wissenschaft von der Leitung der freien Handlungen in kleineren Gemeinschaften, die auch außerhalb des Staates möglich sind.

Wir behalten die traditionellen Einteilungen der Disziplinen bei; wir legen uns aber die Definitionen so zurecht, wie sie den allgemeinen Begriffen entsprechen.

§ 68

Definition des Naturrechts

Weil es unmöglich ist, daß der Mensch das Gute erstrebt und das Schlechte vermeidet, ohne es erkannt zu haben, wird der Teil der Philosophie, in dem gelehrt wird, welche Handlungen gut und welche schlecht sind, *Naturrecht* genannt. Das *Naturrecht* wird daher als die Wissenschaft von den guten und den schlechten Handlungen definiert.

Es erhellt leicht, daß das Naturrecht die Theorie der praktischen Philosophie ist (§ 62), nämlich der Ethik, Politik und Ökonomik (§ 64 ff.). Weil es aber nicht erforderlich ist, die theoretische Grundlage von der Praxis abzutrennen, deshalb kann das Naturrecht in der Ethik, Ökonomik und Politik selbst gelehrt werden.

§ 69

Die Grundlage der allgemeinen praktischen Philosophie

Es gibt auch *gewisse allgemeine Grundsätze, von denen die ganze Theorie und Praxis der praktischen Philosophie abhängt.* Was wir hier behaupten, wird durch unser Tun selbst bewiesen, wenn nämlich diese allgemeinen Prinzipien dargelegt werden.

Allerdings geht der Beweis auch a priori vonstatten, aber es wird dabei einiges aus der Ontologie und Psychologie vorausgesetzt, was durchaus nicht allgemein bekannt ist. Daher gebietet die Methode, daß wir uns hier dieses Beweises enthalten. Denn sie läßt nicht zu, daß Grundsätze postuliert werden, die weniger bereitwillig zugestanden werden als der Satz selbst, der durch jene Grundsätze bewiesen werden soll.

§ 70
Definition der allgemeinen praktischen Philosophie

Der Teil der Philosophie, der die allgemeine Theorie und Praxis der praktischen Philosophie lehrt, wird von mir *allgemeine praktische Philosophie* genannt. Daher habe ich sie als affektive praktische Wissenschaft von der Leitung der freien Handlungen durch allgemeinste Regeln definiert.

Die *Philosophia practica universalis, mathematica methodo conscripta*, habe ich im Jahre 1703 vorgelegt[36] und bei einem öffentlichen Streitgespräch an der Universität Leipzig der Prüfung der Gelehrten unterworfen, als ich bei der Bewerbung um eine akademische Privatdozentur gemäß den Satzungen eine Probe vorlegen mußte. Und diese Probe machte mich zum ersten Mal mit *Leibniz* bekannt, der dieselbe durch *Mencke*[37] erhalten und mich seiner Gunst und Freundschaft würdig erachtet hatte. Obwohl ich bei der Abfassung dieser Schrift noch sehr jung war und deshalb die neueren Mathematiker nachahmte, die in der allgemeinen Mathematik die gemeinsamen Prinzipien der Arithmetik und Geometrie im allgemeinen behandeln, finde ich in ihr jedoch noch immer solide Lehren, wenngleich ich die Theorie später vertieft und ihre Grundlagen genauer untersucht habe. Die allgemeine praktische Philosophie ist von größtem Nutzen, wenn man sich die gesamte praktische Philosophie nach demonstrativer Methode zu behandeln vornimmt. Ich habe sie als *affektive Wissenschaft* definiert, weil sie den Willen zum Erstreben und Vermeiden hin ausrichtet; ich habe sie als *praktische Wissenschaft* definiert, weil sie das Bewegungsvermögen zur Ausführung innerer Handlungen zu bestimmen lehrt.

§ 71
Definition der Technologie

Möglich ist auch eine Philosophie der Künste, obwohl sie bisher vernachlässigt worden ist (§ 39). Man könnte sie *Technik* oder *Technologie* nennen. Daher ist die *Technologie* die Wissenschaft von den Künsten und ihren Produkten, oder wenn man lieber will, die Wissenschaft dessen, was mit Hilfe der Leibesorgane, vorzüglich der Hände, von den Menschen zustande gebracht wird.

In der Technologie ist nicht zu erklären, wie die Bewegungen der Hände und der anderen Organe, die zum Zustandebringen von Kunstwerken erforderlich sind, aufgrund der Struktur des Leibes möglich sind: denn diese Untersuchung gehört in die Physik (§ 59). Es ist hier vielmehr der Grund der Regeln der Kunst und der durch sie zustandekommenden Werke anzugeben. Eine Probe dieser Philosophie habe ich mit Bezug auf die Agrikultur in dem *Versuch über die wahre Ursache der Vermehrung des*

Getreides[38] gegeben, aus dem hervorgeht, daß sie möglich ist, aber die übrige Philosophie voraussetzt. Denn die Regeln der Kunst sind gleichsam Korollarien der philosophischen Theorien, in denen der Grund derselben enthalten ist, auch wenn sie von den Erfindern nicht gleich aufgestellt wurden, ja sogar von den Künstlern, die diese Regeln in die Praxis umsetzen, nicht gewußt werden: darüber verwundern wir uns um so weniger, weil mehr als genug feststeht, daß Künstlern sehr häufig die deutliche Erkenntnis der Regeln, nach denen sie vorgehen, fehlt. Weiter oben (§ 40, Anm.) habe ich schon daran erinnert, daß ich, als ich die zivile Architektur in der Weise einer Wissenschaft lehrte, eine Probe dieser Philosophie gegeben habe. Zivile Architektur, auf diese Art und Weise behandelt, ist nämlich eine Art der Technologie.

§ 72
Philosophie der freien Künste

Sogar eine *Philosophie der freien Künste kann begründet werden*, wenn diese nämlich in die Form einer Wissenschaft gebracht werden. Z. B. gibt es eine Philosophie der Grammatik, in der, ohne Rücksicht auf die Eigentümlichkeit besonderer Sprachen, die Gründe der allgemeinen Regeln angegeben werden, welche die Grammatik im allgemeinen betreffen. Und diese könnte man in der gewohnten Terminologie *philosophische Grammatik* nennen. Daraus erkennt man zugleich, was die *philosophische Rhetorik,* die *philosophische Poetik* und so weiter will.

Die philosophische Grammatik entlehnt Grundsätze aus der Ontologie, Logik und Psychologie, die philosophische Rhetorik aus ebendenselben und aus der praktischen Philosophie. *Thomas Campanella*[39] hat die philosophische Grammatik, Rhetorik und Poetik zu Teilen der Rational-Philosophie gemacht und sie gemäß ihren eigenen Grundsätzen gelehrt. Diesen hat er auch die *Historiographie* hinzugefügt, die er als die Kunst definiert, Geschichte als Grundlegung der Wissenschaften zu schreiben.[40] Aber gewöhnlich werden diese Teile der Philosophie vernachlässigt.

§ 73
Grundlage und Definition der Ontologie

Es gibt auch *einiges, was allem Seienden gemeinsam ist*, was sowohl von den Seelen als auch von den körperlichen Dingen, sei es von den natürlichen oder den künstlichen, ausgesagt wird. Jener Teil der Philosophie, der von dem Seienden im allgemeinen und den allgemeinen Eigenschaften des Seienden handelt, heißt *Ontologie*, manchmal auch *Erste Philosophie*. Da-

her wird die *Ontologie* oder *Erste Philosophie* definiert als die Wissenschaft des Seienden im allgemeinen oder insoweit es Seiendes ist.
Derartige allgemeine Begriffe sind der Begriff des Wesens, der Existenz, der Eigenschaft, des Modus, der Notwendigkeit, der Kontingenz, des Ortes, der Zeit, der Vollkommenheit, der Ordnung, des Einfachen, des Zusammengesetzten usw., die weder in der Psychologie noch in der Physik angemessen erklärt werden, weil wir in beiden Wissenschaften ebenso wie in allen anderen Teilen der Philosophie diese allgemeinen Begriffe und die davon abhängenden Grundsätze benötigen. Und daher ist es durchaus notwendig, daß der Erklärung dieser Begriffe und allgemeinen Grundsätze ein eigener Teil der Philosophie gewidmet wird; er ist von weitreichendem Nutzen in jeder Wissenschaft und jeder Kunst und selbst im Leben, falls er regelgerecht ausgeführt wird. Ohne ihn kann die Philosophie schlechterdings nicht nach demonstrativer Methode behandelt werden; ja sogar die Erfindungskunst entnimmt ihm ihre Grundsätze.

§ 74
Definition und Grundlage der Erfindungskunst

Es gibt auch *Regeln, durch die der Verstand bei der Aufspürung einer verborgenen Wahrheit geleitet wird.* Als Beispiel dient die Algebra und die ganze Analysis der Mathematiker, die verborgene Wahrheiten glücklich ans Licht bringen und die Wissenschaft täglich vermehren. Der Teil der Philosophie, der diese Regeln der Leitung des Verstandes bei einer verborgenen Wahrheit erklärt, heißt *Erfindungskunst.* Daher wird die *Erfindungskunst* als die Wissenschaft von der Aufspürung einer verborgenen Wahrheit definiert.
Gewöhnlich wird die Logik mit der Erfindungskunst vermengt, die zwar in derselben einen nicht zu verachtenden Nutzen hat, dieselbe jedoch nicht erschöpft. Die Erfindungskunst benötigt eigentümliche Kunstfertigkeiten, die von anderem als der Logik abhängen. Ich habe schon erinnert, daß die Ontologie in ihr von größtem Nutzen ist,[41] denn wenn man zum Besonderen hinabsteigen will, muß man sehr vieles aus jedem Teil der Philosophie voraussetzen. Bisher hat noch niemand der Öffentlichkeit etwas vorgelegt, das den Titel »Erfindungskunst« verdiente.

§ 75

Die Grundlage der verschiedenen Teile der Physik

Die Arten der Körper, von denen in der Physik gehandelt wird, *sind verschieden.* Denn es gibt *Ganzkörper,* aus denen die Welt wie aus Teilen zusammengesetzt ist. Auch gibt es *Teilkörper,* die auf den Ganzkörpern vorkommen, wie z. B. Versteinerungen, Pflanzen, Tiere. Daher zerfällt die Physik in verschiedene Teile, die im folgenden mit eigenen Namen bezeichnet werden.

§ 76

Definition der allgemeinen Physik

Der Teil der Physik, der von den allgemeinen Eigenschaften der Körper handelt, die mehreren Arten derselben gemeinsam sind, wird *allgemeine Physik* genannt. Daher wird die *allgemeine Physik* definiert als die Wissenschaft dessen, was entweder allen Körpern oder wenigstens Körpern verschiedener Arten zukommt.

Was entweder allen Körpern oder wenigstens Körpern verschiedener Arten zukommt, das ist durchaus gesondert zu behandeln, damit man nicht dasselbe mehrmals wiederholen muß. Ja wenn der Grund der allgemeinen Eigenschaften erkannt ist, kann daraus sogar das im folgenden enthüllt werden, was an den Körpern verborgen ist.

§ 77

Definition der Kosmologie

Der Teil der Physik, der von den Ganzkörpern der Welt handelt und lehrt, auf welche Weise die Welt aus ihnen zusammengesetzt ist, wird *Kosmologie* genannt. Die *Kosmologie* ist also die Wissenschaft von der Welt als solcher.

Da die Ganzkörper der Welt bewegt sind, muß der Physiker auch den Grund für ihre Bewegungen angeben. Der Teil der Kosmologie, der von den Ursachen der Himmelsbewegungen handelt, wird von *Kepler Physik des Himmels*[42] genannt.

§ 78

Definition der allgemeinen Kosmologie

Es gibt aber auch eine *allgemeine Betrachtung der Welt*, die erklärt, was die existierende Welt mit jeder anderen möglichen Welt gemeinsam hat. Der Teil der Philosophie, der diese allgemeinen und zum Teil abstrakten Begriffe entwickelt, wird von mir *allgemeine* oder *transzendentale Kosmologie* genannt. Ich definiere die *allgemeine Kosmologie* aber als die Wissenschaft von der Welt im allgemeinen.

Die allgemeine Kosmologie war bisher den Philosophen unbekannt, obwohl sie immer wieder an verstreuten Stellen das behandelt haben, was dahin gehört. Ich hielt es für angebracht, diese Wissenschaft zu begründen, weil die Psychologie, die natürliche Theologie und die Physik Grundsätze daraus entnehmen und anderswo nicht angemessen gelehrt wird, was zu ihr gehört.

§ 79

Definition der Pneumatik und der Metaphysik

Psychologie und natürliche Theologie werden manchmal mit dem gemeinsamen Namen der *Pneumatik* bezeichnet, und die *Pneumatik* pflegt als die Wissenschaft von den Geistern definiert zu werden. Ontologie, allgemeine Kosmologie und Pneumatik werden aber mit dem gemeinsamen Namen der *Metaphysik* bezeichnet. Daher ist die *Metaphysik* die Wissenschaft vom Seienden, von der Welt im allgemeinen und von den Geistern.

§ 80

Definition der Meteorologie

Der Teil der Physik, der von den Himmelserscheinungen handelt, wird *Meteorologie* genannt. Daher ist die *Meteorologie* die Wissenschaft von den Himmelserscheinungen, d. h. von dem, was in der Atmosphäre entsteht, wie z. B. der Regen, der Regenbogen, der Blitz, das Nordlicht.

§ 81

Definition der Oryctologie

Der Teil der Physik, der von den Versteinerungen handelt, wird *Oryctologie* genannt. Daher ist die *Oryctologie* die Wissenschaft von den Versteinerungen.

Zu den Versteinerungen zählen die verschiedenen Erden, die erstarrten Flüssigkeiten, wie z. B. Salz und Schwefel, Steine und Edelsteine sowie Metalle. Die Beschreibung der Versteinerungen, die ein Teil der Naturgeschichte ist, wird *Oryctographie* genannt.

§ 82

Definition der Hydrologie

Der Teil der Physik, der vom Wasser handelt, wird *Hydrologie* genannt. Daher ist die *Hydrologie* die Wissenschaft vom Wasser.

Weil der Physiker den Grund von allem angeben muß (§ 31), muß in der *Hydrologie* auch der Grund der Bewegung des Wassers angegeben werden, wie z. B. der Flüsse und der Meere, des Ursprungs der Quellen, der Thermen und der Mineralbrunnen. *Hydrographie* ist die Beschreibung der Quellen, Flüsse, Seen und des Meeres und macht einen Teil der Naturgeschichte aus.

§ 83

Definition der Phytologie

Der Teil der Physik, der von den Pflanzen und vom Pflanzlichen handelt, heißt *Phytologie*. Daher ist die *Phytologie* die Wissenschaft vom Pflanzlichen.

Weil es verschiedene Arten des Pflanzlichen gibt, die manchmal getrennt behandelt zu werden pflegen, gibt es auch verschiedene Teile der Phytologie. So wird die Beschreibung der Kräuter *Botanik* genannt, die ein Teil der Naturgeschichte ist; *Botanologie* müßte aber der Teil der Physik genannt werden, der die besonderen Eigenschaften der Kräuter auf Gründe zurückführt. *Dendrologie* wird der Teil der Physik genannt, der Einzelheiten von Bäumen lehrt. *Botanologie* muß daher als die Wissenschaft von Kräutern, *Dendrologie* als die Wissenschaft von Bäumen und Sträuchern definiert werden. Weil aber bisher nicht einmal die Phytologie, welche die allgemeine Lehre vom Pflanzlichen bietet, genügend entwickelt ist, wollen wir ihre besonderen Teile jetzt auf sich beruhen lassen. Es war aber geboten, sie nicht völlig mit Stillschweigen zu übergehen, damit deutlich wurde, wie vieles bis jetzt noch in der Physik zu untersuchen übrig ist, was dem Menschengeschlecht sicheren Nutzen verspricht.

§ 84
Definition der Physiologie und der physischen Pathologie

Schließlich wird der Teil der Physik, der vom belebten Körper handelt, insbesondere vom menschlichen, *Physiologie* genannt; manchmal tritt er auch unter dem Namen *Ökonomie des Belebten* auf. *Claude Perrault*[43] hat ihn *Mechanik der Lebewesen* genannt. Die *Physiologie* wird definiert als die Wissenschaft vom belebten Körper, strenger von den Medizinern als die Wissenschaft vom gesunden menschlichen Körper. Einige nennen die physische Behandlung des Menschen als solchen *Anthropologie*. Für die Mediziner heißt *Pathologie* die Wissenschaft, die vom kranken Körper oder von den Krankheiten handelt, von denen der Körper heimgesucht wird. Weil es auch eine Philosophie der Medizin gibt (§ 39), muß auch eine *physische Pathologie* zugestanden werden. Und weil es die Aufgabe des Philosophen ist, den Grund dessen anzugeben, was ist und geschieht (§ 31), ist es auch Aufgabe des Physikers, den Grund dessen anzugeben, was sich in einem kranken Körper ereignet. Daher ist die *physische Pathologie* die Wissenschaft vom kranken Körper als solchen.

Nichts steht dem im Wege, daß der Physiker die physische Pathologie unter die Physiologie faßt. Denn Gesundheit und Krankheit sind zwei Zustände des menschlichen Körpers, deren Grund der Physiker angeben muß. Der Grund beider Zustände wird aber aus Struktur und Natur des menschlichen Körpers hergeleitet, wobei äußere Ursachen hinzugenommen werden, insoweit diese die Wirklichkeit dessen determinieren, was aufgrund von Struktur und Natur des Körpers möglich ist. Falls aber einer die Pathologie von der Physiologie nach Art der Mediziner unterscheiden wollte, mißbilligen wir dies nicht. Worte legen wir nicht auf die Goldwaage, solange bei der Behandlung der Dinge nicht oberflächlich verfahren wird.

§ 85
Ein namenloser Teil der Physik

Es können aber zweierlei Gründe von den natürlichen Dingen angegeben werden, von denen die einen von der bewirkenden Ursache, die anderen von dem Zweck hergenommen werden. Die von der bewirkenden Ursache hergenommenen werden in den bisher definierten Disziplinen untersucht. Außer diesen gibt es daher noch einen anderen Teil der Naturphilosophie, der die Zwecke der Dinge erklärt und der bisher noch keinen Namen hat, obwohl er von höchster Bedeutung und größtem Nutzen ist. Er könnte *Teleologie* genannt werden.

§ 86

Ob es mehr als die bisher aufgezählten Teile der Philosophie gibt

Wir haben bisher die Teile der Philosophie aufgezählt, deren Aufhellung die Philosophen ihre Arbeit bislang gewidmet haben. Es wäre aber abwegig, wollten wir uns überreden, das ganze Schatzhaus der Natur sei damit erschöpft. Es gibt noch viel mehr philosophische Disziplinen, die bisher verborgen sind, zu ihrer Zeit aber ans Licht gebracht werden können, sobald sich die Gelehrten ernstlich auf die Philosophie verlegen, so daß sie sich vielmehr bemühen, die Grenzen der Wissenschaft hinauszuschieben, anstatt eitlem Ehrgeiz nachzugeben, der die Gemüter zerreißt, die Ruhm aus der Verachtung und Schande des anderen zu ziehen suchen. Ein Mensch kann nicht alles machen. Man muß mit vereinten Kräften arbeiten. Es mag uns daher genügen, daß wir uns darum bemühen, vor allem die überkommenen, aber innerlich schlecht zusammenhängenden Disziplinen zu ordnen.

§ 87

Die Ordnung der Teile der Philosophie

Die Ordnung der Teile der Philosophie besteht darin, daß die vorangehen, von denen die anderen Grundsätze entlehnen. Philosophie ist eine Wissenschaft (§ 29), und daher müssen ihre Lehren aus gewissen und unerschütterlichen Grundsätzen durch gültigen Schluß hergeleitet werden (§ 30). Diejenigen Teile der Philosophie, die anderen Grundsätze liefern, müssen daher vorangehen; diejenigen aber, die Grundsätze von jenen entlehnen, müssen nachfolgen. Wenn man leugnet, daß dies notwendig ist, muß man das an die erste Stelle setzen, was seine Beweisgrundsätze aus anderem nimmt. Man wird sich daher noch nicht definierter Ausdrücke und noch nicht bewiesener Grundsätze bedienen müssen, und zwar bevor wir wissen, daß dieselben gewiß und unerschütterlich sind. Wir verstehen somit die Bedeutung der Lehrsätze nicht richtig und sind uns ihrer Wahrheit auch nicht sicher, solange die anderen Teile nicht hinzukommen. Weil dies der Wissenschaft widerstreitet (§ 30), wie sie die Philosophie sein soll (§ 29), und sich nicht mit der größtmöglichen Gewißheit verträgt, um die man sich in der Philosophie bemühen muß (§ 33), deshalb muß man die Ordnung streng einhalten, die denjenigen Teilen die vorderste Stelle einräumt, die den anderen Grundsätze liefern, aus denen verstanden und bewiesen wird, was eben dort gelehrt wird.

Es ist für uns beschlossene Sache, diese Ordnung zu verfolgen, weil wir vornehmlich beabsichtigen, philosophische Wahrheiten in fester Verknüpfung zu lehren. Daher haben wir nämlich diesen Begriff der Philosophie formuliert, kraft dessen keine andere Ordnung zu ihr paßt.

§ 88
Wann die Logik an allererster Stelle zu behandeln ist

Wenn man entschlossen ist, sich mit Erfolg um die Philosophie zu bemühen, muß man die Logik an allererster Stelle behandeln. Denn die Logik lehrt die Regeln, durch die das Erkenntnisvermögen bei der Erkenntnis der Wahrheit geleitet wird (§ 61). Weil wir gehalten sind, Philosophie so zu betreiben, daß wir völlige Gewißheit erlangen (§ 33), muß jeder, der sich zu ihrem Studium entschließt, wissen, wie er bei der Erkenntnis der Wahrheit verfahren muß; folglich ist es nötig, daß er die Logik beherrscht, wenn er anfängt. Sie muß daher an allererster Stelle behandelt werden.

Es ist auch fester Brauch, daß Anfänger in der Philosophie die ersten Proben ihres Könnens im Logikstudium ablegen, und es wird auch kein anderer Grund für diese Gewohnheit als der von uns angegebene genannt. Wer nämlich keinerlei Kenntnis der Logik besitzt, der weiß nicht, wie Definitionen und Beweise geprüft werden müssen, ob sie strengen Ansprüchen genügen. Deshalb gesteht er allzuleicht etwas als sicher zu, was von Evidenz weit entfernt ist, ja er glaubt allzuoft das zu verstehen, was nur Geräusche ohne Bedeutung sind.

§ 89

Die Grundsätze der Logik

Wenn also in der Logik alles bewiesen werden soll, müssen Grundsätze der Ontologie und Psychologie entnommen werden. Denn die Logik lehrt die Regeln, durch die der Verstand bei der Erkenntnis jedes Seienden geleitet wird (§ 61), und ihre Definition beschränkt das nicht auf eine bestimmte Art des Seienden. Daher muß sie lehren, was das ist, worauf wir bei der Erkenntnis der Dinge achten müssen. Dies ist aber aus der allgemeinen Erkenntnis des Seienden abzuleiten, die aus der Ontologie geschöpft wird (§ 73). Es erhellt daher, daß Grundsätze zum Beweis der Regeln der Logik der Ontologie entnommen werden müssen. Ferner, weil die Logik die Art und Weise der Leitung des Verstandes bei der Erkenntnis der Wahrheit darlegt (§ 61), muß sie den Gebrauch seiner Operationen bei der Erkenntnis der Wahrheit lehren. Was aber das Erkenntnisvermögen ist und welches seine Operationen sind, das ist aus der Psychologie zu lernen (§ 58). Es erhellt daher ferner, daß Grundsätze zum Beweis der Regeln der Logik der Psychologie entnommen werden müssen.

> Dies wird klarer werden, sobald man die Logik kennengelernt und sie mit der Ontologie und Psychologie verglichen haben wird. Wir haben dies mehr als genug erfahren, als wir die Gründe der Regeln der Logik, ja sogar die Regeln selbst sorgfältig untersuchten.

§ 90

Wann die Logik der Ontologie und Psychologie nachzusetzen ist

Wenn aber in der Logik alles durch Anführung echter Gründe streng bewiesen werden soll, ist die Logik der Ontologie und Psychologie nachzuordnen. Sie entnimmt nämlich Grundsätze aus der Ontologie und Psychologie (§ 89). Die Teile der Philosophie müssen aber in der Reihenfolge behandelt werden, daß diejenigen vorangehen, aus denen andere Grundsätze entnehmen (§ 87). Ontologie und Psychologie müssen also der Logik vorangehen, falls in ihr das Einzelne durch Anführung echter Gründe für die Regeln streng bewiesen werden soll.

§ 91

Warum der Verfasser die Logik an allererster Stelle behandelt hat

Die demonstrative Methode verlangt, daß die Logik nach der Ontologie und Psychologie gelehrt wird (§ 90), die Methode des Studierens legt jedoch nahe, daß sie allen übrigen Teilen der Philosophie vorangestellt wird und folglich auch der Ontologie und Psychologie vorangeht (§ 88). Beiden Methoden kann nicht Genüge getan werden. Weil wir nach sorgfältiger Abwägung der Sache eingesehen haben, daß, wer die Logik noch nicht kennengelernt hat, sich in der Ontologie und Psychologie nicht nützlich umtun kann, daß aber die ontologischen und psychologischen Grundsätze, welche die Logik nötig hat, sehr leicht in der Logik selbst erklärt werden können, deshalb haben wir die Methode des Studierens der Methode des Beweisens vorziehen wollen.

Dies konnte aber um so bequemer geschehen, als die ontologischen Grundsätze Definitionen sind, die psychologischen aus der Erfahrung erhellen und daher als wahr erkannt und zugestanden werden können, auch wenn die übrigen Lehren der Ontologie noch nicht erkannt worden sind. Hinzu kommt, daß in der Logik einiges a posteriori angenommen werden kann, dessen Beweis man in der Psychologie darlegen kann. Sobald man den Beweis von der Psychologie gelernt hat, ist es dasselbe, als wenn man ihn von der Logik angenommen hätte.

§ 92

Die metaphysischen Grundsätze der praktischen Philosophie

Wenn in der praktischen Philosophie alles bewiesen werden soll, müssen Grundsätze aus der Metaphysik entnommen werden. Die praktische Philosophie beweist, auf welche Weise das Begehrungsvermögen bei der Erwählung des Guten und der Vermeidung des Schlechten geleitet werden muß (§ 62). Aber indem die Psychologie das darlegt, was durch die menschlichen Seelen möglich ist (§ 58), und seinen Grund angibt (§ 31), setzt sie das Begehrungsvermögen ins Licht und klärt seine Abhängigkeit von den anderen Vermögen des Geistes. Die praktische Philosophie entnimmt daher Grundsätze aus der Psychologie. Im Naturrecht, das ein Teil der praktischen Philosophie ist (§ 68), werden die Pflichten des Menschen gegenüber Gott bewiesen (ebd.), und in der Ethik wird gelehrt, wie der Mensch diesen Pflichten ohne äußere Verpflichtung, die von einer bürger-

lichen Gewalt ausgeht, Genüge tun kann (§ 64). Weil die Pflichten gegenüber Gott weder bewiesen noch ihre Ausübung gelehrt werden kann
ohne die Erkenntnis Gottes, was aus der Behandlung der Ethik und des
Naturrechts selbst erhellt, die Erkenntnis Gottes vom Philosophen jedoch
aus der natürlichen Theologie geschöpft wird (§ 57), legen Naturrecht und
Ethik daher Grundsätze aus der natürlichen Theologie zugrunde, wenn
sie nach demonstrativer Art behandelt werden sollen. Die allgemeine
praktische Philosophie lehrt gleichermaßen die allgemeine Theorie und
Praxis aller Teile der praktischen Philosophie (§ 70). Bei der Aufstellung
dieser allgemeinen Begriffe muß man aber mehr als einmal auf die natürliche Theologie und die Psychologie zurückgreifen, was dem, der beide
Disziplinen betrachtet, klar sein wird. Die allgemeine praktische Philosophie entnimmt daher Grundsätze aus der natürlichen Theologie und der
Psychologie. Schließlich kann die praktische Philosophie, wie die gesamte
übrige, bei ihren Beweisen jene allgemeinen Begriffe nicht entbehren, die
in der Ontologie entwickelt werden (§ 73). Was ich hier aus Erfahrung
sage, wird sich aus der Behandlung der praktischen Philosophie selbst ergeben. Die praktische Philosophie nimmt also auch aus der Ontologie
Grundsätze. Aus dem Bewiesenen erhellt, daß die praktische Philosophie
der Ontologie, Psychologie und natürlichen Theologie Grundsätze entnimmt. Ontologie, Psychologie und natürliche Theologie sind aber Teile
der Metaphysik (§ 79). Daher ist deutlich, daß die gesamte praktische Philosophie der Metaphysik Grundsätze entnehmen muß, wenn alles genau
bewiesen werden soll.

Ludwig Philipp Thümmig[44] hat ein Kompendium der philosophischen Schriften, die
ich in deutscher Sprache herausgegeben habe, unter dem Titel *Institutiones philosophiae Wolfianae* veröffentlicht. Wenn ich daher auf das verweise, was sich nur aus der
Behandlung der Disziplinen selbst ergibt, sind inzwischen *Thümmigs Institutiones*
aufzuschlagen, bis unsere eigenen Schriften selbst erscheinen. Wir schreiben für diejenigen, denen die Gewißheit beim Erkennen Freude macht. Wir wollen daher jeden
Stein umdrehen, damit nichts übergangen wird, was geeignet ist, diese zu erlangen.
Im übrigen könnten mehrere Argumente angeführt werden, welche die Hilfe der
Metaphysik in der praktischen Philosophie erwarten lassen. Aber dem, der mehr verlangt, wird *Thümmig* Genüge tun, wenn er die *Institutiones* aufschlägt und Augen
und Geist scharf auf die einschlägigen Stellen richtet.

§ 93

Die Metaphysik ist der praktischen Philosophie vorauszuschicken

Aus dem Gesagten folgt, *daß die Metaphysik der ganzen praktischen Philosophie vorausgeschickt werden muß, wenn diese nach demonstrativer Art behandelt werden soll.* Denn wenn die praktische Philosophie nach demonstrativer Art behandelt werden soll, müssen Grundsätze aus der Metaphysik entnommen werden (§ 92). Nun besteht die Ordnung der Teile der Philosophie darin, daß diejenigen vorangehen, denen andere Grundsätze entlehnen (§ 87). Die Metaphysik muß daher der praktischen Philosophie vorangehen.

§ 94

Die metaphysischen Grundsätze der Physik

Wenn in der Physik das Einzelne genau bewiesen werden soll, müssen Grundsätze der Metaphysik entnommen werden. In der Physik wird gelehrt, was durch Körper möglich ist (§ 59), und daher müssen, wenn dies nach demonstrativer Art behandelt werden soll, die Begriffe des Körpers, der Materie, der Natur, der Bewegung, der Elemente und andere diesen verwandte Allgemeinbegriffe bekannt sein, weil aus diesen der Grund für vieles abgeleitet wird. Aber diese allgemeinen Begriffe entwickelt die allgemeine Kosmologie, einige auch die Ontologie (§ 73, 78). Die Physik entnimmt daher Grundsätze der allgemeinen Kosmologie und der Ontologie, wenn alles genau bewiesen werden soll. Ja es gibt fast keinen in der Ontologie entwickelten Begriff, der nicht seinen Nutzen in der Physik entfaltet, weil man bei allen in der Physik gelehrten Beweisen der Wirkungen durch ihre Ursachen schließlich zu ontologischen Grundsätzen gelangt. Wer die Physik sorgfältig betreibt, kann daher nicht unbeachtet lassen, welches Licht die Ontologie über sie verbreitet. Aus dem Bewiesenen erhellt, daß die Physik, wenn das Einzelne in ihr genau bewiesen werden soll, Grundsätze aus der allgemeinen Kosmologie und Ontologie entlehnt. Aber die allgemeine Kosmologie und die Ontologie sind Teile der Metaphysik (§ 79). Die Physik entnimmt also Grundsätze aus der Metaphysik.

§ 95

Die Metaphysik ist der Physik vorauszuschicken

Aus dem Gesagten erhellt, *daß die Metaphysik der Physik vorauszu-schicken ist, wenn diese nach demonstrativer Art behandelt werden soll.* Denn wenn die Physik nach demonstrativer Art behandelt werden soll, müssen der Metaphysik Grundsätze entnommen werden (§ 94). Weil die Ordnung der Teile der Philosophie darin bestehen muß, daß diejenigen vorangehen, denen andere ihre Grundsätze entlehnen (§ 87), ist die Meta-physik auf jeden Fall der Physik vorauszuschicken.

§ 96

Die Grundsätze der natürlichen Theologie

Wenn die natürliche Theologie nach demonstrativer Methode gelehrt wer-den soll, müssen aus der Kosmologie, der Psychologie und der Ontologie Grundsätze entnommen werden. In der natürlichen Theologie wird von der Existenz, den Attributen und den Werken Gottes gehandelt (§ 57). Wenn nun davon nach demonstrativer Methode gehandelt werden soll, muß das, was von Gott ausgesagt wird, aus gewissen und unerschütterli-chen Grundsätzen hergeleitet werden (§ 30). Diese unerschütterlichen Grundsätze, aus denen die Existenz Gottes und seine Attribute zuverläs-sig gefolgert werden, müssen aus der Betrachtung der Welt hergenommen werden: Von ihrer kontingenten Existenz schließen wir nämlich durch notwendigen Schluß auf die notwendige Existenz Gottes, und es müssen ihm diejenigen Attribute zugeschrieben werden, aus denen er als der ein-zige Urheber der Welt verstanden wird. Weil daher die allgemeine Kos-mologie die allgemeine Betrachtung der Welt lehrt, aus der ihre Abhän-gigkeit von den göttlichen Attributen deutlich wird (§ 78), entnimmt die natürliche Theologie der Kosmologie Grundsätze. Wir bilden Begriffe der göttlichen Attribute, wenn wir die Begriffe dessen, was der Seele zu-kommt, von ihren Schranken befreien. Weil aber die Erkenntnis der Seele aus der Psychologie geschöpft wird (§ 58), deshalb entnimmt die natürli-che Theologie auch aus der Psychologie Grundsätze. Da schließlich die allgemeinen Begriffe, die in der Ontologie entwickelt werden (§ 73), bei den Beweisen der natürlichen Theologie besonders benötigt werden, ent-lehnt diese ebenso der Ontologie Grundsätze.

Wir setzen hier voraus, daß in der natürlichen Theologie noch mehr verhandelt wird; da das jedoch Tatsachenfragen sind, können sie von uns nicht streng bewiesen werden. In bezug hierauf können indessen *Thümmigs Institutiones* zu Rate gezogen werden (§ 92, Anm.).[45] Der Nutzen der Ontologie und Psychologie in der natürlichen Theologie wird jedoch noch deutlicher werden, wenn das System der natürlichen Theologie in seinem vollen Umfang entwickelt sein wird.

§ 97

Die ontologischen Grundsätze der allgemeinen Kosmologie

Wenn die allgemeine Kosmologie nach demonstrativer Methode gelehrt werden soll, benötigt sie ontologische Grundsätze. Die allgemeine Kosmologie trägt die allgemeine Lehre von der Welt und den Körpern vor, aus denen sie besteht, sowie von den Elementen, aus denen die Körper ihren Ursprung nehmen (§ 78). Es werden daher allgemeine Begriffe des Seienden vorausgesetzt, wenn aus allgemeinen speziellere Grundsätze über die Körper und ihre Elemente zusammen mit den allgemeinen Attributen der Welt bewiesen werden sollen. Weil die Ontologie diese Begriffe erklärt, benötigt die allgemeine Kosmologie daher ontologische Grundsätze.

Z. B. werden in der Ontologie die Lehrstücke vom zusammengesetzten und einfachen Seienden behandelt, von denen in der Kosmologie das Lehrstück vom zusammengesetzten Seienden auf die Körper, das Lehrstück vom einfachen Seienden auf deren Elemente angewendet wird. In der Ontologie werden die Begriffe des Raumes, der Zeit, des Kontinuums, der Ordnung, der Vollkommenheit, der Kraft und Macht usw. entwickelt, die wir in der Kosmologie benötigen, wenn wir die Ausdehnung und die Kontinuität der Körper und ihr Tun und Leiden sowie die Ordnung der Natur und die Vollkommenheit des Universums beweisen wollen.

§ 98

Die ontologischen und kosmologischen Grundsätze der Psychologie

Wenn die Psychologie nach demonstrativer Methode gelehrt werden soll, entnimmt sie der Kosmologie und der Ontologie Grundsätze. Niemand kann leugnen, daß die Seele die Kraft besitzt, sich die Welt gemäß den Veränderungen vorzustellen, die sich in den Sinnesorganen ereignen. Ich habe durch Nachdenken gefunden, daß dieser Begriff gleichsam als erster angenommen und aus ihm der Grund der übrigen Vermögen des Geistes und der Veränderungen angegeben werden kann, die durch sie verstanden werden.[46] Weil aber diese Kraft nur deutlich erkannt werden kann, wenn man aus der Ontologie den Begriff der Kraft im allgemeinen und aus der Kosmologie die allgemeine Lehre von der Welt erkannt hat (§ 73, 78), deshalb muß die Psychologie aus der Kosmologie und der Ontologie Grundsätze entnehmen. Aus der Behandlung der Psychologie selbst erhellt, daß sie noch viele andere allgemeine Begriffe benötigt, die in der Ontologie entwickelt werden (§ 73).

§ 99
Die Ordnung der Teile der Metaphysik

In der Metaphysik nimmt den ersten Platz die Ontologie oder Erste Philosophie ein, den zweiten die allgemeine Kosmologie, den dritten die Psychologie und den letzten schließlich die natürliche Theologie. Die Teile der Metaphysik sind in der Reihenfolge anzuordnen, daß diejenigen vorausgeschickt werden, aus denen die übrigen Grundsätze entnehmen (§ 87). Weil die natürliche Theologie Grundsätze aus der Psychologie, der Kosmologie und der Ontologie (§ 96), die Psychologie aus der allgemeinen Kosmologie und der Ontologie (§ 98), die Kosmologie aus der Ontologie (§ 97) entnimmt, deshalb ist evident[47], daß an erster Stelle die Ontologie, an zweiter die Kosmologie, an dritter die Psychologie, an vierter schließlich die natürliche Theologie behandelt werden muß.

§ 100
Warum die Physik der Teleologie vorauszuschicken ist

Die Physik ist der Teleologie vorauszuschicken. In der Physik wird bewiesen, welches die Wirkursachen der natürlichen Dinge sind; in der Teleologie jedoch, welches ihre Zweckursachen sind (§ 85). Tatsächlich erfahren wir, daß die Zweckursachen erst dann zu Tage liegen, wenn die Wirkursachen erkannt sind, so wie Grundsätze für teleologische Beweise aus der Physik entnommen werden. Weil der Teil der Philosophie vorangehen muß, dem ein anderer Grundsätze entlehnt (§ 87), deshalb ist die Physik der Teleologie vorauszuschicken.

§ 101

Der Nutzen der Teleologie bei der Erkenntnis Gottes

In der Teleologie wird die aus der natürlichen Theologie geschöpfte Erkenntnis Gottes bestätigt. In der Teleologie werden die Zwecke der natürlichen Dinge erklärt (§ 85). Weil der erste Zweck darin besteht, daß aus der Schöpfung Gott als Schöpfer erkannt wird, und weil daher der Geist von der Betrachtung der natürlichen Dinge zu Gott aufsteigt, wie in der natürlichen Theologie bewiesen wird, deshalb muß in der Teleologie auch gelehrt werden, wie Gott aus den natürlichen Dingen erkannt wird. Weil die von dort entlehnten Argumente bestätigen, was in der natürlichen Theologie von Gott bewiesen worden ist, ist evident, daß die aus der natürlichen Theologie geschöpfte Erkenntnis Gottes in der Teleologie bestätigt wird.

Daher hat die Teleologie einen ganz vorzüglichen Nutzen. Je mehr nämlich der Geist in der Erkenntnis Gottes befestigt ist, desto eher sind wir bereit, unsere Pflichten gegen Gott zu erfüllen und seinen Ruhm durch alle unsere Handlungen zu verherrlichen. Darin aber besteht die stärkste Stütze für jede Gattung der Tugenden. Dies wird aus der vollständigen Behandlung der praktischen Philosophie deutlich werden.[48]

§ 102

Warum sie nach der natürlichen Theologie behandelt werden muß

Die Teleologie muß nach der natürlichen Theologie behandelt werden. In der Teleologie wird die aus der natürlichen Theologie geschöpfte Erkenntnis Gottes bestätigt (§ 101). In ihr wird also nicht nur vorausgesetzt, daß wir Begriffe von den göttlichen Vollkommenheiten haben, sondern auch, daß wir beweisen können, daß Gott solche Vollkommenheiten zukommen. Weil diese Erkenntnis aus der natürlichen Theologie geschöpft wird (§ 57), muß diese daher vor der Teleologie behandelt werden.

§ 103

Welchen Disziplinen die allgemeine praktische Philosophie vorauszuschicken ist

Die allgemeine praktische Philosophie ist der Ethik, der Ökonomik und der Politik vorauszuschicken. Die allgemeine praktische Philosophie lehrt die allgemeine Theorie und Praxis der praktischen Philosophie (§ 70), und daher entlehnen die Ethik, die Ökonomik und die Politik, d. h. die speziellen Teile der praktischen Philosophie (§ 62, 64, 65, 67), Grundsätze daraus. Die Ordnung der Teile der Philosophie besteht aber darin, daß die vorangehen, die anderen Grundsätze liefern (§ 87). Die allgemeine praktische Philosophie ist daher der Ethik, der Ökonomik und der Politik vorauszuschicken.

§ 104
An welchen Stellen Ethik, Ökonomik und Politik zu behandeln sind

Die Ethik ist der Ökonomik, die Ökonomik der Politik vorauszuschicken. Aus der Behandlung dieser Disziplinen selbst erhellt, daß in der Ökonomik als Grundsatz vorausgesetzt wird, was in der Ethik bewiesen wird, in der Politik aber, was teils in der Ethik, teils in der Ökonomik gelehrt wird. Es erhellt daher auf dieselbe Weise wie zuvor[49], daß die Ethik der Ökonomik, die Ökonomik aber der Politik vorauszuschicken ist (§ 87).

An welcher Stelle das Naturrecht zu behandeln ist[50]
Wenn man also das Naturrecht von der Ethik, der Ökonomik und der Politik trennt, weil die Theorie dieser Disziplinen ebendort enthalten ist (§ 68), die Theorie aber als die Grundlage der Praxis derselben vorauszuschicken ist – woran niemand zweifelt –, wird niemand leugnen, daß das Naturrecht der Ethik, der Ökonomik und der Politik vorausgeschickt werden muß.

§ 105
Warum die praktische Philosophie nach der Metaphysik
behandelt werden kann

Die praktische Philosophie kann gleich nach der Metaphysik behandelt werden. Denn die praktische Philosophie entnimmt die Grundsätze, aus denen sie sowohl ihre Praxis als auch ihre Theorie beweist, hauptsächlich aus der Ontologie, der Psychologie sowie der natürlichen Theologie. Was sie aber der Physik entnimmt, das kann als durch Erfahrung bekannt angenommen werden. Nichts hindert daher, daß die praktische Philosophie gleich nach der Metaphysik behandelt wird.

Zwar kann nicht geleugnet werden, daß die Teleologie einen großen Nutzen in der moralischen Praxis hat (§ 101) und daß folglich, weil diese erst nach der Physik behandelt werden darf (§ 100), die Physik der praktischen Philosophie anscheinend vorausgeschickt werden muß. Aber für die Beweise der praktischen Philosophie genügt, was in der natürlichen Theologie von Gott bewiesen wird. Doch dazu, daß das dort Gelehrte in die Tat umgesetzt wird, trägt die Teleologie nicht wenig bei. Damit aber dieser ihr Nutzen gelehrt werden kann, ist es besser, wenn sie erst nach der praktischen Philosophie gelehrt wird.

§ 106
Warum die Physik gleich nach der Metaphysik gelehrt werden kann

Die Physik kann gleich nach der Metaphysik gelehrt werden. Die Hauptdisziplinen, die in ihrem Umfang die übrigen umfassen, sind die Metaphysik, die Physik und die praktische Philosophie (§ 62 ff. und § 59, 76 ff.). Es ist oben bewiesen worden (§ 95), daß die Metaphysik der Physik vorangehen muß. Weil aber die Physik der praktischen Philosophie keine Grundsätze entlehnt, ist es nicht erforderlich, daß diese ihr vorausgeschickt wird (§ 87). Sie kann daher gleich nach der Metaphysik gelehrt werden.

Es ist daher gleich (§ 105), ob die Physik oder die praktische Philosophie zunächst behandelt wird. Weil jedoch die Teleologie Grundsätze aus der praktischen Philosophie voraussetzt, sie daher nach ihr behandelt werden muß (§ 87), die Teleologie aber ein Teil der Physik ist (§ 85), scheint es angemessener, daß die Physik als ganze erst nach der praktischen Philosophie gelehrt wird, es sei denn, man wollte möglicherweise die allgemeine praktische Philosophie mit dem Naturrecht der Metaphysik, die Ethik und Politik aber schließlich der Physik anhängen, insofern einige ihrer Lehren in jenen ihren Nutzen haben können und die von der Physik abhängende Technologie (§ 71) der Politik einige Grundsätze liefern kann.

§ 107
Definition und Grundlage der experimentellen Physik

In der Physik muß der Grund dessen angegeben werden, was durch Körper geschehen kann (§ 59, 31). Aus den Beweisen der allgemeinen Kosmologie erhellt jedoch, daß wir zu den letzten Gründen nicht vordringen können und uns daher mit denjenigen zufrieden geben müssen, die aus den nächsten Ursachen abgeleitet sind. Die Grundsätze, aus denen der Grund für anderes, was geschieht, angegeben werden kann, müssen deshalb der Erfahrung entnommen werden; weil sie nicht immer durch Beobachtungen erhellen, müssen sie durch Experimente ans Licht gebracht werden. Überdies muß das, was in der Physik bewiesen wird, durch Experimente bestätigt werden (§ 34), und nachdem daher der mittlere Grad zwischen der historischen und der philosophischen Erkenntnis erworben worden ist, muß die Vorbereitung auf die physikalische Wissenschaft selbst geschehen (§ 54). Daher wird der Teil der Philosophie, der durch Experimente die Grundsätze der Physik feststellt und ihre Lehren veranschaulicht, *experimentelle Physik* genannt. *Experimentelle Physik* wird daher definiert als die Wissenschaft, durch Experimente die Grundsätze festzustellen, aus denen der Grund dessen angegeben wird, was in der Wirklichkeit geschieht.

Wenn nun Experimente hinzugezogen werden, um das zu bestätigen, was in der Physik bewiesen wird, können diese den Beweisen selbst angehängt werden. Außerdem könnte das Experimentieren auch auf die ganze übrige Philosophie ausgedehnt werden, und auf diese Weise würde sich ein weiterer Begriff der *experimentellen Philosophie* ergeben, als wenn dieser Name – wie es gewöhnlich geschieht – bloß auf die experimentelle Physik beschränkt bleibt. Sofern in der Teleologie aus der Betrachtung der Naturwerke bestätigt wird, was in der natürlichen Theologie von Gott bewiesen wird, enthält die Teleologie in der Tat den Grund der *experimentellen Theologie*. Es gibt auch moralische und politische Experimente, die zwar bisher vernachlässigt worden sind, aber am rechten Ort[51] von uns dargelegt werden müssen, damit es nicht so scheint, als hätten wir etwas behauptet, was der Wahrheit widerstreitet.

§ 108

Welche Physik dogmatisch genannt wird

Sobald man die experimentelle Physik eingeführt hat, wird der Name »Physik« ein allgemeiner. Damit daher die Wissenschaft, die anfangs diesen Namen erhalten hatte (§ 59), von der experimentellen Physik unterschieden wird, hat man sich angewöhnt, sie *dogmatische Physik* zu nennen. Es ist aber nicht erforderlich, daß wir die dogmatische Physik hier definieren: es kommt ihr nämlich die Definition zu, die wir oben von der Physik gegeben haben (§ 59).

§ 109

Warum die experimentelle Physik der dogmatischen vorauszuschicken ist

Die experimentelle Physik ist der dogmatischen vorauszuschicken. Die experimentelle Physik liefert der dogmatischen Grundsätze und bereitet auf eine leichtere und richtigere Aufnahme derselben vor (§ 107). Während sie

allein schon aus diesem Grund der dogmatischen vorauszuschicken ist,
weil sie ihr Grundsätze liefert (§ 87), wird sie ihr noch viel mehr vorauszuschicken sein, weil sie auch auf den Erwerb der physikalischen Wissenschaft vorbereitet.

§ 110
Die Ordnung der Experimente

Die Experimente sind in der Reihenfolge anzuordnen, daß aus den frühe-
ren der Grund für die folgenden angegeben werden kann. Daß dies geschehen kann, behaupte ich aus Erfahrung; so geschieht, was gewöhnlich
nicht zu geschehen pflegt. Daß es aber besser ist, daß es so geschieht,
leuchtet unschwer ein. Denn es werden der dogmatischen Physik Experimente vorausgeschickt, damit durch sie die Grundsätze festgestellt werden, aus denen der Grund dessen angegeben werden kann, was in der
Wirklichkeit geschieht, und damit wir auf die dogmatische Physik oder
die wissenschaftliche Erkenntnis der Natur vorbereitet werden (§ 107).
Wenn nun die Experimente in der Reihenfolge angeordnet werden, daß
aus den früheren der Grund für die folgenden angegeben werden kann,
dann werden aus den Experimenten nicht nur die Grundsätze abgeleitet,
die man für die Angabe der Gründe dessen, was geschieht, benötigt, sondern es wird auch die Anwendung dieser Grundsätze selbst gelernt. Daher wird jeder der beiden Zwecke erreicht, die wir durch die Experimente
anstreben. Unzweifelhaft müssen daher die Experimente in dieser Reihenfolge angeordnet werden.

Ausräumung eines Einwandes

Nichts hindert, daß auf diese Weise schon vieles in der experimentellen Physik gelehrt wird, was in die dogmatische gehört. Was nämlich in der experimentellen Physik erklärt wird, wird dann in der dogmatischen übergangen. Das Feld der Natur ist
sehr weit, so daß deshalb in der dogmatischen Physik der Diskussionsstoff nicht fehlen wird. Uns ist es aber gleich, ob wir irgendeine These in der experimentellen oder
in der dogmatischen Physik gelernt haben, sofern wir nur wissen, daß sie wahr ist.
Wir haben schon weiter oben (§ 107, Anm.) gesehen, daß in der dogmatischen Physik später auch gelehrt werden muß, was in die experimentelle gehört. Wenn die Gewißheit der Erkenntnis, die wir in der Philosophie vollständig zu erlangen bemüht
sind (§ 33), uns ein Herzensanliegen ist, dann können die Grenzen der Disziplinen
nicht so eng festgesetzt werden, daß später in einer nicht das gelehrt werden kann,
was in eine andere gehört. Der Grund wird in der *Logica*[52] erhellen; die Sache selbst
behaupte ich hier aus Erfahrung. Übrigens habe ich auch diesen Nutzen bemerkt,

daß nämlich, wenn die experimentelle Physik in der von uns vorgeschriebenen Anordnung behandelt wird, die Teile der Physik, deren Anzahl riesig ist (§ 80 ff.), ohne Verwirrung behandelt werden können. Denn weil häufiger in dem einen vorausgesetzt werden muß, was in einem anderen gelehrt wird, werden zweckmäßigerweise diejenigen Grundsätze, die sich verschiedene Teile gegenseitig liefern, in der experimentellen Physik gelehrt. So wird mit Hilfe der experimentellen Physik erreicht, daß die Teile der dogmatischen Physik einzeln nach demonstrativer Methode behandelt werden können, und daß nicht in dem einen Teil vorausgesetzt werden muß, was erst in einem anderen bewiesen wird. Obwohl es der demonstrativen Methode nicht schlechthin widerspricht, wenn nur das, was bei einem Beweis aus dem Nachfolgenden vorausgesetzt wird, ebendort unabhängig von dem Lehrsatz, den es beweist, bewiesen wird, ist dennoch große Umsicht nötig sowohl auf Seiten des Lehrenden, damit er bei der Beweisführung keinen Zirkel begeht, als auch auf Seiten des Lernenden, damit er gewiß sein kann, daß kein Zirkel begangen worden ist. Von dieser Sorge werden wir aber befreit, wenn das, was anderen noch nicht behandelten Teilen zu entnehmen sein wird, schon in der experimentellen Physik festgestellt worden ist.

§ 111

Grundlage und Definition der empirischen Psychologie

In der Psychologie muß der Grund dessen angegeben werden, was durch die menschlichen Seelen möglich ist (§ 58, 31). Weil der Psychologie Beweisgrundsätze sowohl für die Logik (§ 89) und Erfindungskunst (§ 74) als auch für die praktische Philosophie (§ 92) entnommen werden, die Gewißheit jener gleichsam die Handlungen des Menschen leitenden Disziplinen uns aber ein besonderes Herzensanliegen sein muß, weil somit ein besonderer Grund zu dem allgemeinen hinzutritt (§ 33), ist es daher auch in der Psychologie angezeigt, daß so wichtige Grundsätze durch Erfahrung festgesetzt (§ 34) und ebenso wie in der experimentellen Physik (§ 110) in der Reihenfolge angeordnet werden, daß der Grund für die folgenden durch die früheren erhellt. Das ist also der Grund, warum wir die *empirische Psychologie* zu dem Teil der Philosophie gemacht haben, in dem durch Erfahrung die Grundsätze festgestellt werden, aus denen der Grund dessen angegeben werden kann, was durch die menschliche Seele geschehen kann. Ich definiere daher die *empirische Psychologie* als die Wissenschaft, Grundsätze durch Erfahrung festzustellen, aus denen der Grund dessen angegeben werden kann, was in der menschlichen Seele geschieht.

Es erhellt daher, daß die empirische Psychologie der experimentellen Physik entspricht und daher zur experimentellen Philosophie gehört. Überdies erhellt, daß die empirische Psychologie ebenso wie die nach unserer Art behandelte experimentelle Physik (§ 110) kein Teil der Historie ist: es wird nämlich nicht nur das verzeichnet, was an der Seele beobachtet wird, sondern es werden auch Begriffe der Vermögen und Fertigkeiten daraus gebildet und andere Grundsätze festgestellt, ja es wird auch der Grund für manches angegeben, was auf jeden Fall zur philosophischen Erkenntnis gehört (§ 6) und keineswegs zur bloß historischen Erkenntnis gezählt werden kann (§ 3).

§ 112

Welche Psychologie rational genannt wird

Nachdem ich angefangen habe, die empirische Psychologie von dem Teil der Philosophie zu unterscheiden, den wir oben (§ 58) unter dem Namen »Psychologie« definiert haben, habe ich diesem den Namen *rationale Psychologie* gegeben. Es ist daher nicht erforderlich, daß wir die *rationale Psychologie* hier neu definieren.

In der rationalen Psychologie leiten wir allein aus dem Begriff der menschlichen Seele a priori alles ab, wovon a posteriori beobachtet wird, daß es ihr zukommt, und was aus bestimmten Beobachtungen abgeleitet wird, wie es dem Philosophen zukommt (§ 46). Weil dies ein neues und der vorgefaßten Meinung entgegengesetztes Unterfangen ist, Neues aber anfangs von den meisten ungern zugestanden wird, war das der Hauptgrund dafür, daß ich die rationale Psychologie von der empirischen trennte, damit nicht psychologische Erkenntnis ohne Unterschied zurückgewiesen würde. Denn Theorie und Praxis der Moral und sogar der Politik stützen sich auf psychologische Grundsätze und werden von uns, die wir auf die demonstrative Methode achten, aus ihnen abgeleitet. Die praktische Philosophie ist von größter Bedeutung: was daher von größter Bedeutung ist, wollten wir nicht auf solche Grundsätze aufbauen, die bestritten werden können. Aus diesem Grund bauen wir die Wahrheiten der praktischen Philosophie nur auf solche Grundsätze auf, die in der empirischen Psychologie durch Erfahrung evident festgestellt werden. Als die Hauptfrucht der Philosophie erachten wir nämlich die reine Tugend. Wir sorgen daher dafür, daß wir dem von uns angestrebten Ziel nicht selbst Hindernisse in den Weg legen. Wir übergehen nichts, was wir zu dem Zweck vorbringen können, daß die Wahrheit ihre Evidenz erlangt.

§ 113

Die Grundsätze der Technologie

Die Technologie entlehnt Grundsätze aus der Physik, insbesondere der experimentellen. In der Technologie muß der Grund dessen angegeben werden, was durch Kunst geschieht (§ 71). Die Kunst hat es mit natürlichen

Körpern zu tun, deren Erkenntnis der Physik entnommen werden muß (§ 59). Wer daher den Grund dessen angeben will, was durch Kunst geschieht, muß auf die Physik zurückgreifen. Überdies kommen in der Kunst viele Werkzeuge vor, deren Struktur und Nutzen nach mechanischen Grundsätzen zu beurteilen ist. Diese Grundsätze werden in der experimentellen Physik durch Experimente aufgedeckt und bestätigt, damit auch die mit der Mathematik nicht Vertrauten zu ihrer Kenntnis gelangen. Wer den Grund dessen angeben will, was durch Kunst geschieht, muß daher auf die experimentelle Physik zurückgreifen. Überdies stellt die experimentelle Physik die physikalischen Grundsätze fest, die bei der Erklärung dessen, was durch Kunst geschieht, ebenso erforderlich sind wie bei der Erklärung dessen, was in der Natur geschieht. Es ist daher evident, daß die Technologie der Physik, insbesondere der experimentellen, Grundsätze entlehnt.

> Zur Technologie zählt auch die zivile Architektur, wenn sie nach Art einer Wissenschaft behandelt wird, wie es von uns geschehen ist (§ 71, Anm.). In der Tat wird, wer die von uns gelehrten *Elementa architecturae civilis*[53] studiert, den Nutzen der physikalischen Grundsätze in ihnen erkennen.

§ 114

Warum die Technologie der Physik nachzusetzen ist

Die Technologie ist nach der Physik zu behandeln. Die Technologie entlehnt teils der dogmatischen teils der experimentellen Physik Grundsätze (§ 113). Weil aber die Teile der Philosophie in der Ordnung behandelt werden müssen, daß diejenigen vorangehen, denen andere ihre Grundsätze entlehnen (§ 87), ist die Technologie erst nach der Physik zu behandeln.

> Weil es zahlreiche Künste gibt, ist es, auch ohne daß ich eigens daran erinnere, klar, daß sich die Technologie in so viele Teile gliedert, wie es Künste gibt; es sei denn, man hielte es für besser, gewisse Gattungen der Künste festzusetzen und die Teile der Technologie im Verhältnis zu der Zahl der Gattungen zu vermehren, damit die Anzahl nicht ins Unermeßliche wächst. Aber hierüber kann jetzt noch nichts Näheres gesagt werden, denn bisher haben wir keine genaue Geschichte der Künste, wie sie zum Nutzen der Wissenschaft vorausgesetzt wird; um so weniger darf man über etwas Worte verlieren, was eine schon voll entwickelte Wissenschaft voraussetzt.

Kapitel IV
Von der philosophischen Methode

§ 115
Definition der philosophischen Methode

Unter der *philosophischen Methode* verstehe ich die Ordnung, die der Philosoph bei der Vermittlung von Lehren einhalten muß.

Die Methode ist innerhalb der einzelnen Teile der Philosophie einzuhalten, und daher ist diese Ordnung von der Ordnung der ganzen Disziplinen verschieden, die wir im vorangehenden Kapitel aufgezeigt haben. Wie wir daher dort gezeigt haben, auf welche Weise die ganzen Disziplinen angeordnet werden müssen, so lehren wir hier, wie Lehren in den einzelnen Disziplinen angeordnet werden müssen. Zwar werden wir diese Methode erst veranschaulichen, wenn wir in der *Logica*[54] ihren Nutzen bei der Behandlung der Disziplinen aufzeigen; es hindert jedoch nichts, daß wir schon an dieser Stelle einiges hierüber, was ohne große Kenntnis der Logik verstanden werden kann, zur Sprache bringen.

§ 116
Warum alle Ausdrücke erklärt werden müssen

In der Philosophie dürfen keine Ausdrücke verwendet werden, die nicht durch genaue Definition erklärt sind. Wenn wir in der Philosophie keine Ausdrücke verwenden, die nicht durch genaue Definition erklärt sind, ist der Sinn der einzelnen Lehrsätze offenkundig. Denn weil die Philosophie eine Wissenschaft ist (§ 29), muß alles, was in ihr behauptet wird, bewiesen werden (§ 30). Weil aber aus sich selbst erhellt, daß eine These nicht bewiesen werden kann, bevor ihr Sinn gewiß ist, muß der Sinn aller philosophischen Lehrsätze gewiß sein, und daher dürfen keine Ausdrücke verwendet werden, die nicht durch genaue Definition erklärt sind.

Wenn wir entweder überhaupt nicht oder durch eine weniger genaue Definition erklärte Ausdrücke verwenden, ist ihre Bedeutung entweder völlig undeutlich oder zumindest zweideutig, so daß im ersten Fall der Lehrsatz, in den ein derartiger Ausdruck eingeht, überhaupt nicht verstanden wird und im zweiten Fall seine Auslegung zweifelhaft ist. Daß dies aber nicht mit der völligen Gewißheit bestehen kann, um die man sich in der Philosophie bemühen muß (§ 33), das ist, glaube ich, dem aufmerksamen Betrachter offenkundig. Auch wird es kaum möglich sein, daß Lehrsätze, deren Sinn uns nicht mit Gewißheit feststeht oder der sogar sehr vage und unbestimmt ist, auf vorkommende Fälle ohne Fehler angewendet werden. Wir werden daher um die Frucht der Philosophie betrogen, die zum Nutzen der Wissenschaften und des Lebens gelernt wird. Weil wir gerade diese Frucht anstreben, liegen uns auch genaue Definitionen der Ausdrücke am Herzen. Welche Definitionen aber genau sind, lehren wir in der *Logica*[55].

§ 117

Wie die Grundsätze der Philosophie beschaffen sein müssen

In der Philosophie dürfen keine Grundsätze verwendet werden, die nicht zureichend bewiesen sind. Weil die Philosophie eine Wissenschaft ist (§ 29), müssen ihre Behauptungen aus gewissen und unerschütterlichen Grundsätzen durch gültigen Schluß hergeleitet werden (§ 30). Wenn nun die Grundsätze noch nicht zureichend bewiesen sind, wird uns auch ihre Wahrheit nicht mit Gewißheit feststehen. Sie sind uns also ungewiß. Und weil es geschehen kann, daß wir über sie in Zweifel geraten, können wir über ihre Wahrheit zuweilen unschlüssig sein, folglich sind sie nicht unerschütterlich. Aber dies widerstreitet dem, was wir eben bewiesen haben. Es erhellt daher, daß keine Grundsätze verwendet werden dürfen, die nicht zureichend bewiesen sind.

Wenn wir Grundsätze zulassen, die nicht zureichend bewiesen sind, wird jede Gewißheit aus der Philosophie vertrieben. Es wird nämlich in der *Logica*[56] deutlich werden, daß einem Lehrsatz keine größere Gewißheit innewohnt, als sich in den Grundsätzen zeigt, durch die er bewiesen wird. Auf die Frage, wann ein Grundsatz zureichend bewiesen ist, wird die *Logica* eine befriedigende Antwort geben. In ihr wird nämlich gelehrt, wie sichere Grundsätze teils durch Erfahrung festgestellt teils durch Schlüsse ermittelt werden.[57]

§ 118

Welche Lehrsätze in der Philosophie zuzulassen sind

In der Philosophie ist kein Lehrsatz zuzulassen, der nicht aus zureichend bewiesenen Grundsätzen gültig abgeleitet wird. Philosophie ist eine Wissenschaft (§ 29), und daher muß sie ihre Lehrsätze aus gewissen und unerschütterlichen Grundsätzen durch gültigen Schluß herleiten (§ 30). Es

kann daher kein Lehrsatz zugelassen werden, der nicht aus zuvor aufge-
stellten Grundsätzen gültig abgeleitet wird, d. h. aus zureichend bewiesenen Grundsätzen, weil in der Philosophie nur solche Grundsätze verwendet werden dürfen (§ 117).

Für die Gewißheit, um die wir uns in der Philosophie bemühen (§ 33), wird nicht nur
durch Grundsätze gesorgt, wenn sie zureichend bewiesen werden (§ 117), sondern
auch durch Beweise der Lehrsätze, nämlich wenn die Folgerungen aus den
Grundsätzen durch gültigen Schluß abgeleitet werden (§ 118). Wie aber Folgerungen
aus Grundsätzen durch gültigen Schluß abgeleitet werden, wird in der *Logica*[58] gelehrt.

§ 119
Die Ordnung der Definitionen

In der Philosophie müssen Ausdrücke, die in nachfolgende Definitionen
eingehen, in vorangehenden erklärt werden. Zwei Fälle können vorkommen: entweder werden nämlich die Ausdrücke, die in Definitionen eingehen, überhaupt nicht oder erst im folgenden erklärt. Der erste Fall fällt unter den allgemeineren, in dem wir nicht zureichend erklärte Ausdrücke
gebrauchen; denn es ist gleichgültig, ob dies in Definitionen oder in Lehrsätzen geschieht. Daß man keine unzureichend erklärten Ausdrücke gebrauchen darf, folglich erst recht keine überhaupt nicht erklärten, haben
wir schon zuvor bewiesen (§ 116). Der gegenwärtige Lehrsatz betrifft daher hauptsächlich den zweiten Fall, wo Ausdrücke, die in frühere Definitionen eingehen, erst in späteren erklärt werden. Daß das Gegenteil geschehen muß, beweisen wir auf folgende Art. In der Philosophie muß man
sich um völlige Gewißheit bemühen, so daß uns kein Zweifel bleibt (§ 33).
Wenn wir nun in einer Definition einen noch nicht erklärten Ausdruck gebrauchen, so sind wir ratlos, was ihr wahrer Sinn sei, so daß wir sie nicht
voll verstehen können. Weil dies der Gewißheit entgegensteht, deshalb
dürfen nur Ausdrücke verwendet werden, die in früheren Definitionen
schon erklärt worden sind. Obwohl das Hindernis zwar beseitigt wird,
wenn in nachfolgenden Definitionen die Ausdrücke erklärt werden, die in
frühere eingehen, so ist dies dennoch allemal beschwerlich, weil man dann
mit verdrießlicher Mühe untersuchen muß, ob vielleicht ein circulus vitiosus begangen worden ist. Weil hieraus dem Leser erneut ein Zweifel erwachsen kann, welcher der Gewißheit, die vorhanden sein muß (ebd.),
entgegensteht, der Verdruß, der mit der Suche nach einem circulus vitio-

sus verbunden ist, daher zumindest ohne zwingende Notwendigkeit entsteht, wird gewiß niemand leugnen, daß es auf jeden Fall besser ist, wenn
Ausdrücke, die in nachfolgende Definitionen eingehen, in früheren schon
erklärt worden sind.

> Die Ordnung der Definitionen erhellt hieraus, und gleichzeitig versteht man, daß es
> nicht gleichgültig sein darf, an welcher Stelle Definitionen angebracht werden, wenn
> man es darauf abgesehen hat, nichts zuzulassen, was mit Recht getadelt werden
> könnte.

§ 120

Die Ordnung der Lehrsätze

*In der Philosophie müssen Lehrsätze, die in den Beweis der folgenden ein-
gehen, in vorangehenden bewiesen werden.* Auch hier gibt es zwei Fälle:
Beim Beweisen verwenden wir nämlich als Grundsätze entweder Lehrsätze, die überhaupt nicht bewiesen werden, oder Lehrsätze, die erst im folgenden bewiesen werden. Der erste Fall gehört nicht hierher, von ihm haben wir nämlich schon früher gesprochen (§ 117). Der gegenwärtige Lehrsatz muß daher auf den zweiten Fall bezogen werden. Seine Wahrheit
beweisen wir so: In der Philosophie muß man sich um völlige Gewißheit
bemühen, so daß gar kein Zweifel übrigbleibt (§ 33). Wenn nun in einem
Beweis ein Lehrsatz als Grundsatz gebraucht wird, der in früheren noch
nicht bewiesen worden war, bleibt uns ein Zweifel daran, ob er wahr ist
oder nicht, folglich bleibt auch der Lehrsatz selbst, zu dessen Beweis der
ungewisse Grundsatz verwendet wird, zweifelhaft und ungewiß. Weil dies
der völligen Gewißheit widerstreitet, die, wie wir bewiesen haben, vorhanden sein muß, müssen daher Lehrsätze, die als Grundsätze in Beweise
späterer eingehen, in früheren bewiesen werden. Obwohl zwar das Hindernis beseitigt wird, wenn im folgenden jene Lehrsätze bewiesen werden,
die wir in früheren als wahr vorausgesetzt haben, bleibt dennoch diese
Unbequemlichkeit zurück, daß dann mit verdrießlicher Mühe untersucht
werden muß, ob vielleicht ein circulus vitiosus im Beweis begangen worden ist. Dem Leser kann hieraus erneut ein Zweifel erwachsen, welcher
der Evidenz, die vorhanden sein muß (§ 33), entgegensteht; zumindest
entsteht ihm so ohne zwingende Notwendigkeit Verdruß bei der Überprüfung der Beweise für die Lehrsätze, die in den eingehen, den wir als erst
später zu beweisenden in früheren vorläufig annehmen, damit jede Furcht
vor einem Zirkel im Beweis verschwindet. Wer wird daher leugnen, so

frage ich, daß Lehrsätze, die in den Beweis der folgenden eingehen, in den vorangehenden bewiesen werden müssen?

Hieraus erhellt die Ordnung der Lehrsätze, und gleichzeitig versteht man, daß es nicht gleichgültig ist, an welcher Stelle irgendein Lehrsatz zur Sprache gebracht wird, wenn es einem ein Herzensanliegen ist, daß alle Merkmale des Philosophen erfüllt werden, damit niemand etwas mit Recht tadeln kann. Warum es in diesem *Discursus praeliminaris* keineswegs möglich gewesen ist, der Ordnung der Lehrsätze und Definitionen völlig Genüge zu tun, haben wir oben dargetan (§ 30, Anm.).

§ 121
Die Form philosophischer Lehrsätze

In philosophischen Lehrsätzen ist die Bedingung genau zu bestimmen, unter der das Prädikat dem Subjekt zukommt oder unter der irgend etwas von irgendeiner Sache bejaht oder verneint wird. In der Philosophie muß der Grund angegeben werden, warum Mögliches zur Wirklichkeit gelangen kann (§ 31), folglich, warum irgend etwas von irgendeiner Sache bejaht oder verneint werden muß. Wenn also der Grund, warum ein Prädikat seinem Subjekt zukommt, entweder in der Definition oder in irgendeiner Bedingung enthalten ist, muß der Philosoph zeigen, wie entweder kraft dieser Definition oder kraft dieser Bedingung das Prädikat dem Subjekt zukommt. Daher muß er den Lehrsatz so abfassen, daß sich klar zeigt, ob das Prädikat kraft der Definition oder kraft irgendeiner Bedingung dem Subjekt zugeschrieben wird, und die Bedingung muß genau bestimmt werden; es sei denn, daß es diesem kraft der Definition, folglich schlechthin zukommt. Derselbe Lehrsatz kann noch auf andere Art bewiesen werden. Wenn die Bedingung, unter der das Prädikat dem Subjekt zukommt, in dem Lehrsatz nicht genau ausgedrückt wird, bleibt zweifelhaft, ob das Prädikat dem Subjekt schlechthin, d. h. in jedem Fall, oder nur unter einer gewissen Bedingung, d. h. in einem bestimmten Fall, zukommt; viel weniger erkennt man, in welchem Fall es ihm zugeschrieben werden muß. Wer sich voller Zweifel in dieser Unwissenheit befindet, erlangt keine gewisse Erkenntnis; viel weniger bemüht er sich um völlige Gewißheit, was dem Begriff der Philosophie widerstreitet (§ 33).

Es ist in der Tat völlig unmöglich, daß irgendein Lehrsatz bewiesen wird, solange unbekannt ist, ob das Prädikat dem Subjekt schlechthin zukommt oder unter einer gewissen Bedingung, und solange im zweiten Fall diese Bedingung nicht genau bestimmt ist. Denn im ersten Fall nimmt das Schließen seinen Anfang bei der Definition oder bei dem, was aus ihr notwendig folgt und schon früher abgeleitet worden ist; im zweiten Fall gehen wir von der Bedingung aus, durch die das Subjekt bestimmt ist. Aber dies wird erst dann völlig einsichtig, wenn man die logische Lehre von der Demonstration[59] genügend durchschaut hat, wie auch der Beweis des Lehrsatzes selbst nach Behandlung der Logik klarer herauskommen wird.

§ 122

Die Nützlichkeit der genuinen Form von Lehrsätzen

Philosophische Lehrsätze, in denen die Bedingung genau bestimmt ist, unter der das Prädikat dem Subjekt zugeschrieben wird, sind sowohl für die Wissenschaft als auch für das Leben nützlich. In der Wissenschaft verwenden wir Lehrsätze für Schlüsse, wenn wir andere Lehrsätze beweisen wollen. Falls uns die Bedingung, unter der das Prädikat dem Subjekt zugeschrieben wird, bekannt ist, verwenden wir daher diesen Lehrsatz nur dann als Grundsatz beim Schließen, wenn entweder aufgrund des Angenommenen oder aufgrund des Bewiesenen ersichtlich ist, daß diese Bedingung gegeben ist. Und so kann man aufgrund schon bekannter Lehrsätze andere uns noch nicht bekannte herleiten. Daher sind Lehrsätze für die Wissenschaft nützlich, in denen die Bedingung genau bestimmt ist, unter der das Prädikat dem Subjekt zugeschrieben wird. Im Leben verwenden wir Lehrsätze, wenn wir über Dinge urteilen wollen, die uns begegnen. Wenn also in ihnen die Bedingung genau ausgedrückt ist, unter der das Prädikat dem Subjekt zugeschrieben wird, schreibt man das Prädikat dem vorliegenden Ding nur dann zu, wenn man erkannt hat, daß diese Bedingung gegeben ist. Ja wenn die Definition die Stelle der Bedingung einnimmt, wird der Gegenstand aus der genauen Definition erkannt, die in der Philosophie gelehrt wird (§ 116); folglich wird das Prädikat nur dem Gegenstand zugeschrieben, dem die Definition zukommt. Wir urteilen also über vorliegende Dinge der Wahrheit gemäß.

Hier kann verglichen werden, was wir oben gesagt haben (§ 41), nämlich daß die Anwendung philosophischer Erkenntnis sicherer ist als die historischer. Es ist aber leicht zu sehen, daß, wenn in Lehrsätzen die Bedingung nicht genau ausgedrückt wird, unter der das Prädikat dem Subjekt zukommt, diese sowohl in der Wissenschaft als auch im Leben fehlerhaft angewendet werden. Ein umständlicher Beweis dafür ist hier nicht erforderlich. Die Erfahrung liefert uns sehr viele Beispiele. Und das ist der Grund, warum beim Urteilen so häufig ein Fehler auftritt. Da jedoch im Leben Urteile in die Bestimmung unserer Handlungen einfließen, richtet die Vernachlässigung genauer Lehrsätze großen Schaden an. Diejenigen machen sich daher

um das menschliche Geschlecht besonders verdient, die Lehrsätze in ihre genuine
Form bringen.

§ 123
Die Materie des Beweises

*In Beweisen darf nicht mehr enthalten sein, als dem mit dem Vorangehen-
den vertrauten Leser ausreicht, um sich das zur Vollendung der Schlüsse
erforderliche übrige ins Gedächtnis zurückzurufen.* Weil in der nach genauer Methode behandelten Philosophie das Folgende aus dem Vorangehenden verstanden und bewiesen wird (§ 119, 120), soll nur der mit dem
Vorangehenden Vertraute das Folgende lesen. Wenn also das bei einem Beweis Gesetzte dem mit dem Vorangehenden vertrauten Leser ausreicht,
um sich das übrige ins Gedächtnis zurückzurufen, was für die Vollendung
der Schlüsse, mit denen der Beweis geführt wird, erforderlich ist, kann der
Beweis vollkommen und in seinen Teilen vollständig erfaßt werden, und
daher ist nicht erforderlich, mehr hinzuzufügen.

Der Philosoph setzt einen Leser voraus, der seiner Aufgabe genügt. Wenn einer aber
zuläßt, daß es ihm beim Studium der Philosophie an Fleiß fehlt, möge er sich die
Schuld daran geben, daß das, was zu Recht vorausgesetzt wird, ihm nicht spontan ins
Gedächtnis tritt. Wenn aber einer zu stumpfsinnigen Geistes ist, als daß er eine philosophische Wahrheit erfassen könnte, fordern wir, daß er dem philosophischen Studium fernbleibt. Er möge sich entweder mit historischer Erkenntnis der Philosophie
(§ 50) begnügen oder beim mittleren Grad zwischen philosophischer und historischer Erkenntnis (§ 54) stehen bleiben, was ihm für die Lebenspraxis ausreicht (§ 51).

§ 124
Die Ordnung des Beweises

*Die einzelnen Lehrsätze in einem Beweis müssen in der Reihenfolge ange-
ordnet werden, in der sie dem Beweisführenden bewußt werden müssen.*
In der *Logica* (§ 551 ff.) werden wir zeigen, daß jeder Beweis aus einer bestimmten Anzahl von Schlüssen besteht, die untereinander in der Weise
verbunden werden müssen, daß die Schlußfolgerungen der ersten Syllo-
gismen die Prämissen der folgenden liefern. Hieraus ergibt sich, daß alle
Lehrsätze in einer bestimmten Reihenfolge dem Beweisführenden bewußt
werden müssen, wenn er den Beweis deutlich führen will; weil dies für die
sichere Erkenntnis, um die wir uns in der Philosophie bemühen (§ 33),

notwendig ist, wer will da leugnen, daß die Lehrsätze in der Reihenfolge angeordnet werden müssen, in der sie bei der Beweisführung bewußt werden müssen, da absolut kein Grund für eine andere Anordnung besteht?

Ich bestreite nicht, daß selbst in mathematischen Beweisführungen diese Reihenfolge sehr häufig durcheinandergebracht wird, aber ich bestreite, daß dies aus einem Grund geschieht, der aus dem Begriff des Beweises abgeleitet ist. Was aus Unaufmerksamkeit oder anderen äußeren Gründen geschieht, ist eine Abweichung von der Regel, kann aber keineswegs für die Regel selbst gehalten werden.

§ 125
Warum Wahrscheinliches von Gewissem unterschieden werden muß

Wenn etwas zu erkennen nützlich ist, aber nicht bewiesen werden kann, ist seine Wahrscheinlichkeit durch einen geeigneten Grund darzutun; Wahrscheinliches selbst muß jedoch von Gewissem streng unterschieden werden. Weil man sich in der Philosophie um völlige Gewißheit bemühen muß (§ 33), was aber nur wahrscheinlich ist, von der Gewißheit noch entfernt ist, deshalb kann niemand bestreiten, daß Wahrscheinliches von Gewissem unterschieden werden muß. Dasselbe wird noch auf andere Art gezeigt. In der Philosophie dürfen nur zureichend bewiesene Grundsätze zugelassen werden (§ 117), auch dürfen nur bewiesene Lehrsätze in sie aufgenommen werden (§ 118). Wenn etwas zu erkennen nützlich ist, z. B. weil wir seine Erkenntnis im Leben nicht entbehren können, wir aber nicht zur gewissen Erkenntnis davon gelangen können, dann ist dies allein wegen des Nutzens solange in der Philosophie als Wahrscheinliches zuzulassen, bis sichere Erkenntnis davon erlangt wird; es ist aber in jedem Fall von Gewissem zu unterscheiden. Denn da wir in der Tat in der *Logica* (§ 579) lehren, daß der Grad der Wahrscheinlichkeit nicht immer derselbe ist, seine Kenntnis aber von der Weise abhängt, in der eine Behauptung als wahrscheinlich erwiesen wird, so daß der Grad der Wahrscheinlichkeit beurteilt werden kann und verstanden wird, was zur gewissen Erkenntnis noch fehlt, wodurch über die Ergänzung des Fehlenden nachgedacht werden kann, deshalb muß auf jeden Fall die Wahrscheinlichkeit durch einen passenden Grund begründet werden, durch den nämlich, der in der *Logica* (§ 580 ff.) aufgezeigt werden wird.

Wahrscheinliches wird in der Philosophie hauptsächlich wegen des Nutzens im Leben zugelassen; es gibt dennoch auch einen bestimmten Grund, warum es zum Nutzen der Wissenschaft zugelassen werden muß, nämlich wenn eine sichere Erkenntnis ohne vorausgehende Wahrscheinlichkeitserkenntnis nicht erlangt werden kann. Weil der zweite Grund weniger offensichtlich ist als der erste, müssen wir einiges verdeutlichen.

§ 126
Definition der philosophischen Hypothese

Wenn etwas in der Philosophie angenommen wird, weil dadurch der Grund gewisser Phänomene angebbar ist, obwohl nicht bewiesen werden kann, daß darin der wahre Grund enthalten ist, begründet dies eine philosophische Hypothese. Ich definiere daher die *philosophische Hypothese* als die Annahme dessen, von dem noch nicht bewiesen werden kann, daß es ist, wie wenn es wäre, und zwar, um eine Erklärung zu geben.

Wenn einer z. B. in der Astronomie in bezug auf die erste Bewegung annimmt, daß die Erde im Zentrum der Welt ruht und sich der Himmel um dieselbe von Osten nach Westen bewegt, wird diese Annahme eine *Hypothese* und im besonderen die *Hypothese der ruhenden Erde* genannt.

§ 127
Welcher Platz philosophischen Hypothesen einzuräumen ist

In der Philosophie ist philosophischen Hypothesen Platz einzuräumen, soweit sie der Auffindung der reinen Wahrheit den Weg bereiten. In philosophischen Hypothesen nehmen wir etwas an, von dem nicht feststeht, ob es ist, wie wenn es wäre, weil es gestattet, den Grund eines beobachteten Geschehens anzugeben (§ 126). Wenn nun daraus mehr abgeleitet wird, als wovon wir beobachtet haben, daß es geschieht, bekommen wir dadurch eine Handhabe, das zu beobachten oder durch Experimente zu entdecken, woran wir sonst keineswegs gedacht hätten, so daß wir größere Gewißheit darüber erlangen, ob etwas daraus fließt, was der Erfahrung widerstreitet. Denn wenn etwas daraus abgeleitet wird, was der Erfahrung widerspricht, ist klar, daß die Hypothese falsch ist; wenn es aber als mit der Erfahrung übereinstimmend erfaßt wird, wächst ihre Wahrscheinlichkeit. Hier wird also der Auffindung der reinen Wahrheit der Weg bereitet. Denn wenn wir sehen, daß aus dem Angenommenen der Grund eines beobachteten Geschehens angegeben werden kann, so haben wir Gelegenheit zu untersuchen, ob in dem, was wir annehmen, tatsächlich der Grund enthalten ist. Dadurch wird wiederum der Weg zur reinen Wahrheit bereitet.

Seit vielen Jahrhunderten hat uns die Astronomie, besonders in ihrem theoretischen Teil, Beispiele hierfür geliefert. Da es nämlich nicht möglich war, gleich anfangs die wahre Theorie der Planetenbewegungen zu ermitteln, haben die Astronomen Hypothesen aufgestellt, aus denen sie Erklärungen der Himmelsbewegungen herleiteten. Aus diesen Hypothesen haben sie abgeleitet, was sie dann mit den Beobachtungen verglichen. Das haben sie zum Anhaltspunkt genommen, um sich Beobachtungen auszudenken, die ihnen sonst niemals in den Sinn gekommen wären, und um ihre Hypothesen ständig zu verbessern, bis es ihnen schließlich gegeben war, die Wahrheit aus größerer Nähe zu betrachten. Und nach meinem Urteil fahren wir in der Philosophie nicht schlecht, wenn wir die Astronomen nachahmen, sobald uns Fälle begegnen, bei denen durch Vermutung die Grundlage für die Erforschung der Wahrheit gelegt wird. Hierfür bietet uns auch die Arithmetik ein Beispiel; sie hat mich allererst dazu gebracht, über philosophische Hypothesen milder zu urteilen. Wenn nämlich bei der Division mit einem zusammengesetzten Divisor der wahre Teilquotient nicht mit Hilfe des Pythagoreischen Rechenbretts[60] ermittelt werden kann, so wird nach Art einer philosophischen Hypothese angenommen, daß der ganze Divisor in den ihm entsprechenden Ziffern des Dividenden so oft enthalten ist wie die erste Ziffer des Divisors in der ihm entsprechenden ersten Ziffer des Dividenden. Denn durch die Probe stellen wir fest, ob die Hypothese nicht zutrifft, und wenn es sich ergibt, daß sie nicht zutrifft, verbessern wir sie so lange, bis sie mit der Wahrheit übereinstimmt. Deswegen billigen wir aber nicht alle *Hypothesen* unterschiedslos, sondern erklären vielmehr diejenigen für *unecht*, aus denen nicht durch gültigen Schluß das abgeleitet werden kann, um dessen willen die Hypothesen angenommen wurden. Noch viel weniger aber billigen wir den Ansatz derer, die in der Philosophie nicht über Hypothesen hinausgehen; denn er widerstreitet sowohl dem Begriff der Philosophie, den wir haben (§ 29), als auch der völligen Gewißheit, um die wir uns in der Philosophie bemühen (§ 33). Wir legen jede einzelne Hypothese zur Prüfung auf die Waagschale des Geistes und bestimmen den Wert, der ihr zukommt.

§ 128

Wie man dem Mißbrauch von Hypothesen vorbeugt

Hypothesen dürfen nicht als Grundsätze in den Beweis von Sätzen eingehen, die in der Philosophie als Lehren zugelassen werden. Philosophische Hypothesen nehmen etwas an, von dem noch nicht bewiesen werden kann, daß es so ist (§ 126), und daher sind sie von der Gewißheit noch weit entfernt. Wenn man diese als Grundsätze beim Beweis von Sätzen verwendet, die in der Philosophie als Lehren zugelassen werden, verwendet man daher für die Bestätigung von Lehren ungewisse Grundsätze; weil dies mit dem philosophischen Geschäft unvereinbar ist (§ 117), deshalb ist Hypothesen beim Beweis von Sätzen kein Platz einzuräumen.

Obwohl z. B. die *Leibnizsche* Hypothese von der Beziehung zwischen Geist und Leib[61] andere übertrifft, wird sie doch von uns in moralischen und politischen Beweisen nicht verwendet, damit wir bedeutende Wahrheiten, die einen außerordentlichen Nutzen im Leben haben, nicht unsicheren Meeresströmungen überlassen. Wenn aber der Philosoph durch jene Hypothese erklärt, was zu der Beziehung gehört, die zwischen Geist und Leib besteht, räumt er ihr keinen anderen Platz ein als den wir für philosophische Hypothesen beansprucht haben (§ 127). Entsprechend billigen wir es nicht, wenn einer aus philosophischen Hypothesen die Existenz Gottes beweisen will, es sei denn, er täte dies zu dem Zweck, eine Hypothese vom Verdacht der Gottlosigkeit zu befreien. Philosophische Hypothesen pflegen nämlich gewöhnlich der Gottlosigkeit angeklagt zu werden, bevor sie mit allgemeiner Zustimmung angenommen werden; das bezeugt die Geschichte aller Jahrhunderte.

§ 129

Welcher Platz einer noch unsicheren Hypothese zukommt

Wenn aus dem zuvor Gesetzten noch nicht klar ist, daß eine Hypothese in der Wirklichkeit gilt, aus diesem jedoch irgend etwas über sie bewiesen werden kann, hindert nichts, daß der Beweis vorgebracht wird. Die Ordnung der Lehrsätze in der Philosophie muß derart sein, daß einem jeden der Platz zukommt, an dem er aus dem Vorangehenden bewiesen werden kann (§ 120). Wenn daher bei einer Hypothese aus dem Vorangehenden etwas bewiesen werden kann, ist dessen Beweis ebendort zu führen; er ist um so leichter zu verstehen, weil seine Grundsätze noch unmittelbar im Gedächtnis haften. Obwohl es aber durch das Vorangehende noch nicht klar ist, daß die Hypothese in der Wirklichkeit gilt, ist hier jedoch keine Gefahr zu befürchten, weil das kraft der gegebenen Hypothese Bewiesene nur dort angewendet wird, wo wir erkennen, daß sie gilt. Wenn wir aber erkennen, daß eine Hypothese völlig unmöglich ist, verneinen wir, was mit ihrer Hilfe bewiesen worden ist. Und auf diese Weise hat ein hypothetischer Lehrsatz seinen Nutzen bei der Widerlegung des Irrtums. Nichts hindert daher, daß das bewiesen wird, was aus einer Hypothese folgt, wenn zureichende Grundsätze vorhanden sind, selbst wenn noch nicht klar ist, daß die Hypothese selbst möglich ist, ja selbst wenn wir sogar ihre Unmöglichkeit durch ihre Folgen erfassen.

Obwohl z. B. in der Ontologie noch nicht bewiesen werden kann, daß das eigentlich so genannte einfache Seiende, das überhaupt keinen Teil hat, existiert oder zumindest möglich ist, hindert dies doch nicht, daß ebendort bewiesen wird, was aus dem Begriff des einfachen Seienden folgt.[62] Denn weil derjenige, der den richtigen Weg des

Schließens beschreitet, einem Seienden das, was aus dem Begriff des einfachen Seienden folgt, nur zuschreibt, wenn er erkannt hat, daß dieses überhaupt keinen Teil hat, von dem übrigen aber, von dem er einsieht, daß es aus Teilen besteht, dasselbe verneint, deshalb ist überhaupt keine Gefahr zu befürchten, selbst wenn es überhaupt kein einfaches Seiendes gäbe; ja wir würden sogar noch den Nutzen haben, zu erkennen, was vom zusammengesetzten Seienden zu verneinen ist, damit wir diesem nicht irrtümlich zuschreiben, was ihm widerstreitet. Denn wenn in der Tat danach in der Psychologie gezeigt wird, daß die Seele des Menschen ein einfaches Seiendes ist,[63] und wenn in der Kosmologie bewiesen wird, daß die Elemente der Dinge zum Einfachen zählen,[64] wenden wir auf die Seelen der Menschen und die Elemente der materiellen Dinge das an, was vom einfachen Seienden im allgemeinen bewiesen worden ist. Wenn nun aber der Beweis dessen, was dem einfachen Seienden im allgemeinen zukommt, übergangen würde, weil das einfache Seiende nur nach Art einer Hypothese angenommen wird, wäre dieses in der Kosmologie von den Elementen der materiellen Dinge, in der Psychologie von den Seelen, in der natürlichen Theologie von Gott selbst einzeln zu beweisen; es kann und muß aber in der Ontologie in einem Beweis zusammengefaßt werden. Beispiele dieser Art kommen in der Philosophie zahlreich vor und sind auch in der Mathematik nicht selten. Es leuchtet aber von selbst ein, daß ein Philosoph, der Früheres zum Nutzen von Späterem vorausschickt (§ 119, 120), keine unbrauchbaren und unergiebigen Hypothesen ersinnt, nur damit er irgend etwas gesagt zu haben scheint.

§ 130

Bestimmung des Prädikats in philosophischen Lehrsätzen

In philosophischen Lehrsätzen ist das Prädikat genau zu bestimmen, damit nämlich dem Subjekt nicht mehr zugeschrieben wird, als durch das vorher Gesetzte von ihm bewiesen werden kann. Wenn nun das Prädikat nicht genau bestimmt wird, so daß dem Subjekt mehr zugeschrieben wird, als durch das vorher Gesetzte von ihm bewiesen werden konnte, wird das, was ihm mehr als zu Recht zugeschrieben wird, ungerechtfertigt behauptet. In der Philosophie ist jedoch nur zuzulassen, was aus Grundsätzen, die im Vorangehenden zureichend bewiesen wurden, gültig abgeleitet wird (§ 118, 120). Daher kann das, was dem Subjekt mehr zugeschrieben wird, als durch das vorher Gesetzte von ihm bewiesen werden kann, wegen des Fehlers der Erschleichung in der Philosophie nicht zugelassen werden.

Wenn einer z. B. beweisen würde, daß es ein notwendiges Wesen oder »Ens a se« gibt, dann könnte, obgleich dieses »Ens a se« nichts anderes ist als Gott, dennoch nicht gesagt werden, daß es einen Gott gibt, der Urheber dieser Welt ist, viel weniger könnte hinzugefügt werden, daß er Urheber einer aus dem Nichts hervorgebrachten Welt ist. Denn auf diese Weise würde durch den Fehler der Erschleichung etwas angenommen, was noch nicht bewiesen worden ist, nämlich, daß das »Ens a se« Urheber der Welt ist und sie aus dem Nichts hervorgebracht hat; das ist zwar wahr, muß jedoch bewiesen werden, weil wir uns in der Philosophie um völlige Gewißheit bemühen (§ 33). Dieser Fehler der Erschleichung wird jedoch vermieden, wenn unter der Zahl der Prädikate kein Ausdruck vorkommt, der nicht durch genaue Definition erklärt ist (§ 116). Denn wenn einer eine genaue Definition gegeben hat, durch welche die Bedeutung des Wortes »Gott« bestimmt ist, wird er, wenn er die Regeln des Schließens beachtet, einem Wesen, dessen Existenz er bewiesen hat, den Namen Gott nur zuschreiben, wenn er bewiesen hat, daß ihm zukommt, was in der Definition Gottes liegt. Vielleicht erscheint es einigen überflüssig, derartiges zu erinnern; wer aber aus Erfahrung weiß, wie alltäglich dieser Fehler der Erschleichung ist, der aus der vernachlässigten Bestimmung des Prädikats erwächst, der wird anders urteilen.

§ 131

Warum zunächst weniger bewiesen wird, als einer Sache zukommt

Hieraus folgt ferner, *daß zunächst weniger von einer Sache bewiesen werden muß, als ihr zukommt.* Weil nämlich aus dem Gesagten erhellt (§ 130), daß von einem Subjekt nicht mehr ausgesagt werden darf, als aus dem Vorangehenden von ihm bewiesen werden kann, deshalb darf, wenn an einem gegebenen Ort weniger bewiesen werden kann, als ihm zukommt, weil wir für den Beweis noch anderes benötigen, wir dieses aber brauchen, um anderes zu beweisen, auf jeden Fall nur so viel bewiesen werden wie möglich ist. Das übrige ist an einen geeigneteren Ort zu verweisen.

Z. B. beweisen wir in der natürlichen Theologie[65] zunächst nur, daß Gott dasjenige Wesen ist, in dem der zureichende Grund der kontingenten Wirklichkeit der Welt enthalten ist, obwohl schon hieraus im weiteren die Eigenschaften des höchsten Wesens bewiesen werden können. Denn obwohl Gott die Welt aus dem Nichts hervorgebracht hat, wird dennoch anfangs von der existentiellen Abhängigkeit der Welt von Gott weniger bewiesen, als sie impliziert, weil gemäß unserer Art des Beweisens am Anfang der natürlichen Theologie mehr nicht bewiesen werden kann. Dieses benötigen wir jedoch für die Feststellung der göttlichen Attribute, woraus sodann ferner die Schöpfung abgeleitet wird, insofern »Schöpfung« eine Handlung dessen bezeichnet, der etwas aus dem Nichts hervorbringt. Ein Beispiel gibt uns *Euklid*, der, obwohl ihm bekannt war, daß die drei Winkel eines geradlinigen Dreiecks zusammen gleich zwei rechten sind und daher ein äußerer gleich den zwei entgegengesetzten inneren ist, am Anfang jedoch weniger bewiesen hat, nämlich daß dieser äußere Winkel größer ist als einer der entgegengesetzten inneren, weil er diesen Lehrsatz für

den Beweis von anderem benötigte,[66] woraus schließlich seine Gleichheit mit den
beiden entgegengesetzten inneren abgeleitet wurde. *Petrus Ramus* hat zwar in ziemlich vielen Punkten, so auch in diesem *Euklid* getadelt (*Scholarum mathematicarum
liber* 8, 9, S. 171, 178 meiner Ausgabe),[67] als habe er sich einer Hysterologie schuldig
gemacht. Aber dessen ungeachtet sind wir in den *Elementa geometriae Euklid*[68] gefolgt, weil bei einer anderen Vorgehensweise die Strenge im Beweisen nicht eingehalten würde, von der, wie bekannt, *Ramus* in seiner Geometrie später abgewichen
ist.[69] *Euklid* aber hat sehr entschieden an der Strenge im Beweisen festgehalten.

§ 132
Die Ordnung innerhalb der ganzen Philosophie

*In jedem Teil der Philosophie ist die Reihenfolge einzuhalten, daß dasje-
nige vorausgeschickt wird, wodurch das Folgende verstanden und bewiesen wird oder zumindest wahrscheinlich gemacht wird.* In jedem Teil der
Philosophie kommen nur Definitionen und Lehrsätze vor, und daß anderes davon Unterschiedenes nicht vorkommen kann, wird in der *Logica* bewiesen werden.[70] In der Tat müssen in jedem Teil der Philosophie durch
vorangehende Definitionen die Ausdrücke erklärt werden, die in folgende
Definitionen eingehen (§ 119), und ebenso müssen im Vorangehenden die
Lehrsätze bewiesen werden, die in die Beweise folgender eingehen (§ 120).
Ja in den einzelnen Beweisen müssen die Schlüsse vorangehen, deren Folgerungen als Prämissen in nachfolgende Schlüsse eingehen (§ 124). Es erhellt daher, daß in jedem Teil der Philosophie die Reihenfolge einzuhalten
ist, daß das vorausgeschickt wird, wodurch das Folgende verstanden und
bewiesen oder zumindest wahrscheinlich gemacht wird, denn auch Wahrscheinliches darf aus der Philosophie nicht völlig ausgeschlossen werden,
obwohl es von Gewissem streng zu unterscheiden ist (§ 125, 127).

§ 133
Das oberste Gesetz der philosophischen Methode

Weil die philosophische Methode die Ordnung ist, die der Philosoph bei
der Vermittlung von Lehren einhalten muß (§ 115), die Ordnung jedoch
darin besteht, daß dasjenige vorausgeschickt wird, wodurch das Folgende
verstanden und bewiesen oder zumindest wahrscheinlich gemacht wird
(§ 132), deshalb *ist klar, daß das oberste Gesetz der philosophischen Me-*

thode dieses ist, daß dasjenige vorauszuschicken ist, wodurch das Folgende verstanden und erwiesen wird.

§ 134

Dieses Gesetz gilt gleichermaßen für die gesamte Philosophie wie für ihre einzelnen Teile

Weil dieselbe Ordnung bei der Vermittlung der Teile der Philosophie eingehalten werden muß (§ 87), *gilt ein und dieselbe Ordnung innerhalb der gesamten Philosophie, deren allgemeines Gesetz dieses ist, daß dasjenige vorangehen muß, von dem die Erkenntnis des Folgenden auf irgendeine Weise abhängt.*

Man hat daher hier die Summe der philosophischen Methode, die wir an erster Stelle aus dem Begriff der völligen Gewißheit, um die man sich in der Philosophie bemühen muß (§ 33), hätten beweisen können, um danach die besonderen Regeln, von denen wir gesprochen haben (§ 116 ff.), daraus abzuleiten. Wir haben es aber vorgezogen, diese aus dem Begriff der Philosophie selbst und dem damit verbundenen Begriff ihrer Gewißheit zu gewinnen, damit ihre Evidenz die Schärfe des Geistes stärker beeindruckt.

§ 135

Wovon die Praxis der philosophischen Methode abhängt

Wenn einer Philosophie nach philosophischer Methode lehren will, muß er sowohl mit den logischen Regeln besonders vertraut sein als auch die Fertigkeit besitzen, sie in der Praxis anzuwenden. Wer Philosophie nach philosophischer Methode lehren will, muß alle Ausdrücke, die er verwendet, durch genaue Definition erklären (§ 116), alle Grundsätze zureichend beweisen (§ 117) und aus diesen durch gültigen Schluß Lehrsätze ableiten (§ 118) und sowohl deren Subjekt (§ 121) als auch deren Prädikat genau bestimmen (§ 130) und schließlich alles so ordnen, daß dasjenige vorausgeschickt wird, wodurch das Folgende verstanden und erwiesen wird (§ 133). Ja er muß die einzelnen Lehrsätze in den Beweisen selbst in der Reihenfolge anordnen, in der sie dem Beweisführenden bewußt werden (§ 124); es dürfen auch nicht mehr derartige Lehrsätze angeführt werden, als dem Leser, der mit dem Vorangehenden vertraut ist, die übrigen ins Gedächtnis rufen können, die zur Vollendung des Schlusses nötig sind (§ 123). Nun aber lehrt die Logik die Weise, genau zu definieren, wohlbestimmte Lehrsätze zu bilden und gültige Beweise aufzustellen.[71] Wer daher den Regeln der philosophischen Methode genügen will, muß die Regeln der Logik erkannt und durchschaut haben, und er muß die Fertigkeit ausgebildet haben, diese in der Praxis anzuwenden.

Hieraus erhellt die Notwendigkeit der Logik für das richtige Philosophieren. Wir setzen aber voraus, daß der Logiker seiner Aufgabe Genüge tut, so daß er die richtige Weise des Definierens, Urteilens und Beweisens darlegt. Wir werden aber am geeigneten Ort (*Logica* § 26 ff.) die Kriterien lehren, durch die erkannt wird, ob der Logiker seiner Aufgabe Genüge getan hat. Daß aber derjenige, der die logischen Regeln kennt, sie nicht unmittelbar in der Praxis anwenden kann, sagt die Erfahrung selbst, und dadurch wird bestätigt, daß die Fertigkeit zu definieren, genaue Urteile zu bilden und zu beweisen nur durch viel Übung erworben wird. Welches diese Übungen sind, durch die wir die philosophische Methode zu beherrschen lernen, lehren wir in der *Logica*.[72]

§ 136

Ein Nachteil, der aus der Vernachlässigung der philosophischen Methode entsteht

Wenn einer Philosophie nach einer anderen als der philosophischen Methode zu lehren beabsichtigt, wird er etwas lehren, was nicht zureichend verstanden und auch nicht evident als wahr erkannt werden kann. Denn wer von philosophischen Dingen nach einer anderen als der philosophischen Methode handeln will, der bedient sich nicht genau erklärter Ausdrücke und gibt, wenn er gewisse Ausdrücke noch so sehr definiert, die Definitionen der Ausdrücke, die in die Definitionen anderer eingehen (§ 116, 119), nicht an früherer Stelle. Daher bleibt der Sinn der Lehrsätze von zweifelhafter Auslegung, und im zweiten Fall ist zu befürchten, daß möglicherweise ein Zirkel beim Definieren begangen worden ist. Daher kann man sie nicht zureichend verstehen. Weiterhin verwendet er entweder überhaupt nicht oder nicht zureichend bewiesene Grundsätze (§ 117), beweist in Früherem Lehrsätze durch das, was erst später folgt (§ 120) und deutet die Gründe, warum das Prädikat dem Subjekt zugeschrieben werden muß, mehr an, als daß er einen in seinen Teilen vollständigen Beweis liefert (§ 123). Daher kann die Wahrheit der Grundsätze und der beweisbaren Lehrsätze nicht mit Evidenz erkannt werden.

§ 137

Ein zweiter Nachteil

Hieraus folgt, *daß bei Vernachlässigung der philosophischen Methode keine gewisse und deutliche Erkenntnis erlangt wird.* Denn wenn die philosophische Methode vernachlässigt wird, werden weder die Ausdrücke noch die Lehrsätze zureichend verstanden (§ 136); es besteht daher nur eine verworrene Kenntnis der Dinge. Ähnlich werden die Lehren nicht evident als wahr erkannt (§ 136), und daher bleibt die ganze Erkenntnis zweifelhaft und ungewiß.

Zwar ist es möglich, daß Unerfahrene sich einreden, bestens zu verstehen, was sich Scharfsinnigen entweder als dunkel oder als von zweifelhafter Auslegung zeigt, und daß sie glauben, sie seien von der Wahrheit eines Lehrsatzes überzeugt, wo die Beweiskundigen sehen, daß er noch von vielen Zweifeln umgeben ist. Gegenwärtig sprechen wir aber nicht von der Meinung der Unerfahrenen, sondern von dem, was der Fall ist. Vieles hat den Anschein zu sein, was es doch nicht ist. Der Philosoph aber urteilt über das, was ist.

§ 138

Ein dritter Nachteil

Wenn einer Philosophie nach einer anderen als der philosophischen Methode lehrt, lehrt er etwas, was für das Leben völlig nutzlos ist oder was nicht leicht in der menschlichen Lebenspraxis angewendet werden kann. Wir bestehen hier nicht darauf, daß er etwas lehrt, was nicht zureichend verstanden werden kann (§ 136), obwohl niemand leichtfertig leugnen wird, daß das unzureichend Verstandene weniger leicht in der menschlichen Lebenspraxis angewendet werden kann. Denn die Sache kann auch noch auf andere Weise klarer gezeigt werden. Wer nämlich Philosophie nach einer anderen als der philosophischen Methode lehrt, der bestimmt in Lehrsätzen die Bedingung nicht genau, unter der das Prädikat dem Subjekt zukommt (§ 121). Lehrsätze sind aber erst dann für die Wissenschaft und das Leben nützlich (§ 122), wenn sie so gebildet werden, daß die Bedingung genau bestimmt wird, unter der das Prädikat dem Subjekt zugeschrieben wird. Wenn also diese Bedingung in Lehrsätzen nicht genau bestimmt ist, sondern die Aussagen vage und unbestimmt sind, fällt dieser Nutzen weg.

§ 139

Die Identität von philosophischer und mathematischer Methode

Die Regeln der philosophischen Methode sind dieselben wie die der mathematischen. Denn bei der philosophischen Methode dürfen keine Ausdrücke verwendet werden, die nicht durch genaue Definition erklärt sind (§ 116), auch wird nichts als wahr zugelassen, was nicht zureichend bewiesen ist (§ 117, 118), in Lehrsätzen wird das Prädikat ebenso wie das Subjekt genau bestimmt (§ 121, 130), und alles wird so geordnet, daß dasjenige vorausgeschickt wird, wodurch das Folgende verstanden und erwiesen wird (§ 133, 123, 124). Aber aus unserer Schrift *De methodo mathematica brevis commentatio* und der genauen Behandlung der Mathematik selbst, wie sie unsere *Elementa matheseos universae*[73] darbieten, ist klar, daß auch beim Lehren der Mathematik die Ausdrücke durch genaue Definition erklärt werden (*Meth.*, § 17, 18) und die Ausdrücke, die in die nachfolgenden Definitionen eingehen, in den vorangehenden erklärt werden, wenn nicht von woandersher zureichend verständlich ist, auf welche Dinge sie bezogen werden (*Meth.*, § 14); daß die Grundsätze zureichend festgestellt werden (*Meth.*, § 30 ff.), daß aus Definitionen und im Vorangehenden schon bewiesenen Lehrsätzen Lehrsätze, die hinsichtlich Subjekt und Prädikat genau bestimmt sind (*Meth.*, § 49 ff.), streng bewiesen werden (*Meth.*, § 43, 45 ff.). Überall wird das Gesetz gewissenhaft beachtet, daß dasjenige vorausgeschickt wird, aus dem das übrige verstanden und bewiesen wird (*Meth.*, 14, 43, 44). Wer sieht also nicht, daß die Regeln der mathematischen Methode dieselben sind wie die der philosophischen?

Über die Identität von philosophischer und mathematischer Methode wird sich nur wundern, wer nicht weiß, woraus die Regeln beider abgeleitet werden. Wir haben die Regeln der philosophischen Methode aus dem Begriff der Gewißheit abgeleitet, um die man sich, wie wir bewiesen haben (§ 33), in der Philosophie bemühen muß. Wenn einer aber nach dem Grund der mathematischen Methode fragen sollte, wird er sehen, daß er nicht verschieden ist von der Gewißheit der Erkenntnis, um die man sich, wie jeder Mathematiker selbstverständlich annimmt, in der Mathematik bemühen muß; denn wer wird so verrückt sein, daß er ungewisse Erkenntnis gewisser vorzieht, wenn er gewisse haben kann? Denn nur gewisse Erkenntnis verspricht sicheren Erfolg im Leben. Weil also die Regeln der philosophischen und der mathematischen Methode sich auf denselben Grund stützen, ist nicht verwunderlich, daß auch die Regeln selbst gleich sind. Im übrigen brauchen wir gar nicht zu erweisen, daß die Philosophie nach mathematischer Methode zu behandeln ist; denn selbst wenn es überhaupt keine Mathematik gäbe oder sie wenigstens noch nicht so entwickelt wäre, daß sie ihren Liebhabern sichere Erkenntnis bieten könnte, wäre es nicht möglich,

eine andere philosophische Methode ausfindig zu machen, als die von uns bisher aufgestellt worden ist, solange wir uns darum bemühen, sichere Erkenntnis der Dinge
zu erlangen, die sowohl für den Fortschritt der Wissenschaften als auch für das
Leben nützlich ist (§ 122). Daher ist der ganze Streit über die Anwendung
der mathematischen Methode auf die Philosophie nutzlos und überflüssig. Die Philosophie entlehnt ihre Methode nicht der Mathematik, sondern schöpft sie ebenso
wie die Mathematik aus der wahreren Logik und erkennt sie deshalb als für sich geeignet an, weil man allein durch sie zu sicherer Erkenntnis gelangt, die sowohl für
den Fortschritt der Wissenschaften als auch für das Leben nützlich ist. Wenn es nun
einige gibt, denen eine ungewisse Erkenntnis genügt, die zum Fortschritt der Wissenschaften nichts beiträgt, sondern denselben vielmehr hemmt und keinen anderen
Nutzen für das Leben verspricht, als daß wir den Erfolg dem Glück überlassen und
uns in ziellosem Bemühen oft einer leeren Hoffnung hingeben, so zürnen wir ihnen
nicht, daß sie ihre Sache auf ihre Weise behandeln, wobei sie das Oberste mit dem
Untersten vermischen, Ausdrücke verwenden, denen keine bestimmte Idee entspricht, und ungenaue Lehrsätze verteidigen, über die, weil Subjekt und Prädikat
nicht auf angemessene Weise bestimmt sind, sowohl nach der bejahenden als auch
der verneinenden Seite mit einem gewissen Schein von Wahrheit gestritten wird. Ja
wir neiden ihnen auch nicht den Siegesruhm, mit dem sie sich schmeicheln, weil sie
keinen Sinn für sichere Erkenntnis haben. Wir bemühen uns, sichere Erkenntnis zu
erlangen, nicht aus Eitelkeit, sondern weil wir am Fortschritt der Wissenschaften und
am Nutzen für das Leben interessiert sind. Für ebenso nutzlos halten wir den Streit
darüber, ob in der Philosophie sichere Erkenntnis erlangt werden kann. Wir glauben
eher, daß man zum gegenwärtigen Thema kommen muß, damit wir durch Erfahrung
feststellen, was die Schultern tragen können und was nicht. Wenn der Erfolg nicht
überall sogleich dem Gewünschten entspricht, lassen wir vorläufig Hypothesen zu,
die mit stetigem Fleiß zu vervollkommnen sind, bis wir schließlich die reine Wahrheit erlangen, die wir suchen. Wir ahmen die Astronomen nach, deren stetiges,
scharfsinniges und unermüdliches Studium im Verlauf sehr vieler Jahrhunderte
schließlich etwas zustandegebracht hat, von dem man sagen muß, daß es die Erwar-
tung aller übertroffen hat. Wenn es aber auch ihnen richtig erschienen wäre, die Unmöglichkeit einer Erkenntnis der Wissenschaft von den Sternen durch Scheinargumente zu beweisen, die daher genommen wären, daß die Sterne unzugänglich und zu
weit von uns entfernt seien, daß die menschliche Vernunft zu schwach für die Untersuchung so verborgener und von unserer Erkenntnis so weit abliegender Dinge sei
oder daß sich die hervorragendsten Köpfe so viele Jahrhunderte lang erfolglos darum
bemüht hätten usw.: so hätten diese Scheinargumente zwar zweifellos den Beifall
derer gefunden, denen die Schwäche der Vernunft als Ausrede für ihre Trägheit oder
Eitelkeit diente; die Wissenschaft von den Sternen hätte dann jedoch nur geringen
Aufschwung genommen und wäre nicht auf die Höhe gelangt, auf der wir sie heute
bewundern.

Kapitel V
Vom philosophischen Stil

§ 140
Definition des philosophischen Stils

Unter dem *philosophischen Stil* verstehen wir die Art zu schreiben, deren sich der Philosoph bedienen muß.

Wir tragen hier das Allgemeine vor, das in jeder Sprache gilt, gleichgültig welcher sich der Philosoph bedienen mag. Keineswegs aber geht es uns hier um die lateinische Sprache, auch wenn wir beschlossen haben, die Philosophie auf Latein zu lehren.

§ 141
Sein oberstes Gesetz

Beim philosophischen Stil ist auf nichts anderes Rücksicht zu nehmen als darauf, daß wir dem anderen die Gedanken unseres Geistes offenlegen. In der Philosophie ist nämlich nur das zuzulassen, was zureichend verstanden und bewiesen ist (§ 116, 117, 118). Es ist daher nicht nötig, daß wir den anderen mit den Lockmitteln der Worte einfangen und zur Zustimmung bringen. Deshalb nehmen wir beim philosophischen Stil auf nichts anderes Rücksicht als darauf, daß wir dem anderen die Gedanken unseres Geistes offenlegen.

Wir beabsichtigen nämlich nur zu lehren, welche Vorstellung von der Sache einer sich im Geist bilden muß sowie welche Prädikate er ihr beilegen muß und warum ihr diese beizulegen sind. Einzig darauf zielen wir also mit dem ganzen Aufwand an Worten ab, daß wir dem Leser unsere Meinung ganz deutlich erklären, damit er sie nicht verfehlen kann, wenn er die für die Lektüre philosophischer Schriften nötige Aufmerksamkeit aufbringt. Nicht durch die Macht der Worte, sondern durch das Gewicht der Argumente erzwingen wir seine Zustimmung und wünschen inständig, daß auch andere durch unsere Arbeit zu sicherer Erkenntnis geführt werden mögen.

§ 142

Warum die überkommene Bedeutung der Worte beizubehalten ist

In der Philosophie ist nicht von der überkommenen Bedeutung der Worte abzugehen, d.h. mit den Worten dürfen wir nicht andere Dinge bezeichnen, als gewöhnlich damit bezeichnet werden. Beim philosophischen Stil zielen wir nämlich einzig darauf ab, daß wir dem anderen unsere Meinung deutlich darlegen (§ 141). Wenn wir aber mit den Worten andere Dinge bezeichnen, als gewöhnlich damit bezeichnet werden, so kann der Leser unsere Meinung entweder gar nicht oder nur schwer erfassen, je nachdem ob wir überhaupt keine Definition eines Wortes geben oder die Definition dem Leser nicht immer vorschwebt. Die Veränderung der Wortbedeutungen schadet also der Deutlichkeit, die den philosophischen Stil auszeichnen muß.

Einige[74] reden sich ein, die Wortbedeutungen würden verändert, wenn andere als die gewöhnlich gelehrten Definitionen gegeben werden. Wer so denkt, täuscht sich aber gründlich. Solange nämlich dieselbe Sache mit demselben Wort bezeichnet wird, bleibt auch dessen Bedeutung dieselbe. Das haben die Geometer schon lange erkannt, die eine und dieselbe Figur auf verschiedene Weise definieren, auch wenn sie fest überzeugt sind, daß die Bedeutung eines Wortes nicht leichtfertig zu verändern ist. Z. B. bezeichnet *Apollonius* denjenigen Kegelschnitt als Parabel, der die Grundlinie eines Dreiecks, das durch die Achse ⟨des Kegels⟩ gelegt wird, rechtwinklig schneidet und dessen Achse einer Seite des Kegels parallel ist. Wenngleich *Dechales*[75] dagegen die Parabel als diejenige Figur definiert, bei der die Quadrate über der Reihe nach angelegten Linien in demselben Verhältnis ⟨zueinander⟩ stehen wie die ⟨zugehörigen⟩ Pfeile, so verändert er deshalb nicht die Bedeutung des Wortes »Parabel«, weil sich beide Definitionen auf dieselbe Figur beziehen. Wenn entsprechend einige Gott als den unabhängigen Geist[76] definieren, *Descartes*[77] als das vollkommenste Wesen, wir[78] als das »Ens a se«, in dem der zureichende Grund der kontingenten Existenz des Universums enthalten ist, so ist die Bedeutung des Wortes »Gott« immer dieselbe, weil das Wesen, das der unabhängige Geist ist, auch das vollkommenste Wesen und das »Ens a se« ist, das den zureichenden Grund der kontingenten Existenz des Universums enthält.

§ 143

Die Notwendigkeit konstanten Wortgebrauchs

Dasselbe Wort muß in der Philosophie, wenigstens innerhalb derselben Teildisziplin, ständig dieselbe Bedeutung haben. Der Grund ist derselbe wie bei der vorangehenden Regel. Wenn man nämlich ein Wort nicht stän-

dig in derselben Bedeutung verwendet, wird der Sinn sogleich mehrdeutig
sein und einiges wird vom Leser leicht mißverstanden werden; das ist der
Deutlichkeit abträglich, welche die Philosophie fordert (§ 141). Es gibt
aber noch einen anderen Grund, der gebietet, daß die Bedeutung desselben Wortes konstant bleibt. In der Philosophie werden nachfolgende
Lehrsätze durch vorangehende bewiesen (§ 120). In nachfolgenden Sätzen
müssen die Worte daher dieselbe Bedeutung haben wie in den vorangehenden; andernfalls ist es gemäß den Gesetzen der Kunst des logischen
Schließens, welche die *Logica* (§ 346 ff.) lehrt, nicht möglich, daß frühere
Sätze in die Beweise späterer eingehen.

> Wenn einer die ganze Logik erfaßt hat, so daß er die philosophische Methode tiefer
> durchschaut und sie sich eben dadurch klarer gemacht hat, so wird er mit größerer
> Evidenz begreifen, wie sehr ein inkonstanter Wortgebrauch der philosophischen
> Methode entgegensteht. Zwar kommt nichts häufiger vor als ein inkonstanter Wort-
> gebrauch, aber nach unserer Erfahrung ist auch nichts der genauen Methode des Phi-
> losophierens mehr entgegen.

§ 144
Rückführung der schwankenden Wortbedeutung auf eine feste

Hieraus folgt: *Wenn durch inkonstanten Wortgebrauch die Bedeutung
eines Wortes schwankend und unbestimmt ist, so muß sie in der Philosophie
auf eine bestimmte zurückgeführt werden.* In der Philosophie ist zwar von
der überkommenen Wortbedeutung nicht abzuweichen (§ 142), und so
scheint es, daß die schwankende und unbestimmte Bedeutung beizubehalten ist, wo sie sich eingebürgert hat. Aber in eben der Philosophie muß
die Bedeutung desselben Wortes konstant (§ 143) und daher bestimmt und
nicht schwankend sein, folglich ist von dem üblich gewordenen inkonstanten Wortgebrauch abzugehen. Da nicht beides möglich ist (weil es sich
widerspricht, aufgrund des inkonstanten Wortgebrauchs demselben Wort
vorläufig wechselnde Bedeutungen beizulegen und nach Preisgabe des inkonstanten Wortgebrauchs dieselbe feste Bedeutung beizubehalten), deshalb muß von einer der beiden Regeln eine Ausnahme gemacht werden.
Weil in diesem Fall die Bedeutung des Wortes um der Gewißheit willen in
einer genauen Definition zu erklären ist (§ 116), kann hieraus nur für den
unvorsichtigen Leser, der nämlich auf die gegebenen Definitionen nicht
achtet, eine Mehrdeutigkeit des Sinnes erwachsen. Da aber die Inkonstanz
des Wortgebrauchs der philosophischen Methode völlig entgegengesetzt

ist (§ 143), muß die Ausnahme von der ersten Regel gemacht werden, die den überkommenen Sprachgebrauch schützt. Die schwankende und unbestimmte Bedeutung ist daher auf eine bestimmte und feste zurückzuführen.

Wenn wir vom philosophischen Stil handeln, haben wir vor allem den Gebrauch der Worte, den die *Logica*[79] vorschreibt, im Auge. Daher wird nach Abschluß der Behandlung der Logik nicht nur klarer herauskommen, was in diesem *Discursus praeliminaris* in bezug auf den philosophischen Stil vorgeschrieben wird, sondern es wird auch klar werden, wie man diesen Vorschriften praktisch genügen kann. Im übrigen besteht eine Hauptaufgabe des Philosophen darin, daß er die Worte von der gewöhnlich anzutreffenden schwankenden und unbestimmten Bedeutung auf eine feste und bestimmte Bedeutung zurückführt, indem er genaue Definitionen der damit bezeichneten Dinge gibt. Die Schwierigkeit dieser Aufgabe erfahren wir nicht nur, wenn wir uns an sie heranmachen, sondern auch die Seltenheit genauer Definitionen kündet vor aller Welt davon. Eine noch größere Schwierigkeit aber spüren wir da, wo die Definitionen zugleich so zu ordnen sind (§ 119), daß die Worte, deren wir uns in den folgenden bedienen, in den vorangehenden erklärt werden. Denn man hat sich sehr davor zu hüten, beim Definieren in einen circulus vitiosus zu fallen. Ich spreche aus Erfahrung, und wer sich entschließen sollte, die in der Mathematik an verstreuten Orten gelehrten Definitionen zu sammeln und zu ordnen, um die Probe aufs Exempel zu machen, wird mir glauben.

§ 145
Was durch Namen unterschieden werden muß

Was sich durch einen gleichbleibenden inneren Unterschied voneinander unterscheidet, muß in der Philosophie auch mit verschiedenen Namen belegt werden. Aufgabe des Philosophen ist es, den Grund dessen, was ist oder sein kann, anzugeben (§ 46). Die Gründe dessen, was ist, werden aber von dem hergenommen, wovon wir einsehen, daß es den Dingen innewohnt und daß sich die Dinge dadurch unterscheiden. Daher muß man aufgrund dessen, was den Dingen innewohnt, ihre Gattungen und Arten aufstellen, damit feststeht, ob ein Prädikat einem Ding aus einem allgemeinen oder einem besonderen Grund beigelegt wird, und somit genaue Urteile gebildet werden. Davon wird in der *Logica*[80] ausführlicher die Rede sein. Wenn also die Gattungen und Arten der Dinge aufgrund innerer Unterschiede bestimmt werden, müssen so viele Gattungen und Arten von Dingen aufgestellt werden, wie gleichbleibende innere Unterschiede anzutreffen sind. Die einzelnen Gattungen und Arten aber müssen mit je eigenen Namen belegt werden. Was sich also durch einen gleichbleibenden Unterschied voneinander unterscheidet, muß in der Philosophie auch mit verschiedenen Namen belegt werden.

Hier schlägt derselbe Grund durch, der gewöhnlich nahegelegt hat, verschiedenen Dingen verschiedene Namen zu geben. Denn da bei einer gemeinsamen Benennung das meiste dem Zufall, wenig oder nichts der Planung überlassen blieb und die Dinge nicht nach deutlichen, sondern nach verworrenen Begriffen in Gattungen und Arten eingeteilt wurden, darf es nicht verwunderlich scheinen, wenn dem Philosophen, der die Unterschiede der Dinge genauer untersuchen will, auf diesem Gebiet viel zu tun übrig geblieben ist.

§ 146
Definition des philosophischen Terminus

Die Namen der Dinge, die der Philosoph unterscheidet, deren Unterschied aber gewöhnlich nicht beachtet wird, heißen *philosophische Termini*.

Dinge, deren Unterschied gewöhnlich nicht erkannt wird, ermangeln besonderer Namen. Denn die Arten und Gattungen der Dinge, die durch jene Unterschiede bestimmt werden, sind so lange verborgen, wie die Unterschiede nicht erkannt werden. Wenn daher der Philosoph ihnen Namen gibt, verwendet er in der Philosophie Termini, denen der Sprachgebrauch außerhalb derselben keinen Platz eingeräumt hat. Und so hat die Philosophie Termini, die ihr eigentümlich sind. Das gleiche gilt in der Mathematik, Theologie, Jurisprudenz, Medizin und überhaupt in jeder Kunst. Eine jede von ihnen hat ihr eigentümliche Termini aus demselben Grund, den wir eben für die Philosophie angeführt haben. Da es heute aber Leute gibt, die philosophische Termini verachten, wird es nicht fehl am Platz sein, Genaueres über sie zu sagen.

§ 147
Die Pflicht des Philosophen in bezug auf überkommene Termini

Philosophische Termini, die einmal eingeführt sind, sollen nicht verändert werden; wenn sie nicht genau genug definiert sind, ist eine genauere Definition zu geben. Daß philosophische Termini, die einmal eingeführt sind, nicht verändert werden sollen, läßt sich auf dieselbe Art beweisen, wie wir oben (§ 142) dargetan haben, daß die überkommenen Wortbedeutungen beizubehalten sind. Es läßt sich aber auch auf folgende Weise zeigen. Wenn die einmal eingeführten Termini nicht beibehalten, sondern durch

neue ersetzt werden, versteht der Leser, der jene kennt, die neuen nicht
und muß sich mit ihnen um unserer Schrift willen vertraut machen, und
umgekehrt wird derjenige, der zuerst diese gelernt hat, jene nicht verstehen und wird sich mit ihnen vertraut machen müssen, wenn er die Schriften anderer lesen will. Also wird entweder einer, der in den Schriften anderer bewandert ist, von unseren fernzuhalten sein und umgekehrt, oder
man muß ohne zwingende Notwendigkeit das Gedächtnis mit Termini
belasten, die wir entbehren könnten, während es jetzt nötig ist, nicht nur
ins Gedächtnis aufzunehmen, sondern auch im Gedächtnis zu behalten,
welche Termini in unseren Schriften den Termini in den Schriften anderer
entsprechen. Da es nicht angebracht ist, den Fleiß des Lesers unnötig zu
beanspruchen, dürfen die einmal eingeführten und bekannten Termini
nicht verändert werden. Ferner sind in der Philosophie alle verwendeten
Termini durch genaue Definition zu erklären (§ 116). Wenn sie von anderen nicht genau genug definiert sind, müssen wir eine genauere Definition
geben.

Das ist in der Tat der Grund, warum wir die in der alten Philosophie gebräuchlichen
Termini beibehalten. Es kümmert uns nicht, wenn sie auch noch so barbarisch scheinen oder aufgrund ihrer Etymologie nicht genau zu den Dingen passen, die dadurch
bezeichnet werden. Wir denken über die Dinge aufgrund ihrer Begriffe nach, nicht
aufgrund der sprachlichen Herleitung der Termini. In der Philosophie ist es auch
nicht die Eleganz der Worte, die erfreut, sondern die Wahrheit. Als Beispiel dienen
uns die Astronomen, welche Termini beibehalten haben, die aus irrigen Meinungen
hervorgegangen sind. Namen dieser Art sind »Fixstern« und »Planet« oder »Wan-
delstern«. Diese Bezeichnungen rühren zweifellos daher, daß man ursprünglich
glaubte, die Fixsterne seien am Firmament gleichsam angeheftet, die Planeten aber
wanderten nach einem ungewissen Gesetz bald hierhin bald dorthin durch den Himmel. *Kepler* behielt gar Termini der alten Astronomen in seiner *Astronomia nova*[81]
bei, obgleich nicht genau die gleiche Bedeutung beibehalten werden konnte, sondern
unterdessen verändert werden mußte, weil die Dinge, die in den Theorien der Alten
damit bezeichnet wurden, nicht auf genau die gleiche Art ihren Platz in den neuen
Theorien *Keplers* finden. Daß aber die Bedeutung eines Terminus, der vorher weniger genau definiert gewesen war, durch eine neue Definition nicht verändert wird,
macht das oben Gesagte (§ 142, Anm.) einsichtig. Viel weniger aber ist es hinzuneh-
men, wenn gewisse Leute sich neue Termini ausdenken, mit denen sie das von anderen Gesagte einhüllen, um den Eindruck zu erwecken, sie hätten etwas Neues entdeckt oder das aus anderen Geschöpfte aus eigener Kraft gefunden; der Philosoph
billigt nämlich nicht die Windmacherei.

§ 148

Der Nutzen der Termini

Wenn Termini durch genaue Definition erklärt werden, machen sie die Erkenntnis deutlich und für den Fortschritt der Wissenschaften und das Leben nützlich. Wenn Termini durch genaue Definition erklärt werden, unterscheiden wir auch mittels der Namen die Dinge voneinander, deren Unterschiede wir mit Hilfe des Verstandes deutlich erfassen, und teilen sie in Gattungen und Arten ein. Daß aber die Erkenntnis der Dinge durch genaue Einteilung in die jeweiligen Gattungen und Arten deutlich gemacht wird, wird detaillierter aus der *Logica*[82] hervorgehen. Ferner, wenn voneinander verschiedene Dinge genau in Gattungen und Arten eingeteilt werden, lassen sich auch genaue Lehrsätze aufstellen, in denen einer jeden Gattung und Art ihre jeweiligen Prädikate zugesprochen werden. Derartige Lehrsätze sind aber sowohl für den Fortschritt der Wissenschaften als auch für das Leben nützlich (§ 122). Philosophische Erkenntnis wird also durch die Verwendung von Termini, die durch genaue Definition erklärt sind, für den Fortschritt der Wissenschaften und das Leben nützlich.

Wenn wir nicht über Termini verfügen, ist die Definition so oft aufzusagen, wie der Terminus am Platze wäre. Man muß also viele Worte machen, wo ein Wort genügen würde. Und dieses langweilige Aufsagen von Definitionen verwirrt den Geist sehr oft. Wäre es in der Geometrie nicht langweilig, wenn man jedesmal die Definition des Quadrats aufsagen müßte, wenn das Wort »Quadrat« vorkommt? Wenn man z. B. in dem bekannten Satz des Pythagoras sagen müßte: »Die vierseitige gleichseitige rechtwinklige Figur, deren Seite die Hypotenuse eines rechtwinkligen Dreiecks ist, ist gleich zwei vierseitigen gleichseitigen rechtwinkligen Figuren, deren Seiten je einer der beiden Katheten desselben rechtwinkligen Dreiecks gleich sind.« Wer mit Beweisen gut vertraut ist und auch auf die Form des Beweises achtgibt, weiß aus Erfahrung ganz genau, wie hilfreich es beim Schließen ist, wenn die Sätze dank der Termini kurz und knapp sind. Wer sich aber einredet, durch Termini würde die Philosophie verdunkelt, der täuscht sich gewaltig. Denn wenn sie durch genaue Definition erklärt werden, verbreiten sie eher Licht, sobald sie durch häufigen Gebrauch vertraut geworden sind. Ohne Verwendung von Termini ist kein großer Fortschritt in den Wissenschaften zu erwarten. Wer auf der Schwelle stehen bleiben will, kann sie allerdings entbehren. In der Arithmetik[83] habe ich schon vor langer Zeit angemerkt, wie sehr der bequeme Gebrauch von Termini beim Aussprechen einer sehr großen Zahl zur Deutlichkeit beiträgt; ohne Termini kommt sie so unklar heraus, daß der Geist verwirrt wird und kaum versteht, was mündlich vorgebracht wird.

§ 149

Die Einfachheit des philosophischen Stils

In der Philosophie muß man sich passender Worte bedienen und nicht mehr Worte machen als genügen, um die Wahrheit in ihrer Blöße vorzutragen. In der Philosophie lehren wir die Definitionen der Dinge (§ 116) und beweisen, was ihnen kraft der Definition oder unter einer gegebenen Bedingung zukommt (§ 121, 130) oder wie etwas von uns bewirkt werden kann (§ 58, 71). Da an seinem Ort in der *Logica* (§ 153) bewiesen werden wird, daß in der Definition nicht mehr gesetzt werden darf, als das Definierte in seinem Sein bestimmt, und da in philosophischen Lehrsätzen die Bedingung genau zu bestimmen ist, unter der das Prädikat dem Subjekt zukommt (§ 121), ist folglich in ihnen außer Subjekt und Prädikat sowie ggf. beider Bestimmung (§ 122) nichts zu setzen. In Beweisen darf schließlich nicht mehr enthalten sein als genügt, das übrige zur Vollendung des Schlusses Notwendige ins Gedächtnis zu rufen (§ 123), folglich nicht mehr als genügt, den Beweis im Geist zu konzipieren. Ebenso klar ist, daß dort, wo wir lehren, wie etwas von uns bewirkt werden kann, nicht mehr gesagt werden darf als das, wodurch das Ziel erreicht wird. Daher sind nicht mehr Worte erlaubt, als zur Angabe dessen genügen, was zu Definitionen, bestimmten Lehrsätzen, deren Beweisen und zur Lösung von Aufgaben, d. h. zu der Art und Weise, wie etwas gemacht werden muß, erfordert wird. Wer nicht mehr Worte macht, trägt die Wahrheit in ihrer Blöße vor. Die *passenden Worte* sind aber diejenigen, die zur Bezeichnung dessen, worauf sie bezogen werden, bestimmt sind. Wenn daher – wie eben bewiesen – nicht mehr Worte zu machen sind als genügen, die Vorstellungen unseres Geistes einem anderen anzuzeigen, so sind eben passende Worte zu verwenden. Dasselbe wird noch auf andere Weise wie folgt gezeigt: In der Philosophie darf man nur Termini verwenden, die durch genaue Definition erklärt sind (§ 116), und es ist auch nicht von der überkommenen Bedeutung der Worte abzugehen (§ 142); daher sind von den einzelnen Dingen, um die sich unsere Rede dreht, Worte zu gebrauchen, die aufgrund der Intention des Philosophen (§ 146) oder des allgemeinen Sprachgebrauchs dazu bestimmt sind, sie zu bezeichnen, folglich – nach der eben gegebenen Definition – passende Worte.

Diese Vorschrift ist völlig in Einklang mit dem obersten Gesetz des philosophischen Stils, welches gebietet, auf nichts anderes Rücksicht zu nehmen als darauf, daß wir dem anderen die Gedanken unseres Geistes offenlegen (§ 141). Als Beispiel dienen uns auch die Geometer von alters her, die sich nur passender Worte bedient und nicht mehr Worte gemacht haben, als nach ihrer Einsicht genügten, die Wahrheit in ihrer Blöße vorzutragen. Wo wir nämlich nur auf die Belehrung des anderen abzielen, gibt es keinen Grund, warum wir andere und mehr Worte gebrauchen sollten, als zu diesem Zweck genügen. Der Philosoph schreibt, um zu nützen, nicht, wie der Redner, um zu überreden oder, wie der Dichter, um zu erfreuen. Er hat nichts anderes im Auge, als was aus der Anerkennung der Wahrheit, die er vorträgt, folgen kann. Er schreibt nämlich für diejenigen, die sich von der Liebe zur Wahrheit leiten lassen. Aber niemand soll sich einreden, daß wir das verachteten, was an anderer Stelle und mit anderer Zielsetzung der Dichter oder Redner tut, der auch Philosoph ist. Wir halten es vielmehr für angebracht, daß der Dichter oder Redner die vom Philosophen gefundene Wahrheit, die in ihrer Blöße verachtet wird, in einem schönen Gewand auf die Bühne bringt, damit diejenigen, denen sie in ihrer Blöße gar nicht gefällt, von Liebe zu ihr ergriffen werden. Man muß sich nämlich Mühe geben, eine lebensnützliche Wahrheit ausnahmslos allen nahezubringen, auf welchem Weg auch immer das geschehen mag. Was unserer Zielsetzung fremd ist und von der philosophischen Bühne ferngehalten wird, das wird deshalb nicht getadelt und aus dem Bereich der Literatur verbannt.

§ 150

Warum der rednerische Stil aus der Philosophie zu verbannen ist

Hieraus folgt, *daß der Philosoph den Schmuck der Worte zurückweisen muß, der den Rednern hilft.* Denn dieser Schmuck besteht entweder in unpassenden Worten oder in mehrdeutigen Worten; beides ist der Einfachheit des philosophischen Stils zuwider (§ 149).

Hier ist jedoch festzuhalten, was wir eben zum vorangehenden Paragraphen angemerkt haben.

Kapitel VI
Von der Freiheit des Philosophierens

§ 151
Definition der Freiheit des Philosophierens

Wenn wir philosophieren, ist es uns entweder erlaubt, öffentlich auszusprechen, was uns wahr und was uns falsch scheint, oder wir dürfen nur das als wahr verteidigen, was anderen so scheint. Jeder gibt zu, daß wir uns im ersten Fall der Freiheit des Philosophierens erfreuen, daß uns aber im zweiten Fall keine solche gelassen wird. Die *Freiheit des Philosophierens* ist daher die Erlaubnis, seine Meinung über philosophische Gegenstände öffentlich vorzutragen.

Ein Philosoph, der Freiheit des Philosophierens hat, definiert, urteilt und beweist seine Behauptungen so, wie es ihm selbst richtig scheint; keineswegs aber läßt er sich befehlen, eine Definition nach dem Willen anderer aufzustellen, obwohl er sie als den Regeln der echten Logik widerstreitend erkennt, oder sich in seinem Urteil nicht nach seinem eigenen, sondern anderer Gutdünken zu richten, deren Urteil ihm nicht im Einklang mit der Wahrheit zu stehen scheint, oder schließlich ein von anderen zur Begründung einer These beigebrachtes Argument für gültig zu erklären, das nach seinem Empfinden mit starken Zweifeln behaftet ist. Wer in seinem Philosophieren frei ist, muß sich nach seinem eigenen, nicht nach fremdem Urteil richten, wenn er Philosophie lehren soll. Wenn ein Astronom aus astronomischen Gründen, die ihn von der jährlichen Bewegung der Erde um die Sonne überzeugen, die Feststellung trifft, daß die Erde im Laufe eines Jahres sich um die Sonne bewegt, und in der Astronomie die sekundäre Ungleichheit der Planeten⟨bewegungen⟩ durch diese Bewegung erklärt, richtet er sich bei der Erklärung dieser Ungleichheit nach seinem eigenen Urteil und macht daher von der Freiheit des Philosophierens Gebrauch. Als *Kepler*[84] diese Bewegung verteidigte, weil er erkannt hatte, daß sie den Beobachtungen der Phänomene am Himmel entsprach, obwohl die mit der Astronomie nicht Vertrauten sie für absurd und gottlos erklärten, machte er daher von der Freiheit des Philosophierens Gebrauch.

§ 152

Definition der Knechtschaft im Philosophieren

Die *Knechtschaft im Philosophieren* ist dagegen der Zwang, die Meinung anderer über philosophische Gegenstände als wahr zu verteidigen, obwohl uns das Gegenteil richtig scheint.

Wo beim Philosophieren keine Freiheit, sondern abscheuliche Knechtschaft herrscht, da ist es nicht erlaubt, seine Meinung über philosophische Gegenstände öffentlich auszusprechen. Da muß man das als wahr erklären, was anderen so scheint, auch wenn man erkennt, daß es keineswegs in Einklang mit der Wahrheit steht. Da muß man Definitionen aufstellen, wie es anderen gutdünkt, auch wenn sie den Regeln des Definierens völlig widerstreiten. Da muß man sich nach dem Urteil anderer richten, auch wenn es offenkundig mit der Wahrheit gar nicht übereinstimmt. Da muß man Thesen mit Argumenten beweisen, die von anderen als gültig ausgegeben werden, auch wenn wir sie als ganz schwach erkennen. Wenn da ein Astronom überzeugt ist, daß die jährliche Bewegung der Erde um die Sonne den Beobachtungen am Himmel entspricht und daß umgekehrt die Bewegung der Sonne um die ruhende Erde mit ihnen unvereinbar ist, wird er gezwungen, die Bewegung der Sonne für wirklich, die der Erde für absurd zu erklären, wenn er sich nicht eine lästige Rüge zuziehen will; er entbehrt die Freiheit des Philosophierens und seufzt unter dem Joch der Knechtschaft. So wurde *Galilei* von den Kardinälen der Inquisition gezwungen, der Lehre von der Bewegung der Erde, die er in dem *Dialogo sopra i due massimi sistemi del mondo*[85] auf gültigen Gründen aufgebaut hatte, als irrig abzuschwören – er erfreute sich nicht der Freiheit des Philosophierens. Es geht jetzt noch nicht um die Frage, ob die Freiheit des Philosophierens völlig unbeschränkt gelassen werden muß oder ob sie in einigen Punkten eingeschränkt werden darf. Dazu werden wir uns gleich äußern.[86] Jetzt geben wir nur an, was der Ausdruck »Freiheit des Philosophierens« bedeutet und was umgekehrt »Knechtschaft« heißt. Daher geben wir hier kein Urteil über das Vorgehen der Inquisition ab.

§ 153

Die Knechtschaft im Philosophieren widerstreitet der philosophischen Methode

Wenn einer Philosophie nach philosophischer Methode lehren soll, so kann ihm nicht das Joch der Knechtschaft im Philosophieren auferlegt werden. Denn wem das Joch der Knechtschaft im Philosophieren auferlegt wird, der muß Definitionen, deren Unvereinbarkeit mit den Regeln der Logik er erkennt, als gültig zulassen, weil andere sie als gut beurteilen; er muß Lehrsätze, an deren Wahrheit er zweifelt, ja die er als falsch erkennt, als wahr zulassen, weil andere sie als wahr ausgeben; er muß Beweise, von denen er sieht, daß sie mit vielen Mängeln behaftet sind, als zwingend zulassen, weil andere ihre Strenge und Gültigkeit behaupten (§ 152, Anm.). Aber wer Philosophie nach philosophischer Methode lehren soll, muß beim Definieren genau (§ 116, 119), beim Urteilen umsichtig (§ 121, 130), beim Beweisen streng (§ 117, 118, 120, 123) sein und an der Ordnung festhalten (§ 124); er ist an die Regeln der philosophischen Methode gebunden und kann daher nicht anderen zu Gefallen billigen, was jenen widerstreitet. Folglich kann dem, der Philosophie nach philosophischer Methode lehren soll, das Joch der Knechtschaft nicht auferlegt werden.

Einige werden vielleicht glauben, eine solche Knechtschaft im Philosophieren, wie wir sie unterstellen, sei der Praxis aller Zeiten fremd. Ich will nicht von den Vorgängen hier bei uns sprechen,[87] wo es Leute gibt, die sich selbst zwar jede Zügellosigkeit im Meinen nicht nur in der Philosophie, sondern sogar in der Religion herausnehmen, aber anderen ein solches Joch der Knechtschaft auferlegen wollen; denn es fehlt ja nicht an anderen Beispielen, die das Gesagte bestätigen. Hat nicht *Voetius*, der Utrechter Theologe, *Descartes* des Atheismus, zumindest der Begünstigung des Atheismus, beschuldigt,[88] weil dieser sich beim Beweis des Daseins Gottes nicht der abgedroschenen Argumente bediente, sondern einen neuen Weg beschritt, den er in einer Sache von so großer Bedeutung für sicherer hielt? Es lohnt, den ausführlichen Verteidigungsbrief des *Descartes* an *Voetius* zu lesen, der den *Meditationes de prima philosophia* neben anderen Einwänden gegen diese mitsamt den Erwiderungen des *Descartes* beigegeben ist (S. 79 ff. meiner Ausgabe).[89] Und aus keinem anderen Grund ist *Campanella* von Menschen, welche die Freiheit des Philosophierens bei anderen nicht ertragen konnten, desselben Verbrechens verdächtigt worden, als weil er in seinem *Atheismus triumphatus*[90] mit anderen als den herkömmlichen Waffen gegen den Atheismus kämpfte. Es widerstrebt mir, weitere Beispiele anzuführen. Denn ich wollte, es gäbe unter den Gelehrten keine solchen Beweise von Hirnverbranntheit und Boshaftigkeit.

§ 154

Bei der Auswahl einer Meinung ist nur auf die Wahrheit
Rücksicht zu nehmen

Wenn einer Philosophie nach philosophischer Methode lehren soll, so darf er bei der Auswahl von Meinungen nur auf die Wahrheit Rücksicht nehmen. Denn wer Philosophie nach philosophischer Methode lehren soll, der ist gehalten, keinem Lehrsatz einen Platz in ihr einzuräumen, den er nicht aus zureichend bewiesenen Grundsätzen gültig ableiten kann (§ 118), ja er darf nur zureichend bewiesene Grundsätze (§ 117) und durch genaue

Definition erklärte Termini verwenden (§ 116). Als genau gelten Definitionen, die den logischen Regeln entsprechen (ebd., Anm.), und daher werden nur solche zugelassen, von denen bewiesen werden kann, daß sie jenen entsprechen. In der *Logica* wird auch gelehrt, wie Grundsätze teils durch Erfahrung festgestellt, teils durch Schlüsse ermittelt werden (§ 117, Anm.),[91] und daher verfügt der Philosoph über zureichend bewiesene Grundsätze, deren Evidenz er durch die logischen Regeln erkennt. In eben der *Logica* wird schließlich gelehrt, wie aus Grundsätzen durch gültigen Schluß Folgerungen abgeleitet werden (§ 118, Anm.),[92] und daher läßt der Philosoph nichts als bewiesen zu, wovon er nicht durch die Regeln der Logik zeigen kann, daß es bewiesen ist. Jede Erkenntnis des Philosophen geht auf Definitionen und Lehrsätze sowie deren Beweise zurück, was durch die Tat offenkundig ist und in der Logik bewiesen werden kann. Wenn er daher Philosophie nach philosophischer Methode lehrt, läßt er nichts zu, was nicht gemäß den logischen Regeln zugelassen werden kann. Denn die Logik lehrt die Regeln, durch die das Erkenntnisvermögen bei der Erkenntnis der Wahrheit geleitet wird (§ 61). Wer nichts zuläßt, als gemäß den logischen Regeln zugelassen werden kann, der läßt folglich nichts zu, dessen Wahrheit er nicht mit Evidenz erkennt. Wer also Philosophie nach philosophischer Methode lehren soll, darf bei der Auswahl von Meinungen nur auf die Wahrheit Rücksicht nehmen.

§ 155
Äußere Gründe sind nicht zu beachten

Hieraus folgt: *Solange Philosophie nach philosophischer Methode gelehrt wird, müssen bei der Auswahl einer Meinung alle äußeren Gründe außer Betracht bleiben.* Denn wer nur auf die Wahrheit Rücksicht nehmen darf, so daß er eine Meinung anderen vorzieht, weil er ihre Übereinstimmung mit der Wahrheit erkennt (§ 154), der wählt eine bestimmte Meinung aus keinen anderen Gründen als solchen aus, die aus der Erkenntnis der Wahrheit selbst abgeleitet sind, unter welchem Namen sie auch schließlich auftreten mögen.

Wer nach philosophischer Methode philosophiert, dem ist es gleich, ob eine Wahrheit schon in alten Zeiten erkannt oder erst jüngst entdeckt wurde, ob sie heute geschätzt oder verachtet wird, ob sie von anderen oder von ihm selbst durch eigenes Bemühen gefunden wurde, ob sie von einem Manne, der Berühmtheit erlangt hat, verteidigt wird oder ob sie in dem Buch eines obskuren Autors verborgen ist. Er liebt die Wahrheit an sich und schätzt sie um ihrer selbst willen; er bezieht sie nicht auf den Ruhm, den Reichtum oder fremde Gunst. Der Philosoph jagt nicht Glücksgütern auf Kosten der Wahrheit nach. Ja angenommen, einer, der Philosophie nach philosophischer Methode lehren soll, lasse etwas Falsches als wahr oder etwas Zweifelhaftes als gewiß zu, um sich die Gunst anderer zu verschaffen oder weil er sieht, daß man mit solchen Thesen bekannt wird, oder um dem unvorsichtigen Leser billigen Wein einzuschenken: da er aus dem Vorangehenden das Nachfolgende beweist (§ 132), aus falschen und ungewissen Grundsätzen aber Falsches und Ungewisses abgeleitet wird (§ 117), muß er entweder die Irrtümer ständig vermehren und um seines privaten Vorteils willen andere mit Wissen und Willen in den Irrtum führen oder aber seine Lehren überhaupt nicht miteinander verknüpfen, d. h. der philosophischen Methode entsagen. Denn diese schreibt ebenso vor, keinen Lehrsatz in die Philosophie aufzunehmen, der nicht aus zureichend bewiesenen Grundsätzen gültig abgeleitet ist (§ 118), wie das Nachfolgende durch das Vorangehende klar zu machen und zu beweisen (§ 132). Ich brauche nicht zu betonen, daß es einem ehrlichen und aufrichtigen Charakter widerstreitet, andere um des eigenen Vorteils willen betrügerisch zu hintergehen.

§ 156
Der Philosoph muß sich an sein eigenes Urteil halten

Wenn einer Philosophie nach philosophischer Methode lehren soll, so muß er sich an sein eigenes Urteil, nicht an das Urteil anderer halten. Wer Philosophie nach philosophischer Methode lehren soll, darf nur genau definierte Termini (§ 116) und zureichend bewiesene Grundsätze (§ 117) verwenden und keinen Lehrsatz zulassen, der nicht aus zureichend bewiesenen Grundsätzen durch gültigen Schluß abgeleitet ist (§ 118); und wenn das, was zu erkennen nützlich ist, nicht streng bewiesen werden kann, so ist seine Wahrscheinlichkeit durch einen geeigneten Grund zu erweisen, das Wahrscheinliche aber von Gewissem streng zu unterscheiden (§ 125). Welche Definitionen genau sind, wann ein Grundsatz zureichend bewiesen ist, auf welche Weise Folgerungen durch gültigen Schluß aus den Grundsätzen abgeleitet werden, wie man erkennt, was noch zur sicheren Erkenntnis fehlt, lehrt die *Logica*[93] (§ 116, 117, 118 und 125). Der Philosoph, der Philosophie nach philosophischer Methode lehren soll, muß die dort gelehrten allgemeinen Regeln auf besondere Fälle, d. h. Definitionen, Grundsätze und Lehrsätze anwenden. Während er so über die Gültigkeit von Definitionen, Grundsätzen und Lehrsätzen urteilt, hält er sich an sein eigenes, nicht an fremdes Urteil; denn wenn er sich an das Urteil anderer halten müßte, hätte er diese Untersuchung nicht nötig. Aber das widerstreitet der philosophischen Methode.

Wer mehrere Zahlen zu einer Gesamtsumme addiert, stellt deren Größe selber fest, auch wenn sie noch so sehr von einem anderen irrtümlich anders bestimmt worden ist. Denn wenn er im Vertrauen auf einen anderen die Gesamtsumme so annehmen wollte, wie sie von diesem angegeben wird, müßte er die Berechnung nicht selber anstellen. Entsprechend, wenn einer Definitionen, Grundsätze und Lehrsätze aufgrund der Autorität eines anderen zuläßt, hat er es nicht nötig, nach den Regeln der Logik selber zu prüfen, was von anderen bejaht oder verneint wird. Daher ist es auch nicht nötig, daß er die Regeln der Logik vorzüglich beherrscht und die Fertigkeit besitzt, sie in der Praxis anzuwenden – was jedoch einen Widerspruch bedeutet, wenn er Philosophie nach philosophischer Methode lehren soll (§ 135). Ja wenn einer nur aufgrund der Autorität anderer Definitionen als genau, Grundsätze als zureichend bewiesen und Lehrsätze als gültig aus ihnen abgeleitet, ansonsten aber als wahrscheinlich ansieht und auf ein eigenes Urteil verzichtet, so weiß er nur, was von einem anderen gesagt wird und besitzt daher nur historische Erkenntnis der Erkenntnis eines anderen (§ 3). Von diesem kann man daher nur historische Erkenntnis der philosophischen Erkenntnis anderer verlangen (§ 8). Wer würde nicht einen Mathematiker auslachen, der den geometrischen Satz, daß die Winkelsumme im geradlinigen Dreieck gleich zwei Rechten ist, beweisen wollte, indem er sich auf *Euklid* und den Konsens aller Mathematiker beruft? Wer würde den nicht auslachen, der, um diesen Beweis zu führen, versicherte, der Satz werde bewiesen durch die Gleichheit der Außenwinkel zwischen Parallelen, und dieser Beweis werde durch den Konsens aller Mathematiker als vollgültig angesehen, der jedoch diejenigen tadelte, die den Beweis ausführlich entwickelten? Mit gleichem Recht sind also diejenigen auszulachen, die eine Definition als genau, einen Grundsatz als zureichend bewiesen, einen Lehrsatz als bewiesen oder wahrscheinlich ausgeben lassen, weil andere, die zu Ruhm gelangt sind, sie als solche ausgegeben haben, oder die von anderen beigebrachte Argumente als stark und gültig anerkannt wissen wollen und es nicht dulden, daß sie in die Form eines echten Beweises gebracht werden. Einige werden sich vielleicht wundern, daß ich solche Dinge, die kein vernünftiger Mensch in Zweifel ziehen dürfte, so nachdrücklich einschärfe. Man muß jedoch die Zeitumstände berücksichtigen. Wir sind felsenfest überzeugt, daß es der Sache dient, daß wir solche Dinge vorbringen.

§ 157

Wieweit er Lehren anderer zuläßt

Wenn einer Philosophie nach philosophischer Methode lehren soll, so kann er Lehren anderer nur soweit zulassen, wie sie aus seinen eigenen Grundsätzen bewiesen und verstanden werden können. Wer Philosophie nach philosophischer Methode lehren soll, verwendet in Definitionen und Lehrsätzen nur Termini, die im Vorangehenden erklärt (§ 116, 119), und in Beweisen nur Lehrsätze, die im Vorangehenden bewiesen sind (§ 120). Wenn er sich die Definition eines anderen zu eigen macht, darf diese daher keine Termini enthalten, die er nicht selber erklärt hat. Wenn er sich den Lehrsatz eines anderen zu eigen macht, müssen die Termini, aus denen er besteht, von ihm selbst erklärt worden sein, und er ist gehalten, ihn aus Lehrsätzen, die er selber bewiesen hat, zu beweisen. Lehren anderer läßt er also nur soweit zu, wie sie aus seinen eigenen verstanden und bewiesen werden können.

§ 158

Dissens in den Worten schließt Konsens in der Sache nicht aus

Hieraus folgt *die Möglichkeit, daß, wer Philosophie nach philosophischer Methode lehren soll, von anderen in den Worten abweicht, obwohl in der Sache Konsens besteht, und umgekehrt, daß in den Worten Konsens besteht, obwohl man in der Sache nicht übereinstimmt.* Denn wer Philosophie nach philosophischer Methode lehrt, führt die Worte von einer unbestimmten Bedeutung auf eine bestimmte zurück (§ 144) und hält beständig an derselben Bedeutung fest (§ 143). Nun kann der andere, entweder weil seine Rede unbeständig ist oder weil er von seinem Benennungsrecht Gebrauch macht, wonach es jedem freisteht, der von ihm gefundenen Sache den ihm passend scheinenden Namen zu geben, ein Wort in anderer Bedeutung verwenden. Wenn das also geschieht, so besteht, falls beide ein wahrheitsgemäßes Urteil über dieselbe Sache fällen, in der Sache Konsens, in den Worten aber Dissens; falls aber einer von beiden ein nicht wahrheitsgemäßes Urteil über die Sache fällt, die er mit einem bestimmten Wort bezeichnet, so ist nicht ausgeschlossen, daß dieses Urteil wahr ist, wenn das Wort in der Bedeutung genommen wird, die ihm der andere gibt; folglich besteht in den Worten Konsens, obwohl sie in der Sache nicht übereinstimmen.

Es ist jetzt nicht unsere Aufgabe, alle Fälle durchzugehen, wo Konsens in den Worten mit Dissens in der Sache zusammengeht, und umgekehrt Dissens in den Worten mit Konsens in der Sache. Es genügt, daß wir die Möglichkeit von beidem zeigen. Und damit denen, die das Gewicht von Gründen nicht abzuwägen wissen, weniger Zweifel bleiben, veranschaulichen und bestätigen wir das Gesagte mit Beispielen. Z. B. nimmt *Leibniz* in seiner berühmten *Théodicée*[94] das Wort *Welt* in sehr allgemeiner Bedeutung als umfassende Reihe aller existierenden und aufeinander folgenden Dinge, weil er erkannte, daß diese Bedeutung am besten zu seinem Vorhaben paßte und dem Sprachgebrauch nicht völlig fremd war. Diese umfassende Reihe der Dinge war also Gegenstand seines Urteils, als er sagte, sie sei die beste aller möglichen. Und daher stellte er fest, die existierende Welt sei die beste.[95] Dagegen wird in der Heiligen Schrift das Wort *Welt* für das gesamte menschliche Geschlecht verwendet, und in dieser Bedeutung sagt der heilige Schreiber, wenn er über die Welt urteilt, die ganze Welt sei schlecht.[96] Zwischen dem heiligen Schreiber und *Leibniz* besteht Dissens in den Worten, obwohl sie in der Sache übereinstimmen. Denn auch *Leibniz* leugnet nicht, daß das ganze menschliche Geschlecht vom moralischen Übel befleckt ist, und in der Heiligen Schrift wird nirgends geleugnet, daß Gott die Reihe der Dinge ausgewählt hat, die von allen möglichen die beste ist. Ja bei sorgfältiger Prüfung stellen wir fest, daß *Leibniz* in der *Théodicée* als völlig unzweifelhaft annimmt, daß das ganze menschliche Geschlecht vom moralischen Übel befleckt ist, und daß es zu den Aussagen der Heiligen Schrift stimmt, daß Gott diejenige Reihe von Dingen ausgewählt hat, welche die beste aller möglichen ist. Auch in der Wissenschaft gibt es Beispiele, die das Gesagte bestätigen. Der Optiker nennt einen Körper »dunkel«, der kein Licht ausstrahlt, also im Gegensatz zu einem leuchtenden Körper. Der Astronom, der in seiner Wissenschaft von den Wahrheiten der Optik Gebrauch macht, nimmt den Ausdruck *dunkler Körper* in derselben Bedeutung wie der Optiker. Und unter Voraussetzung dieser Bedeutung behauptet er, der Mond sei ein dunkler Körper. Der heilige Schreiber[97] nennt dasjenige ein *Himmelslicht*, das ein Licht über das Dunkle verbreitet, und in dieser Bedeutung nennt er den Mond ebenso wie die Sonne ein »Himmelslicht«. In diesen beiden Sätzen »Der Mond ist ein dunkler Körper« und »Der Mond ist ein Himmelslicht« liegt ein Dissens in den Worten, aber nicht in der Sache vor. Denn in der Sache stimmen der Astronom und der heilige Schreiber überein. Dieser behauptet nämlich nicht, daß der Mond Licht ausstrahlt, und folglich leugnet er nicht, daß er ein dunkler Körper ist. Und jener leugnet nicht, daß der Mond Licht über die dunklen irdischen Körper verbreitet, folglich gibt er zu, daß er leuchtet. Allerdings ist es wahr, daß der Mond nicht in der gleichen Weise wie die Sonne Strahlen aussendet, sondern an sich des Lichts entbehrt; dem widerspricht jedoch nicht, daß er das von der Sonne empfangene Licht über die Erde verbreiten und so die im Dunkeln befindlichen irdischen Körper erhellen kann. Ähnlich nennt *Leibniz* Differentialrechnung oder *Differentialmethode* den Algorithmus differentialer Größen.[98] Für *Newton* dagegen ist die *Differentialmethode* eine einzigartige Methode, eine Kurve parabolischer Art durch eine Anzahl gegebener Punkte hindurchzuziehen.[99] Wer über den Nutzen der Differentialmethode im *Leibnizschen* Sinne urteilen will, der sagt, daß mit ihr die Tangenten aller algebraischen Kurven ganz leicht bestimmt werden können und daß sie auch bei Brüchen und Wurzeln nicht versagt. Von der Differentialmethode im *Newtonischen* Sinne kann das aber nicht gesagt werden. Wenn einer es daher von der *Newtonischen* Methode verneint, weicht er nicht in der Sache, sondern in den Worten von dem anderen ab, der es von der *Leibnizschen* Methode bejaht. Ferner nennt *Newton* die unendlich kleinen Größen, durch die das Zunehmende beständig vermehrt bzw. das

Abnehmende beständig vermindert wird, *Fluxionen*[100]; *Leibniz* nennt sie *Differenzen* oder *differentiale Größen*[101]. *Newton* und *Leibniz* weichen hier zwar in den Worten voneinander ab, stimmen aber in der Sache miteinander überein, weil nämlich die Fluxionen oder Differentiale in einem nicht angebbaren Verhältnis zum Fließenden oder Variablen stehen.

§ 159

Die Begründung für eine und dieselbe Meinung kann unterschiedlich sein

Ferner *ist es* offenkundig *möglich, daß einer, der Philosophie nach philosophischer Methode lehrt, etwas nicht aus demselben Grund bejaht wie ein anderer.* Denn wer nach philosophischer Methode Philosophie lehrt, läßt einen Satz, den ein anderer lehrt, nur insofern zu, wie er ihn aus Grundsätzen, die er selber im Vorangehenden zureichend bewiesen hat, gültig abgeleitet hat (§ 118, 120). Wenn also diese Grundsätze von denen verschieden sind, die ein anderer verwendet, um einen Lehrsatz aufzustellen, so ist evident, daß er dasselbe nicht aus demselben Grund bejaht wie der andere. Daß es aber möglich ist, einen und denselben Lehrsatz auf unterschiedliche Art zu beweisen, lehrt uns die Wirklichkeit.

Dasselbe gilt in der Mathematik: Jeder weiß, daß ein und dasselbe Theorem auf verschiedene Arten bewiesen zu werden pflegt – es sei denn, er wäre fremd in dieser Wissenschaft oder hätte nur ein Buch aufgeschlagen. Nun steht aber fest, daß Leute, die dasselbe bejahen bzw. verneinen, sich dabei auf verschiedene Gründe stützen können. Wenn wir also feststellen, daß eine These, die von einem Autor schlecht bewiesen worden ist, von einem anderen verteidigt wird, dürfen wir diesem daher nicht vorwerfen, er habe seine Sache schlecht gemacht, bevor wir seine Gründe geprüft haben. Eine These, deren Wahrheit ein bestimmter Autor nicht beweisen kann, kann dennoch wahr sein. Daher bedeutet es keinen Widerspruch, daß irgendwann ein anderer kommen mag, der die Wahrheit mit Evidenz beweist. Eine These wird nicht dadurch als irrig ausgewiesen, daß sie schlecht bewiesen ist, sondern es ist durch einen hieb- und stichfesten Beweis darzutun, daß sie irrig ist. Denn wenn es für eine und dieselbe Sache verschiedene Gründe gibt, so kann dasselbe aus verschiedenem Grund zuverlässig erwiesen werden. Z. B. können für den Nutzen des Studiums der Mathematik für das Philosophieren mehrere Gründe angegeben werden, insofern sie nämlich der Philosophie Grundsätze liefert oder auch Beispiele, die ziemlich viele Regeln und Begriffe veranschaulichen, und den Geist auf die Wissenschaft vorbereitet. Der eine kann den Nutzen der Mathematik also mit dem einen, der andere mit einem anderen Argument dartun. Entsprechend gibt es nicht nur einen Grund, warum der physische Einfluß[102] der Seele auf den Leib und des Leibes auf die Seele heute bestritten und abgelehnt wird. Einige lehnen ihn ab, weil er nicht deutlich erklärt werden kann. Aber es wäre abwegig, allen, die ihn ablehnen, zu unterstellen, sie wollten ihn nur deshalb aus der Philosophie verbannen, weil sie keinen Begriff davon haben. Ähnlich lehnen einige den physischen Einfluß ab, weil sie die Einwirkung eines endlichen Geistes auf den Leib für unmöglich erachten.[103] Es wäre aber abwegig, allen, die den physischen Einfluß ablehnen, die Meinung von der Unmöglichkeit der Einwirkung eines endlichen Geistes auf den Leib zu unterstellen.

§ 160

Von der Meinung eines anderen kann ein Teil angenommen, als ganze aber kann sie zurückgewiesen werden

Ebenso offenkundig *ist es möglich, daß einer, der Philosophie nach philosophischer Methode lehrt, die Meinung eines anderen nicht als ganze, sondern nur zum Teil übernimmt.* Denn wer Philosophie nach philosophischer Methode lehrt, der läßt das, was andere lehren, nur soweit zu, wie es aus dem, was er selbst aufgestellt hat, gültig abgeleitet werden kann (§ 118). Wenn es also geschieht, daß nur einiges von dem, was ein anderer verteidigt, aus seinen Grundsätzen abgeleitet werden kann, so nimmt er die Meinung des anderen nicht als ganze an, sondern nur den Teil, den er aus seinen Grundsätzen ableiten kann.

Leute, die nicht nach der philosophischen Methode philosophieren und ihre Zustimmung nicht nur an inneren, sondern auch an äußeren Gründen der Art, von der wir oben (§ 155, Anm.) einige aufgezählt haben, ausrichten, pflegen die Meinung anderer als ganze zu übernehmen, von der sie nur einen Teil als mit ihren Grundsätzen übereinstimmend erkennen. Diese Übereilung ist jedoch unvereinbar mit der philosophischen Methode, die äußere Gründe zurückweist. Z. B. unterscheiden die Scholastiker und mit ihnen die alten Theologen zwischen einer absoluten und unabhängigen Ewigkeit, die nur Gott zukommt, und einer abhängigen Ewigkeit, von der sie meinten, sie widerstreite nicht der Welt. Nun kann einer den Unterschied zwischen unabhängiger und abhängiger Ewigkeit zugeben, weil er ihn aus seinen Grundsätzen evident zeigen kann; aber deshalb ist es nicht nötig, daß er die aktuale Ewigkeit der Welt verteidigt oder die mögliche anerkennt. Es wäre jedoch abwegig, einem, der die mögliche Ewigkeit der Welt behauptet, die Meinung von der aktualen Ewigkeit zu unterstellen. Wer die mögliche Ewigkeit der Welt annimmt, erkennt auch die abhängige Ewigkeit der Welt als möglich an. Wer aber allein den Unterschied zwischen unabhängiger und abhängiger Ewigkeit zugibt, der erklärt die abhängige Ewigkeit nur hypothetisch für möglich, nämlich unter der Voraussetzung, daß die Ewigkeit der Welt möglich ist. *Leibniz* bestimmte die Elemente der materiellen Dinge als Monaden oder einfache Substanzen, die sich einer begrenzten Fähigkeit, das Universum vorzustellen, erfreuen.[104] Nun kann einer zugeben, daß die Elemente der materiellen

Dinge einfache Substanzen sind; er kann ihnen auch eine Kraft zuschreiben, durch die sie beständig modifiziert werden. Es ist jedoch nicht nötig, daß er ihnen die Kraft, das Universum vorzustellen, zuschreibt. Denn wer zugibt, daß ein Wesen zu einer bestimmten Gattung gehört, muß dem anderen nicht auch zugestehen, daß es zu einer gegebenen Art gehört, die in jener Gattung enthalten ist, weil es mehrere Arten derselben Gattung gibt. *Kopernikus*[105] ließ die Sonne im Mittelpunkt der Bewegungen der Planeten ruhen und rechnete auch die Erde unter die Planeten. *Tycho*[106] ließ die Sonne als Mittelpunkt der Planetenbewegungen zu, nahm aber deshalb doch nicht die Bewegung der Erde um die Sonne an.

§ 161
Wann das von anderen Gesagte in helleres Licht gerückt wird

Wenn einer Philosophie nach philosophischer Methode lehrt, so kann er bewirken, daß das von anderen Gesagte klarer eingesehen und zu höherer Gewißheit gebracht wird sowie daß seine Verknüpfung mit den übrigen Wahrheiten erkannt wird. Wer Philosophie nach philosophischer Methode lehrt, läßt nur solche Lehrsätze zu, deren Termini er selber erklärt hat (§ 116) und die er aus zuvor zureichend bewiesenen Grundsätzen gültig ableiten kann (§ 117, 118). Wenn er Lehrsätze von anderen entlehnt, läßt er sie daher nur soweit zu, wie sie mit seinen Definitionen erklärt und aus seinen Grundsätzen bewiesen werden können. Wenn also andere die Termini, die in ihre Lehrsätze eingehen, entweder gar nicht oder aber nicht genau genug definiert haben, er selber aber bessere Definitionen von ihnen gibt, bewirkt er eben dadurch, daß das von anderen Gesagte klarer verstanden wird. Entsprechend, wenn andere die Wahrheit eines Lehrsatzes entweder gar nicht bewiesen oder unzureichend dargetan, insbesondere sie nicht in Verbindung mit den übrigen Wahrheiten gebracht haben, er selber aber im Gegenteil einen stichhaltigeren Beweis geführt und die Wahrheit als systematisch mit den übrigen Wahrheiten verknüpft gezeigt hat, so bewirkt er eben dadurch, daß sie zu höherer Gewißheit gebracht und ihre Verknüpfung mit den übrigen Wahrheiten erkannt wird.

Wer Philosophie nach philosophischer Methode lehrt, rückt also das von anderen Gesagte sehr oft in ein neues und helles Licht; indem er es mit seinen Definitionen erklärt und aus seinen Grundsätzen beweist, ja es danach ebenso wie das übrige als Grundsatz zum Beweis von anderem benutzt, macht er es zu dem Seinigen. Daher kommt es, daß die meisten das von anderen Gesagte nicht genügend verstehen und seine Wahrheit nicht völlig durchschauen, wenn es nicht zuvor durch dieses Licht erhellt worden ist. Z. B. hat *Robert Hooke*[107] gelehrt, daß die primären Planeten durch ihre Schwere zur Sonne gezogen und durch die Schwerkraft von der geradlinigen Bewegung abgelenkt würden; er konnte diese Hypothese aber nicht beweisen. *Newton* hat dann in seinem berühmten Werk *Philosophiae naturalis principia mathematica* mit höchster geometrischer Strenge bewiesen, daß, wenn man den verliehenen Impetus und die Wirkung der Schwerkraft in Richtung Sonnenmittelpunkt annimmt, die Planeten sich nach den von *Kepler* durch Beobachtung ermittelten Gesetzen auf keiner anderen Bahn als einer *Apollonischen* Ellipse[108] bewegen können. Es wäre daher völlig absurd, wenn einer, um die Entdeckungen des großen Mannes herabzusetzen, behaupten wollte, die physischen Ursachen der Himmelsbewegungen seien schon von *Hooke* gelehrt worden. Die Beweise *Newtons*[109] erfordern eine ganz andere Kraft des Geistes und Schärfe des Urteils sowie weit mehr höhere Geometrie und mathematisches Wissen, als ausreicht, einen Geist bei der Betrachtung der elliptischen Planetenbahnen *Keplers* und der parabolischen Geschoßbahnen *Galileis* auf den Gedanken zu bringen, die Wirkung der Schwerkraft in Richtung Sonne sei die Ursache der elliptischen oder vielmehr nicht geradlinigen Bewegung. Weitaus anders verhält sich die Sache, wenn Leute, die nach einer anderen als der philosophischen Methode philosophieren, ihre Sammelwerke aus anderen abschreiben, in denen nicht allein kein neues Licht auf das von anderen Gesagte geworfen, sondern vielmehr sehr oft neue Finsternis verbreitet wird, insofern nicht nur weniger erklärt und bewiesen wird, als schon seitens der anderen geschehen war, sondern auch der Sinn verdreht wird, ganz zu schweigen von anderen Mängeln, die das entstellen, was von den anderen gut gemacht war.

§ 162

Warum der Philosoph nur seine Mühe verschwendet, wenn er Irrtümer widerlegt

Wenn einer nach philosophischer Methode philosophiert, hat er es nicht nötig, entgegengesetzte Meinungen zu widerlegen. Denn wer nach philosophischer Methode philosophiert, läßt keinen Lehrsatz als wahr zu, den er nicht aus Grundsätzen, die er selber zureichend bewiesen hat, ableiten kann (§ 117, 118); er unterscheidet Wahrscheinliches von Gewissem (§ 125) und verwendet keine Hypothesen als Grundsätze beim Beweis seiner Lehren (§ 128). Wenn nun einer anders denkt, so leugnet er entweder, was der andere bejaht, oder er gibt als ungewiß aus, was der andere für bewiesen hält, und hält umgekehrt für gewiß, was der andere für ungewiß erklärt. Wenn daher der bejahende Satz von diesem bewiesen worden ist, so ist eben dadurch der verneinende Satz erledigt, und wer den Beweis begriffen hat, der nimmt den bejahenden Satz als gewiß an und läßt den verneinenden von selbst fallen. Es wäre daher überflüssig, besondere Mühe auf die Widerlegung des verneinenden Satzes zu verwenden. Die Sache verhält sich ebenso, wenn der verneinende Satz bewiesen ist und andere den bejahenden annehmen. Entsprechend, wenn der nach philosophischer Methode Philosophierende einen Satz nur wahrscheinlich machen kann, so wird das niemanden verwirren, selbst wenn ein anderer ihn noch so sehr als gewiß ausgibt. Denn da jener die Gründe angibt, die zu einem strengen Beweis des Satzes fehlen, wird niemand, der den Mangel mit Evidenz erkennt, dem anderen Glauben schenken, solange er das Fehlende nicht ergänzt. Es wäre daher umsonst, wenn er besondere Mühe auf die Widerlegung der Meinung des anderen verwenden wollte.

Aus diesen Gründen wird der Philosoph nur die Wahrheit seiner Lehrsätze beweisen und wird, falls es einmal nötig sein sollte, die entgegengesetzte Meinung auszuräumen, entweder mittels eines Folgesatzes auf ihre Falschheit schließen oder sich eines indirekten Beweises bedienen, um den wahren Satz zu bestätigen. So wird der Philosoph vorgehen, wenn ihm allein die Wahrheit ein Herzensanliegen ist; was notwendig der Fall sein wird, wenn er sich vorgenommen hat, nach philosophischer Methode zu philosophieren. Wer keinem Affekt nachgibt noch aus den Irrtümern anderer Lust schöpft, sondern erst dann froh ist, wenn er andere zu Teilhabern an der Wahrheit macht, die er mit Evidenz erkannt hat, der wird kein Mittel für geeigneter halten, Irrtümer zu widerlegen, als die ihnen entgegengesetzten Wahrheiten indirekt zu beweisen. Die Eitelkeit der Jagd nach dem Ruhm, der sich auf die Irrtümer anderer gründet, wird deutlicher zu erkennen sein, wenn wir in der *Logica* (§ 626 ff.) vom Ursprung des Irrtums gehandelt haben.

§ 163
Wer nach philosophischer Methode philosophiert, widerspricht nicht der offenbarten Wahrheit

Wenn einer nach philosophischer Methode philosophiert, so kann er nichts verteidigen, was der offenbarten Wahrheit entgegensteht. Denn wer nach philosophischer Methode philosophiert, der läßt nur das zureichend Bewiesene als wahr zu (§ 117, 118), und wenn es geschieht, daß er selber irrt, läßt er sich durch Aufweis des Widerstreits zwischen dem irrigen Lehrsatz und seinen Grundsätzen leicht von seinem Irrtum überzeugen; und weil er allein auf die Wahrheit Rücksicht nimmt (§ 154), leugnet er den erkannten Irrtum nicht, sondern berichtigt ihn, was auch aus dem Grund notwendig ist, weil er das Folgende aus dem Vorangehenden ableitet (§ 120) und sich daher sonst den Weg zu Weiterem verbaut. Es ist nun unstrittig, obwohl es an dieser Stelle nicht bewiesen werden kann und an seinem

Ort[110] von uns gezeigt werden wird, daß die natürliche oder philosophische Wahrheit der offenbarten nicht widersprechen kann. Wenn also einer
nach philosophischer Methode philosophiert, so verteidigt er nichts, was
der offenbarten Wahrheit entgegensteht.

Es ist möglich, daß er verteidigt, was irrigen Auslegungen der Heiligen Schrift oder
Sätzen, die nicht durch gültigen Schluß aus ihr abgeleitet werden, widerspricht. Aber
eine irrige Auslegung der Heiligen Schrift und Sätze, die nicht durch gültigen Schluß
aus ihr abgeleitet werden, sind nicht offenbarte Wahrheit. Wenn es daher geschieht,
daß der Philosoph auf einen Lehrsatz verfällt, der einem theologischen Lehrsatz oder
der Auslegung einer bestimmten Schriftstelle widerspricht, so muß, da der Theologe
nicht weniger irren kann als der Philosoph, nicht nur die philosophische These, sondern auch die theologische und die Schriftauslegung einer Überprüfung unterzogen
werden. Zum Beispiel glaubten einst gewisse Kirchenväter[111], die Kugelgestalt der
Erde sei der Heiligen Schrift entgegen, weil sie gewisse Schriftstellen so auslegten,
daß die Kugelgestalt der Erde mit ihnen unvereinbar war. Ein Philosoph, der etwas
von Astronomie verstand,[112] bewies, daß die Erde eine Kugel, keine Halbkugel ist.
Eine philosophische These widersprach somit der Auslegung bestimmter Schriftstellen. Die Schriftauslegung konnte nicht einfach für wahr genommen werden und
als Beweis dafür dienen, daß die philosophische These falsch war. Es oblag vielmehr
sowohl dem Philosophen, seinen Beweis, als auch dem Theologen, seine Auslegung
der Heiligen Schrift zu überprüfen. Die Philosophen taten, was ihres Amtes war, und
bewiesen schließlich die Kugelgestalt der Erde mit solcher Evidenz, daß ein Zweifel
daran nicht mehr möglich war. Von diesem Licht überwältigt, erkannten die Theologen die Falschheit der Schriftauslegung an und versöhnten sich so mit den Philosophen.

§ 164

Er lehrt auch nichts, was der Tugend entgegensteht

*Wenn einer nach philosophischer Methode philosophiert, so kann er nichts
lehren, was der Tugend entgegensteht.* Wer nach philosophischer Methode
philosophiert, läßt nur das als gewiß zu, was er bewiesen hat (§ 117, 118),
und nur das als wahrscheinlich, dessen Wahrscheinlichkeit er durch einen
geeigneten Grund erweisen kann (§ 125); er benutzt auch keine Hypothesen, um seine Lehren zu beweisen (§ 128). Was aus wahren Grundsätzen
bewiesen werden kann, kann aber nicht der Tugend widerstreiten, denn
der Begriff der Tugend selbst wird durch diese Prinzipien festgestellt, wie
aus der *Philosophia practica universalis*[113] erhellen wird. Wer sich aber zur
Aufstellung seiner Lehren nicht des Wahrscheinlichen bedient und hierbei
keiner noch so wahrscheinlichen Hypothese Platz einräumt, der entschei-

det nichts zum Nachteil der Tugend, wenn selbst das hochgradig Wahrscheinliche nicht völlig der Wahrheit entspricht und die Hypothese letztlich trügt.

> Wenn einer z. B. nach philosophischer Methode philosophiert, so bringt er die Tugend nicht in Gefahr, selbst wenn die Hypothese, deren er sich zur Erklärung der Beziehung zwischen Geist und Leib bedient, völlig trügt. Denn wer nach philosophischer Methode philosophiert, der gibt keine Hypothese als bewiesene Wahrheit aus und gebraucht sie daher auch nicht zum Beweis moralischer Grundsätze. Er nimmt nämlich als Grundsatz an, was durch Erfahrung gewiß ist und zu dessen Erklärung die Hypothese aufgestellt wird; was aber der Erfahrung gemäß ist, bekommt keinen Flecken durch die Hypothese, durch die der Philosoph es zu erklären versucht. Gesetzt, er nähme das System der prästabilierten Harmonie[114] an, das *Leibniz* erdacht hat, um die Beziehung zwischen Geist und Leib zu erklären. Da es der Erfahrung gemäß ist, daß Seele und Leib sich so verhalten, als hätten sie wechselseitig Einfluß aufeinander, wird dies in jeder Hypothese, die zur Erklärung dieser Beziehung erdacht wird, als wahr angenommen, und so auch im *Leibnizschen* System. In der moralischen Praxis nehmen wir daher an, was der Erfahrung gemäß ist, und schreiben eine solche Praxis vor, wie sie wäre, wenn Seele und Leib wechselseitig aufeinander Einfluß hätten. Denn wenn das System der prästabilierten Harmonie dem noch so sehr widerstritte, läßt sich daraus doch nicht schließen, daß falsch ist, was durch sichere und zuverlässige Erfahrung feststeht, sondern umgekehrt: sobald der Widerstreit erkannt wird, wird daraus geschlossen, daß die Hypothese falsch ist. Grundlos befürchten wir also den Untergang der Tugend von der prästabilierten Harmonie. Das hat die Römische Kurie anerkannt, insofern sie erlaubt, daß man sich des *Kopernikanischen* Systems als einer Hypothese zur Erklärung und Berechnung der Himmelsbewegungen bedient, nicht aber als einer Lehre, der gemäß die Heilige Schrift zu erklären ist, bevor ihre Wahrheit so evident feststeht wie die der Kugelgestalt der Erde. Wenn einige entweder der offenbarten Wahrheit widersprechen oder Dinge lehren, aus denen sich durch gültigen Schluß ein Widerspruch zur offenbarten Wahrheit folgern läßt, so philosophieren sie entgegen der philosophischen Methode, indem sie sich ungewisser Grundsätze oder schwacher Beweise bedienen. Jener Widerspruch ist also aus ihren eigenen Grundsätzen zu beweisen, und zugleich müssen vor allem die Ungewißheit ihrer Grundsätze sowie ihre Trugschlüsse aufgewiesen werden.

§ 165

Auch nichts, was dem Staat entgegensteht

Wer nach philosophischer Methode philosophiert, lehrt nichts, was dem Staat entgegensteht. Wir setzen dabei voraus, daß der Staat nicht allzusehr von der echten Form abgewichen ist, und dann läuft der Beweis wie oben

(§ 164). Wenn es sich aber so fügt, daß die Form des Staates schlecht ist, dann stiftet, wer nach philosophischer Methode philosophiert, trotzdem keine Unruhe, weil er die echte Form nur im allgemeinen, ohne Anwendung auf den Einzelfall, lehrt. Denn der Philosoph hat es mit allgemeinen Wahrheiten zu tun, nicht mit einzelnen. Und weil in der echten Staatsphilosophie als oberstes Gesetz die öffentliche Wohlfahrt und Ruhe festgestellt wird, deshalb kann, wer nach philosophischer Methode philosophiert, wegen der Verknüpfung der Wahrheiten, um die er sich bemüht (§ 133), nichts zulassen, was diesem Gesetz widerstreitet. Wenn er also erkennt, daß eine Lehre ohne das Risiko von Unruhen nicht verbreitet werden kann, so deckt er sie mit Schweigen zu, damit die Ruhe im Staate ebenso wie in der Kirche ungestört bleibt.

Es kommt hinzu, daß ein philosophischer Beweis zwar den Scharfsinn anspricht, so daß wir zur Zustimmung hingezogen werden, daß er aber keineswegs das Gemüt erregt, so daß wir zu Unruhen geneigt werden, besonders wenn keine Anwendung auf die bestehenden Verhältnisse gemacht wird. Aber davon werden wir in der *Politica*[115] eigens handeln.

§ 166
Wem die Freiheit des Philosophierens zu gewähren ist

Wenn einer Philosophie nach philosophischer Methode lehren soll, so ist es nötig, daß er sich der Freiheit des Philosophierens erfreut. Wer nämlich Philosophie nach philosophischer Methode lehrt, der darf bei der Auswahl seiner Meinungen nur auf die Wahrheit Rücksicht nehmen (§ 154); er darf sich nur an sein eigenes, nicht an fremdes Urteil halten (§ 156), und er kann Lehren anderer nur soweit zulassen, wie sie aus seinen eigenen Grundsätzen bewiesen und verstanden werden (§ 157). Es muß ihm also erlaubt sein, seine Meinung öffentlich vorzutragen, oder ihm ist die Lehre der Philosophie überhaupt zu untersagen, was der Voraussetzung widerspricht und auch in anderer Hinsicht absurd ist. Diese Erlaubnis heißt Freiheit des Philosophierens (§ 151). Die Freiheit des Philosophierens ist also offenkundig dem zu gewähren, der Philosophie nach philosophischer Methode lehren soll.

Ich habe es absurd genannt, wenn es einem deshalb untersagt sein soll, Philosophie zu lehren, weil er sie nach philosophischer Methode lehrt. Denn hieraus folgt, daß Philosophie nach einer Methode gelehrt werden müßte, die der philosophischen entgegengesetzt ist. Es dürfte also nur derjenige Philosophie lehren, der Dinge lehrt, die

weder zureichend verstanden noch mit Evidenz als wahr erkannt (§ 136) noch zwang-
los in der menschlichen Lebenspraxis angewendet werden können (§ 138), damit
keine sichere und deutliche Erkenntnis erlangt wird (§ 137). Daß dies absurd ist, ist
leicht einzusehen, da die Philosophie zum Nutzen des Lebens gelernt wird. Wenn
einer das leugnen sollte, mag er meinetwegen Dinge lehren, die dem Gedächtnis in der
Absicht anvertraut werden, daß sie künftig der Vergessenheit anheim fallen. In Frank-
reich ist der Königlichen Akademie der Wissenschaften zu Paris die Freiheit des Philosophierens zugestanden, weil sie dazu bestimmt ist, die Wahrheit nach genauer Methode zu erforschen, und die ganze Arbeit ihrer Mitglieder der Erforschung der
verborgenen Wahrheit gewidmet ist. Dagegen ist den Professoren der Philosophie an
der Universität Paris aufgetragen, keine andere als die peripatetische Philosophie zu
pflegen und zu lehren, weil sie die Philosophie zum Gebrauch der scholastischen
Theologie lehren. Das berichtet *Jean Duhamel*, Mitglied der Sorbonne und Professor
der Philosophie an der Pariser Akademie in der Vorrede zu seiner *Philosophia universalis*.[116]

§ 167
Wann hieraus keine Gefahr erwächst

*Wenn völlige Freiheit des Philosophierens denen zugestanden wird, die
nach philosophischer Methode philosophieren, so ist hieraus keine Gefahr
für Religion, Tugend und Staat zu befürchten.* Denn wer nach philosophischer Methode philosophiert, widerspricht weder einer offenbarten
Wahrheit (§ 163), noch lehrt er Dinge, die der Tugend oder dem Staat entgegenstehen (§ 164, 165). Wenn sich eine Diskrepanz zwischen einer philosophischen These und einer bestimmten Schriftauslegung oder einer
theologischen These zeigen sollte, nimmt er das vielmehr zum Anlaß, ihre
Wahrheit genauer zu untersuchen und mit größerer Evidenz zu bestätigen,
damit, falls eine Auslegung oder theologische These irrig ist, dies schließlich von selbst erkannt wird, wie aus dem zu § 163 Gesagten erhellt. Ja
wenn das Bekenntnis einer Lehre der Stabilität in Staat oder Kirche schaden sollte, weiß derjenige, der nach philosophischer Methode philosophiert, die Wahrheit den Umständen entsprechend zu verschweigen, wie
dem zu § 165 Gesagten zu entnehmen ist und wie zu gegebener Zeit und
an gegebenem Ort[117] eigens bewiesen werden wird. Wenn aber die Freiheit
des Philosophierens im Staat beschränkt werden muß, können keine
anderen Schranken festgesetzt werden, als daß nichts gelehrt werde, was
der Religion, der Tugend und dem Staat entgegensteht, wie in der *Politica*[118] eigens bewiesen werden wird, wo sich der ganze Beweis aus den
politischen Grundsätzen ergeben wird. Wenn daher derjenige, der nach

philosophischer Methode philosophiert, sich selbst die Schranken setzt, die andere überschreiten, so wird aus der ihm gewährten Freiheit des Philosophierens keine Gefahr für Religion, Tugend und Staat erwachsen. Nun könnte man einwenden, daß die Erfahrung das Gegenteil zeige: *Baruch Spinoza* habe nach der mathematischen Methode philosophiert, die mit der philosophischen identisch ist (§ 139); nichtsdestoweniger habe er Dinge gelehrt, die der Religion und der Tugend entgegenstehen. Darauf erwidere ich: Freilich ist es möglich, daß einer bei der Anwendung der philosophischen Methode abirrt und so in schädliche Irrtümer fällt; aber dann können andere evident beweisen, daß er abgeirrt ist, so daß der Fehler berichtigt wird und nicht in die Philosophie eingeht (§ 118). Was insbesondere *Spinoza* betrifft, so hat dieser seine sog. *Ethica*[119] nach der bei den Geometern eingeführten Methode in Definitionen, Axiome, Lehrsätze und Beweise gegliedert; aber daraus folgt noch nicht, daß er nach philosophischer Methode philosophiert hat, derart daß er in den Definitionen alle Termini zureichend erklärt und in den Beweisen nur zureichend bewiesene Grundsätze verwendet sowie die echte Form der Beweise eingehalten hat, wie es die philosophische Methode erfordert (§ 116, 118, 124). Wenn es nur beliebt, seine Abweichungen von der wahren Methode zu untersuchen, wird sich zeigen, welchen davon sich seine schädlichen Irrtümer verdanken. Es ist jetzt nicht unsere Aufgabe, in diese Arena hinabzusteigen, aber wir wollen doch am Rande anmerken, daß er derartige Definitionen der Substanz und der Freiheit anführt, daß aufgrund davon nur Gott eine Substanz und ein freies Wesen genannt werden kann. Denn die Substanz definiert er als *das, was an sich ist und durch sich begriffen wird, d. h. dessen Begriff nicht des Begriffes eines anderen Dinges bedarf, nach dem er gebildet wird*[120]; und er nennt dasjenige Ding frei, *das bloß aus der Notwendigkeit seiner Natur existiert und nur durch sich zum Handeln bestimmt wird*[121]. Wer sieht nicht, wenn er diese Definitionen aufmerksam betrachtet, daß die erste eher die Definition eines »Ens a se« ist? Da nur Gott ein »Ens a se« ist, kann die Definition nur auf ihn selbst zutreffen. Wer sieht ferner nicht, daß nur Gott zukommt, was in der Definition eines freien Wesens angenommen wird? Denn bloß durch seine eigene Notwendigkeit zu existieren ist wiederum eine Eigentümlichkeit des »Ens a se«, das nur Gott ist, und sich ganz unabhängig von jedem anderen Ding zu bestimmen, kommt ebenfalls nur Gott zu. Aber wer nach philosophischer Methode philosophiert, weicht nicht von der herkömmlichen Bedeutung der Worte ab (§ 142); folglich ist das, was nach gewöhnlichem Verständnis von Gott und dem Menschen gleichermaßen ausgesagt werden kann, nicht so zu definieren, daß es nur von Gott ausgesagt werden kann. Ich schweige von anderem, was man bei jenen Definitionen vermissen kann. Aber gesetzt, es sei unvermeidlich, daß der eine oder andere von denen, die nach philosophischer Methode philosophieren, die Freiheit des Philosophierens irgendwann einmal mißbraucht, so ist das trotzdem kein zureichender Grund, der dazu überreden könnte, die philosophische Methode, die ohne Freiheit des Philosophierens nicht bestehen kann (§ 166), aufzuheben und die Knechtschaft einzuführen, die dem Fortschritt der Wissenschaften so abträglich ist (§ 152). Es gibt kein Glück, das nichts zu wünschen übrig ließe! Wir müssen den einen oder anderen

Mißbrauch zulassen, damit wir nicht einen viel bedeutenderen Nutzen preisgeben müssen, zumal wenn es noch Abhilfen seitens des Staates gegen den Mißbrauch gibt, die in der *Politica*[122] zu nennen sind. Der Mißbrauch wird aber weniger häufig auftreten, wenn die philosophische Methode besser bekannt ist und die Philosophierenden sich durch häufige Übung an ihren Gebrauch gewöhnt haben, nachdem sie sich die Träume von gottgegebenen oder schlagartig zu erwerbenden Fertigkeiten des Verstandes aus dem Kopf geschlagen haben.

§ 168

Ein Widerspruch zwischen Philosophie und Theologie muß bewiesen,
nicht einfach unterstellt werden

Wenn ein philosophischer Lehrsatz einem theologischen oder der überkommenen Schriftauslegung angeblich widerspricht, so muß der Widerspruch evident bewiesen werden. Der Fall des Widerspruchs ist ein doppelter: Denn entweder ist der *Widerspruch* ein *offenkundiger*, z. B. wenn *Ptolemäus* sagt *Die Erde ruht im Mittelpunkt der Welt, Kopernikus* jedoch behauptet *Die Erde nimmt einen mittleren Platz unter den Planeten ein und bewegt sich um die Sonne,* oder er ist ein *versteckter*, z. B. wenn in der Geometrie gesagt wird *Ein Kreis, der einem anderen einbeschrieben wird, kann mit diesem denselben Mittelpunkt haben,* was dem anderen Satz widerspricht *Alle Halbmesser eines Kreises sind untereinander gleich.* Manchmal ist der Widerspruch auch deshalb ein versteckter, weil die Worte in verschiedener Bedeutung genommen werden. Weil die Knechtschaft im Philosophieren mit der philosophischen Methode nicht zusammen bestehen kann (§ 153), sondern vielmehr die Freiheit des Philosophierens notwendig mit derselben verbunden ist (§ 166), und weil die philosophische Methode nicht abgelehnt werden kann, es sei denn man wollte, daß der Philosoph Dinge lehrt, die weder zureichend verstanden noch evident als wahr erkannt werden können (§ 136), und daß keine sichere und deutliche Erkenntnis erlangt wird (§ 137), sondern nur eine solche, die für das Leben nutzlos ist (§ 138): deshalb kann der Widerspruch dem Philosophen nicht einfach unterstellt, sondern muß evident bewiesen werden, so daß der Philosoph, der sich an sein eigenes und nicht an das Urteil anderer halten muß (§ 156), denselben anerkennt. Weil es aber möglich ist, daß in der Sache Konsens besteht, obwohl in den Worten Dissens erscheint (§ 158), kann der Widerspruch nicht als offenkundig ausgegeben werden, außer wo man einen wirklichen Dissens nachweist, nämlich aus den Definitionen, die der nach philosophischer Methode Philosophierende beibringt (§ 116), wobei man zeigt, daß die Worte vom Philosophen und vom Theologen in derselben Bedeutung genommen werden. Wenn der Widerspruch aber ein versteckter ist, muß aus der These des Autors das Gegenteil der theologischen These, der die philosophische angeblich widerspricht, gefolgert werden, und zwar in einem gültigen Schluß, wobei Grundsätze, die der Autor zugesteht, als Prämissen dienen müssen. Es ist also klar, daß bei Beachtung der philosophischen Methode ein Widerspruch zur Theologie oder zur Heiligen Schrift dem Philosophen nicht einfach unterstellt werden kann, sondern evident bewiesen werden muß, mag er nun ein offenkundiger oder ein versteckter genannt werden.

Mehr wird zu gegebener Zeit sowohl aus der *Logica*[123] erhellen, wo wir die Methode des Widerlegens auseinandersetzen werden, als auch aus der *Politica*[124], wo wir von der Freiheit des Philosophierens in ihrer Beziehung zum Staat handeln werden. Hier genügt vollauf, daß die Erlaubnis, einem anderen Widersprüche zur offenbarten Wahrheit nach Gutdünken zu unterstellen, der philosophischen Methode widerstreitet. Und weil offensichtlich nicht gleich der Heiligen Schrift oder der offenbarten Wahrheit widerspricht, was einer überkommenen Schriftauslegung oder einer theologischen These widerspricht, insbesondere wenn diese unter Christen noch umstritten ist, deshalb ist selbst nach Aufweis des Widerspruchs nicht klar, daß die These des Philosophen falsch ist (§ 163). So widerspricht zwar die Kugelgestalt der Erde der Auslegung, welche die Kirchenväter gewissen Schriftstellen gaben (§ 163, Anm.); sie war jedoch deshalb nicht falsch. Sonst hätte sie nämlich nicht mit so großer Evidenz bewiesen werden können, daß selbst Theologen anerkannten, daß den Aussagen der Schrift Gewalt angetan worden war, und sie wäre auch nicht durch die Erdumsegelung (*Elementa geographiae et hydrographiae* § 6)[125] sinnfällig geworden. Die römische Kurie hat das Gesagte beachtet, als es hieß, *Galilei* mißbrauche die Freiheit des Philosophierens zum Schaden der Religion. Die Kardinäle der Inquisition unterstellten ihm nicht einfach einen Widerspruch, sondern zeigten einen offenbaren Widerspruch auf, den selbst *Galilei* nicht leugnen konnte. Denn wie jeder weiß, wurden bis zur Zeit des *Kopernikus* von allen und danach noch von sehr vielen, selbst von *Tycho Brahe*, die Schriftstellen über die Bewegung der Sonne so verstanden, als wenn der wörtliche Sinn für die tägliche Umlaufbewegung der Sonne spräche. Nach der überkommenen Schriftauslegung hieß es also, daß die Erde im Mittelpunkt des Universums ruhe. *Galilei* verteidigte mit *Kopernikus* die Ansicht, daß die Erde sich sowohl um die eigene Achse drehe als auch um die Sonne bewege, und daß folglich nicht die Erde, sondern die Sonne im Mittelpunkt der Welt ruhe. Also lag der Widerspruch zwischen der Behauptung *Galileis* und der überkommenen Schriftauslegung offen zutage. Die römische Kurie erkannte jedoch an, daß daraus noch nicht die Falschheit der Hypothese der Erdbewegung folgte. Denn *P. Fabri* S. J., Bußkanonikus an *St. Peter* zu Rom, erklärte in einem Reskript, das man in den englischen *Transactions* vom Juni 1665 nachlesen kann:[126] Wenn die *Kopernikaner* die

Erdbewegung sicher bewiesen haben, werde die Kurie ihr nicht im Wege stehen, obwohl es wegen der Anstößigkeit nicht erlaubt sein werde, sie wie eine Wahrheit vorzutragen. Denn entweder muß man von der überkommenen Schriftauslegung zugunsten der philosophischen Hypothese von der Erdbewegung abgehen, oder man muß sie beibehalten. In beiden Fällen wird man nach *Fabri* die Anstößigkeit nicht vermeiden können. Denn wenn die überkommene Schriftauslegung beibehalten wird und die Erdbewegung dennoch als wahr verteidigt werden darf, so könnten einige möglicherweise folgern, die Heilige Schrift lehre Dinge, die nicht der Wahrheit entsprächen. Aus dieser Annahme ergeben sich auf vielfältige Weise viele Folgerungen, die der Religion zuwiderlaufen, je nachdem ob der Schließende diesen oder jenen Hypothesen zuneigt. Wenn aber von der überkommenen Schriftauslegung zugunsten einer noch unbewiesenen Hypothese abgewichen wird, besteht nicht allein die Gefahr, daß die Hypothese sich später als falsch erweist, sondern es ist auch ziemlich unpassend, daß im Fall mangelnder Evidenz der Theologe dem Philosophen weicht. Ja in beiden Fällen ergeben sich wiederum Folgerungen, die der Religion wenig gemäß sind, je nach der Verschiedenheit der anderen Hypothesen, die als Prämissen in die Schlüsse eingehen, mit deren Hilfe die Folgerung abgeleitet wird. Und so schien es nicht ohne Grund dem genannten Bußkanonikus anstößig, sich von der überkommenen Schriftauslegung zugunsten einer philosophischen Hypothese zu trennen. Obwohl die römische Kurie zwecks Vermeidung einer Anstößigkeit aber nicht gewollt hat, daß die Erdbewegung als wahr verteidigt würde, bevor sie bewiesen war, hat sie dennoch deshalb nicht verboten, sich ihrer als einer Hypothese bei der Berechnung der Himmelsbewegungen und der Erklärung der Phänomene zu bedienen. Denn selbst *Riccioli*[127] hat sich dieser Bewegung als einer Hypothese bedient. Ja aus der Tatsache, daß der jüngere *Cassini*[128], Astronom der Kgl. Akademie der Wissenschaften zu Paris, in den Akademieabhandlungen des Jahres 1717 Beobachtungen zur Fixsternparallaxe beigebracht hat, um die Hypothese zu bestätigen, erhellt, daß es in der römischen Kirche erlaubt ist, die Wahrheit einer Hypothese zu untersuchen, die der überkommenen Schriftauslegung widerspricht. Dieses Beispiel veranschaulicht das von uns Bewiesene, denn es steht nicht im Gegensatz dazu. Denn wer nach philosophischer Methode philosophiert, darf nichts als wahr in die Philosophie aufnehmen, was er nicht aus zureichend bewiesenen Grundsätzen durch gültigen Schluß folgern kann (§ 118), er muß Wahrscheinliches von Gewissem genau unterscheiden (§ 125) und darf Hypothesen nicht mehr Platz einräumen, als soweit sie den Weg bereiten, die reine Wahrheit zu finden (§ 127); er muß sich aber davor hüten, Hypothesen als Grundsätze beim Beweis von Lehren zu gebrauchen (§ 128). Wer nach philosophischer Methode philosophiert, fordert keine andere Freiheit des Philosophierens als diejenige, die mit der philosophischen Methode zusammen besteht, folglich genügt es ihm, wenn in bezug auf Hypothesen gestattet wird, sie unter Anführung der Gründe, die ihre Wahrscheinlichkeit erweisen, zur weiteren Untersuchung öffentlich vorzutragen. Was übrigens genau den Fall betrifft, wo eine philosophische Hypothese der überkommenen Auslegung einer Stelle der Heiligen Schrift widerstreitet, so haben wir schon woanders gezeigt (*Elementa astronomiae*

§ 577f.)[129], daß es keineswegs nötig ist, den Sinn der Heiligen Schrift vom Ausgang philosophischer Untersuchungen abhängig zu machen. Aber da wir hiervon eigens sprechen werden, wenn wir den Nutzen der Logik bei der Auslegung der Heiligen Schrift aufzeigen (*Logica* § 972), halten wir es nicht für angezeigt, an dieser Stelle Näheres zu sagen.

§ 169

Der Fortschritt der Wissenschaft hängt von der Freiheit des Philosophierens ab

Ohne Freiheit des Philosophierens gibt es keinen Fortschritt der Wissenschaft. Wenn nämlich die Freiheit des Philosophierens darniederliegt, ist es niemandem erlaubt, seine Meinung über philosophische Gegenstände öffentlich vorzutragen, falls sie von der herrschenden Meinung abweicht (§ 151), und daher ist jeder gezwungen, die gewöhnlich angenommene Meinung als wahr zu verteidigen, auch wenn ihm das Gegenteil richtig scheint, folglich herrscht Knechtschaft im Philosophieren (§ 152), unter der nicht unbeschadet der philosophischen Methode philosophiert werden kann (§ 153). Wenn aber Philosophie ohne philosophische Methode gelehrt wird, so werden Dinge gelehrt, die weder zureichend verstanden noch mit Evidenz als wahr erkannt werden können (§ 136), und es wird auch keine sichere und deutliche (§ 137) und der Lebenspraxis in ausreichendem Maße entsprechende Erkenntnis erlangt (§ 138). Wer wird sich also davon nennenswerten Fortschritte in der Philosophie versprechen? Dasselbe läßt sich auch auf andere Weise zeigen. In der Philosophie geben die Autoren nicht wie in der Mathematik zu, was sie nicht wissen, sondern sie maßen sich ein Urteil über Unbekanntes an und bilden sich ein und wollen bei anderen den Eindruck erwecken, sie wüßten Dinge, von deren Erkenntnis sie doch meilenweit entfernt sind. Wenn man sich also nach Aufhebung der Freiheit des Philosophierens an das Urteil eines anderen halten muß (§ 151), so ist es durchaus möglich, daß man Dinge verteidigen muß, die der Wahrheit widerstreiten. Aber aus der Zulassung eines Irrtums folgen weitere, wenn wir den ersten als Grundsatz gebrauchen, um Schlußfolgerungen abzuleiten. Wenn einer einen Irrtum anerkennt, muß er daher stehenbleiben, falls er den Irrtum weder berichtigen noch durch die gegenteilige Wahrheit ersetzen und dann weiter voranschreiten darf.

Wie sehr die Knechtschaft im Philosophieren dem Fortschritt der Wissenschaften im Weg gestanden hat, bezeugt die Geschichte aller Jahrhunderte. Wer weiß nicht, wie geringen Zuwachs die Philosophie erfahren hat, als man von der *aristotelisch-schola-*

stischen Philosophie nicht um einen Fingerbreit abweichen durfte? Den Zuwachs, den die philosophischen Disziplinen erfahren haben, verdankt man den Männern, die das Joch abgeschüttelt und sich die Freiheit des Philosophierens genommen haben, zum Ärger der anderen, denen die Knechtschaft besser gefiel. Wir leugnen nicht, daß aus der Freiheit des Philosophierens sehr viele Nachteile entsprungen sind, die aus der Knechtschaft im Philosophieren kaum folgen würden. Dazu zählt man mit Recht die oberflächliche Behandlung der Philosophie[130], mit der Brotgelehrte einer müßigen Jugend gefallen wollen. Aber jene Nachteile ergeben sich nicht aus der Freiheit des Philosophierens an sich, sondern sofern diese zu einer verkehrten Methode hinzukommt. Wenn man sich nämlich der philosophischen Methode bedient, sind jene Nachteile keineswegs zu befürchten. Wer nach dieser Methode philosophiert, läßt das von anderen Gesagte nur soweit zu, wie es aus seinen eigenen Grundsätzen bewiesen und verstanden werden kann (§ 157), und er verteidigt auch nur das als wahr, was aus zureichend bewiesenen Grundsätzen abgeleitet wird (§ 118); er unterscheidet Wahrscheinliches von Gewissem (§ 125), ja er gibt sich Mühe, daß das von anderen Gesagte klarer eingesehen und zu einem höheren Gewißheitsgrad gebracht wird, sowie daß seine Verknüpfung mit den anderen Wahrheiten erkannt wird (§ 161). Er ist daher so weit von einer oberflächlichen Behandlung entfernt wie der Himmel von der Erde. Wir haben gezeigt (§ 166), daß die Freiheit des Philosophierens mit der philosophischen Methode übereinkommt, ja daß sie von ihr untrennbar ist; es ist daher nicht verwunderlich, daß sie in diesem Fall der Wissenschaft nicht feindlich ist. Aber wenn diejenigen sich die Freiheit des Philosophierens anmaßen, denen es nicht gegeben ist, sich der philosophischen Methode zu bedienen, dann greift eine oberflächliche Behandlung Platz und es entstehen ungeheuerliche Meinungen in großer Anzahl. Wo die Freiheit des Philosophierens fehlt, gerät nicht selten die Pflege der Wissenschaften in Gefahr. Daher machen unredliche Menschen Autoren, die sie aus anderen Gründen mit Haß verfolgen, unter dem Vorwand, die Wahrheit müsse verteidigt werden, große Schwierigkeiten. Mußte *Sokrates* nicht den Schierlingsbecher nehmen, weil er beschuldigt wurde, gottlose Lehren zu verbreiten und die Jugend zu verführen, nur weil *Anytos* ihn aus privaten Gründen haßte? Wurde *Anaxagoras*, der Lehrer des *Sokrates*, nicht wegen seiner Lehre, die Sonne sei ohne Empfindung und ohne Vernunft, von *Kleon* der Gottlosigkeit beschuldigt und deswegen ins Gefängnis geworfen und zum Tode verurteilt? Wurde nicht selbst *Aristoteles*[131] vom Priester *Eurymedon* oder, wie andere meinen, von *Demophilos* der Gottlosigkeit beschuldigt und ging von Athen nach Chalkis, weil er es nicht dahin kommen lassen wollte, wie er sagte, daß die Athener, die sich schon gegen *Sokrates* so feindselig gezeigt hatten, sich ein zweites Mal gegen einen Philosophen vergingen?

§ 170

Wie das Wachstum der Wissenschaften
von der philosophischen Methode abhängt

Wenn die Menschen anfangen, nach philosophischer Methode zu philoso-
phieren, werden sie mit vereinten Kräften das Wachstum der Wissenschaf-
ten befördern. Wer nach philosophischer Methode philosophiert, ist mit
den Regeln der Logik zutiefst vertraut und besitzt die Fertigkeit, sie in der
Praxis anzuwenden (§ 135); folglich weiß er, ob er nach philosophischer
Methode philosophiert oder nicht, und wenn er zufällig irgendwann einmal abirren sollte, erkennt und berichtigt er sogleich seinen Irrtum, so wie
einer, welcher der Arithmetik kundig und mit dem Rechnen vertraut ist,
weiß, daß er die Rechenoperationen richtig ausführt, solange er aufpaßt,
und einen etwa begangenen Fehler sogleich berichtigt, wenn er ihn bemerkt. Nun schreibt die philosophische Methode vor, daß er nur durch
genaue Definition erklärte Termini verwendet (§ 116), nur zureichend bewiesene Grundsätze zuläßt (§ 117), vor allem keinen Lehrsatz zuläßt, der
nicht aus zureichend bewiesenen Grundsätzen gültig abgeleitet ist (§ 118);
ferner daß er einen genauen Beweis führt (§ 120, 123, 124) und Hypothesen nur soweit Platz einräumt, wie sie den Weg zur Wahrheitsfindung bereiten (§ 127, 128), auch Wahrscheinliches, das um der Lebenspraxis willen
noch zugelassen werden muß, von Gewissem unterscheidet (§ 125);
schließlich daß er Worte und Dinge genau trennt (§ 158). Wenn er seine
Aufmerksamkeit darauf richtet, weiß er daher, ob die Definitionen, die er
verwendet, genau und die Grundsätze zureichend bewiesen sind, ob alle
Lehrsätze zureichend demonstriert und die Beweise in allen Teilen vollständig sind; ob einigen Lehrsätzen ein Platz unter dem Wahrscheinlichen
eingeräumt werden kann und ob die Hypothesen so gebildet sind, daß sie
den Weg zur Wahrheitsfindung bereiten können. Und wenn es infolge
einer Gedächtnistäuschung oder nachlassender Aufmerksamkeit, wie wir
in der *Logica*[132] eingehender darlegen werden, vorkommt, daß er bei der
Anwendung der logischen Regeln irrt, so erkennt er, wenn er darauf hingewiesen wird, seinen Irrtum selbst, indem er seine Überlegungen zu anderer Zeit in größerer Ruhe wiederholt, oder er berichtigt ihn oder, wenn
er über die Wahrheit noch nicht verfügt, gibt er wenigstens den Irrtum auf.
Da alle, die nach philosophischer Methode philosophieren, die gleiche
Einstellung haben, erkennt einer die vom anderen gelehrte Wahrheit an
und bedient sich ihrer, um Weiteres zu entdecken. Der andere merkt einen

Irrtum an, der begangen wurde, oder berichtigt ihn, und der, der ihn begangen hat, erkennt ihn an und sucht ihn zu berichtigen, wenn er nicht schon vom anderen berichtigt worden ist. So wird mit vereinten Kräften das Wachstum der Wissenschaften befördert.

Einige werden sich vielleicht einreden, hier würde etwas von der philosophischen Methode behauptet, was der Erfahrung widerstreitet. Denn mit welcher Evidenz auch immer man beweisen mag, daß andere Irrtümern erlegen sind, so haben die Menschen doch vielerlei Gründe, diese Irrtümer hartnäckig zu verteidigen. Denn wer wüßte nicht, daß Streitigkeiten um die hartnäckige Verteidigung einmal erkannter Irrtümer sehr weit verbreitet sind? Aber die Menge meint und sagt vieles, was nicht der Fall ist. Der Verstand stemmt sich unter der Herrschaft des Willens nicht so sehr gegen die Evidenz, wie allgemein angenommen wird. Leute, die nie einen Beweis deutlich erfaßt haben, die keine Kenntnis der wahren Logik besitzen, geschweige denn die Fertigkeit, sie anzuwenden – solche Leute richten ihre Zustimmung nicht nach der Evidenz der Vernunft aus, sondern nach äußeren Gründen, die vielfältig wechseln. Ihre Zustimmung hängt daher vom Willen ab und ist an sich indifferent gegenüber beiden Seiten eines Widerspruchs. Daher sieht man sie morgen mit dem gleichen Eifer das Gegenteil dessen verteidigen, was sie heute vertreten, und bei anderen dasjenige heftig tadeln und des Scheiterhaufens für würdig erklären, was sie eben noch selbst gelehrt haben. Aber das Beispiel solcher Leute steht unserer Lehre keineswegs entgegen. Denn nach unserer Voraussetzung ist derjenige, der auf einen Irrtum aufmerksam gemacht wird, der philosophischen Methode kundig und fähig, sie in der Praxis anzuwenden, und ebensosehr der andere, der beweist, daß ein Irrtum vorliegt, damit er nicht aus Unwissenheit tadelt, was er, wenn er im Besitz jener Fähigkeit wäre, sehr loben würde. Es besteht auch kein Grund zu der Befürchtung, daß auch einer, welcher der philosophischen Methode kundig ist, einen einmal erkannten Irrtum hartnäckig verteidigt, obwohl er sich der Evidenz des Beweises nicht entziehen kann und den Irrtum daher anerkennt. Denn wer mit Wissen und Willen einen Irrtum verteidigt, um den Eindruck zu vermeiden, er habe geirrt, der muß es als eine Schande für sich ansehen, daß er geirrt hat. Denn wenn er der philosophischen Methode kundig ist, kann er sich nicht einreden, daß andere, die sich auch darauf verstehen, den Irrtum nicht erkennen, viel weniger, daß sie nicht bemerken, daß er ihn mit Wissen und Willen verteidigt. Wenn er es als eine Schande für sich ansieht, daß er geirrt hat, wird er es daher als eine noch viel größere Schande für sich ansehen, daß er den Irrtum nicht einmal dann anerkennt, wenn er darauf aufmerksam gemacht wird. Er kann daher seinen Irrtum, wie immer dieser erkannt sein mag, unmöglich hartnäckig verteidigen, nur weil er das Bewußtsein nicht ertragen kann, geirrt zu haben. Wer diese Angewohnheit hat, der hat keinen Sinn für Evidenz, beurteilt daher andere nach sich selbst und bildet sich leicht ein, sie würden seinen nicht-evidenten, meistens äußeren Argumenten weichen. Wer der philosophischen Methode kundig ist, der weiß, daß die Irrtümer, die ihm unterlaufen, auf das Konto von Gedächtnisschwäche oder mangelnder Aufmerksamkeit infolge Ablenkung durch andere Sorgen gehen. Er hält es daher für schlimmer, einen einmal erkannten

Irrtum mutwillig zu verteidigen – die Gründe, warum es schlimmer ist, werden wir an anderer Stelle[133] anführen –, als den Irrtum, den er begangen hat, anzuerkennen und zu berichtigen. Die philosophische Methode ist noch nicht so weit verbreitet, geschweige denn in der Praxis angewendet, daß man unserer Behauptung Gegenbeispiele entgegenstellen könnte.

§ 171

Was wir bis hierher über Philosophie im allgemeinen gelehrt haben, das haben wir vor allem in der Absicht vorausgeschickt, den Grund unseres Vorhabens verständlich zu machen. Es hätte mehr erinnert werden können, aber dies genügt für unseren Zweck. Das übrige wird an seinem Ort gelehrt werden, wo es nach vorheriger Feststellung der Grundsätze stichhaltiger bewiesen werden kann. Inzwischen kann der Leser aus dem Gesagten ermessen, welche Aufmerksamkeit er bei der Lektüre unserer Schriften aufbringen muß, wenn er sie verstehen und ihre Evidenz erkennen will.

Ende des Discursus praeliminaris

Anhang 1

Erläuterungen zum Text

[1] Cf. *Psychologia rationalis* ([1]1734; GW II,6). Der ersten Frage geht Wolff dort in Sect. I, Cap. 2: »De facultate sentiendi, sive sensu«, der zweiten in Sect. I, Cap. 1: »De natura et essentia animae« (bes. §§ 10 – 13) nach.

[2] *Philosophia prima sive ontologia* ([1]1731; GW II,3), §§ 70 – 78. Einen Beweis des Satzes vom zureichenden Grund hatte Wolff schon in den *Vernünfftige(n) Gedancken von Gott, der Welt und der Seele des Menschen* (»*Deutsche Metaphysik*«, [1]1720; GW I,2), § 31 geboten.

[3] Isaac Newton (1642 – 1727): *Philosophiae naturalis principia mathematica* ([1]1687), Lib. III, Prop. 1 – 6. In: *Opera quae exstant omnia.* Faksimile-Neudruck der Ausgabe von Samuel Horsley, London 1779 – 1785 in 5 Bdn. Stuttgart-Bad Cannstatt 1963, Bd. III, S. 11 – 20.

[4] Der Heronsbrunnen, so benannt nach dem griechischen Physiker Heron von Alexandria (wahrsch. 1. Jahrh. n. Chr.) ist ein Gefäß mit einer Röhre, in dem aufgrund des durch Erwärmung steigenden Luftdrucks die im Gefäß befindliche Flüssigkeit emporgetrieben wird. Wolffs eigene Erklärung findet sich im *Mathematische(n) Lexicon* (GW I,11), Sp. 645 f.

[5] Der zweite – und bei weitem umfangreichere – Teil der *Philosophia rationalis sive logica* (GW II,1. 1 – 3) handelt in sechs Sektionen von dem vielfältigen Nutzen der Logik.

[6] *Philosophia naturalis principia mathematica*, Lib. III, Sect. I: »De causis systematis mundani«. In: *Opera*, a. a. O., Bd. III, S. 11 – 56.

[7] Cf. die Erläuterung zu § 15, Anm.

[8] Cf. § 13, Anm.

[9] Die Definition der Katoptrik, die Wolff selbst in seinen *Elementa catoptricae* liefert, lautet: »*Catoptrica* seu *specularia* est scientia visionis reflexae«. In: *Elementa matheseos universae* (GW II,31), Bd. III, Sp. 139 A.

[10] In Galileis physikalischem Hauptwerk *Discorsi e dimostrazioni matematiche intorno a due nuove scienze attenenti alla mecanica e i movimenti locali* von 1638 findet sich seine Bewegungslehre in den Gesprächen des dritten und vierten Tages.

[11] *Aerometriae elementa, in quibus aliquot aeris vires ac proprietates juxta methodum geometrarum demonstrantur* ([1]1709; GW II,37).

[12] *Optics: Or, a Treatise of the Reflections, Refractions, Inflections and Colours of Light* ([1]1704), Book I, Part I, Prop. 2 – 4. In: *Opera*, a. a. O., Bd. IV, S. 21 – 48.

[13] Emanuel Swedenborg (1688 – 1772): *Nova observata et inventa circa ferrum et ignem. Et praecipue circa naturam ignis elementarem; una cum nova camini inventione.* Amsterdam 1727, S. 8 – 10.

[14] An der von Wolff benannten Stelle unter der Überschrift »Observationes generales circa caminos ferri fusorios, una cum melioratione illorum.« *Pars quarta miscellanearum observationum circa res naturales et praecipue circa mineralia, ferrum, et stallactitas in cavernis Baumannianis etc.* Schiffbeck bei Hamburg 1722.

[15] Im folgenden gibt Wolff eine Zusammenfassung der S. 8 – 10 von Swedenborgs *Nova observata et inventa circa ferrum et ignem*, a. a. O.

[16] Cf. den letzten Satz der »Praefatio« zu den *Aerometriae elementa* (GW II,37), S. XXI [n.p.]: »Utor subinde in solutionibus problematum analysi, cum potissimus mihi scopus fuerit pro ratione muneris mei, matheseos in physica veriore indispensabilem usum atque algebrae ad quaestiones physicas applicationem in facilioribus exemplis commonstrare.«

[17] *Elementa matheseos universae* (GW II,30), Bd. II, S. 353 – 419.

[18] Laut École sind diese an Caspar Neumann (1648 – 1715) gerichteten Briefe nicht erhalten. Cf. seine Erläuterung zu dieser Textstelle *Philosophia rationalis sive logica* (GW II,1. 1), S. 123.

[19] Und zwar gleich zu Beginn der »Praefatio« zu diesem Werk (GW II,37), S. IX – X [n.p.]: »Philosophiam ego definire soleo per rerum possibilium, qua talium, scientiam.« Cf. a. a. O., S. X (n.p.): »Philosophia est scientia rerum omnium possibilium (…).«

[20] *Philosophia rationalis sive logica* (GW II,1. 2), Pars II, Sect. I, Cap. 1 – 3.

[21] *Philosophia rationalis sive logica* (GW II,1. 2), Pars II, Sect. I, Cap. 2 – 3.

[22] *Philosophia prima sive ontologia* (GW II,3), §§ 70 – 78 und *Psychologia empirica* ([1]1732; GW II,5), Pars I, Sect. III, Cap. 4: »De dispositionibus naturalibus et habitibus intellectus«.

[23] Cf. §§ 41–43.

[24] *Elementa architecturae civilis.* In: *Elementa matheseos universae* (GW II,32), Bd. IV, S. 383–488.

[25] *Philosophia rationalis sive logica* (GW II,1.2), §§ 217–225.

[26] Agostino Mandirola (Lebensdaten nicht zu ermitteln): *Manuale de giardinieri diviso in tre libri, che trattano del modo di coltivare, moltiplicare, e conservare qualsivoglia sorte di fiori.* Venedig 1675 ([1]Macerata 1649/1652?). Der Autor beschreibt in Buch III, Kap. 4:»Del modo di multiplicar gli agrumi per via d'inesti« zunächst das Veredlungsverfahren von Zitrusfrüchten durch Aufpfropfung mit Ästen recht ausführlich (S. 132) und teilt sodann in Kap. 5:»Del modo di multiplicar gli agrumi per via di propagini« unter Bezug auf die vorstehenden Darlegungen mit, daß das Aufpropfungsverfahren auch mit Blättern möglich sei (S. 134). Von dem mehrfach nachgedruckten Werk erschienen noch im 17. Jahrhundert zwei deutsche Ausgaben: *Der neu-aufgesetzte Blumen-Garten.* Nürnberg 1670; *Der italiänische Blumen- und Pomeranzen-Garten.* Nürnberg 1679. – Sowohl des Beispiels der Rosmarinzweige als auch des Notleidenden bedient sich Wolff bereits im »Vorbericht von der Weltweisheit« (§ 7) zu den *Vernünfftige(n) Gedancken von den Kräfften des menschlichen Verstandes und ihrem richtigen Gebrauche in Erkänntniß der Wahrheit* (»*Deutsche Logik*«, [1]1713, GW I,1), um den »Nutzen der Erkänntniß eines Welt-Weisen« aufzuweisen.

[27] *Philosophia rationalis sive logica* (GW II,1.2), §§ 172–174.

[28] *De voluptate ex cognitione veritatis percipienda.* In: *Horae subsecivae Marburgenses.* Anni 1729, trimestre aestivum (GW II,34.1), S. 167–248. Cf. auch *Psychologia empirica* (GW II,5), § 531.

[29] Cf. die Angaben der voranstehenden Erläuterung.

[30] *Philosophia rationalis sive logica*, §§ 199, 1158 f., 1177.

[31] Zur Abfassung einer lateinischen Politik ist Wolff nicht mehr gekommen.

[32] *Philosophia rationalis sive logica* (GW II,1.2), Pars I, Sect. II, Cap. 4:»De definitionibus«.

[33] *Theologia naturalis* ([1]1736–37; GW II,7.1), Pars I.1; cf. bes. »Prolegomena« §§ 1–4.

[34] Entsprechend zerfällt die *Psychologia empirica* in die zwei Teile »De anima in genere et facultate cognoscendi in specie« sowie »De facultate appetendi in specie (...)«, und auch die *Psychologia rationalis* baut auf dieser Unterscheidung auf.

[35] *Philosophia rationalis sive logica* (GW II,1.2), »Prolegomena« §§ 1–29.

[36] Sie erschien Leipzig 1703. In: *Meletemata mathematico-philosophica* (GW II,35), Sect. II, S. 189–223.

[37] Nach Carl Günther Ludovici (Art. *Wolf, Christian.* In: Johann Heinrich Zedler (Hg.): *Grosses vollständiges Universal-Lexicon aller Wissenschafften und Künste,* Bd. 58, Leipzig, Halle 1748. Reprint Graz 1962, Sp. 552) ist damit Johann Burchard Mencke (1674–1732), der Sohn des Begründers der *Acta eruditorum* Otto Mencke (1644–1707), gemeint. Dieser Ansicht ist auch École (cf. seine Erläuterung zu dieser Textstelle [GW II,1.1], S. 142). Johann Christoph Gottsched zufolge ist diese Bemerkung auf den Vater zu beziehen (*Historische Lobschrift des weiland hoch- und wohlgebohrnen Herrn Christians, des H.R.R. Freyherrn von Wolf.* Halle 1755. Reprint Hildesheim, New York 1980, S. 20f. [= Christian Wolff: *Biographie.* Mit einem Vorwort von Hans Werner Arndt. <GW I,10>]). Für diese Zuschreibung spricht auch der Umstand, daß Wolff in seiner Autobiographie mitteilt, Mencke habe die Absicht gehabt, ihn »(...) bey den Actis zu gebrauchen«, deren Redaktion erst nach seinem Tod an den Sohn fiel (*Christian Wolffs eigene Lebensbeschreibung.* Hg. mit einer Abhandlung über Wolff von Heinrich Wuttke. Leipzig 1841. Reprint Hildesheim, New York 1980, S. 133 [= Christian Wolff: *Biographie,* <GW I,10>]). Jedenfalls gelangte die Arbeit, wie Wolff in seiner Lebensbeschreibung (ebd.) betont, ohne sein Wissen in Leibnizens Hände. – Leibniz wurde durch einen Brief Menckes vom 12. Nov. 1704 (auch hier ist unklar, ob er von dem Vater oder dem Sohn stammt) erstmals auf Wolff aufmerksam gemacht. Der Brief ist abgedruckt in: *Briefwechsel zwischen Leibniz und Christian Wolff.* Aus den Handschriften der königlichen Bibliothek zu Hannover hg. von C.I. Gerhardt. Halle 1860, Reprint Hildesheim 1963, S. 15.

[38] *Entdeckung der wahren Ursache von der wunderbahren Vermehrung des Getreydes,*
dadurch zugleich der Wachsthum der Bäume und Pflantzen überhaupt erläutert wird, als die
erste Probe der Untersuchung von dem Wachsthume der Pflantzen. Halle 1718. Reprint mit
einem Nachwort von Holger Böning. Stuttgart-Bad Cannstatt 1993, S. 11*, 12* [=Volksauf-
klärung. Ausgewählte Schriften Bd. 1]:»Man wird aber aus gegenwärtiger Schrifft lernen
können, daß zu diesen Untersuchungen eine Erkänntnis der Natur, eine Erfahrung im
Versuchen und Beobachten, und eine Ubung im Nachsinnen erfordert werde. Ja wenn man
diese Wahrheiten zum Nutzen des Ackerbaues anwenden wollte, würde man auch zu der
Mathematick seine Zuflucht nehmen müssen. Also gehören diese Untersuchungen für
Academien der Wissenschaften, darinnen man verborgene Wahrheiten zu suchen
beschäfftiget ist. (...) Dadurch aber habe ich einen Anfang machen wollen, den Acker- und
Garten-Bau in die Form einer Wissenschafft zu bringen.«

[39] Thomas Campanella (1568–1639). Dies ist bereits dem Titel seines Werkes entnehmbar:
Philosophiae rationalis partes quinque. Videlicet: Grammatica, dialectica, rhetorica, poetica,
historiographia, iuxta propria principia. Suorum operum tomus I. Paris 1638.

[40] »Historiographia est ars recte scribendi historias (sicuti sonat nomen,) ad scientiarum bases
fundandum.« *Philosophiae rationalis partes quinque,* a. a. O., S. [243].

[41] § 73, Anm.

[42] Johannes Kepler (1571–1630). So bereits im Untertitel seiner 1609 erschienenen *Astronomia*
nova ΑΙΤΙΟΛΟΓΗΤΟΣ, seu physica coelestis, tradita commentariis de motibus stellae
Martis, ex observationibus G.V. Tychonis Brahe. (Johannes Kepler: *Astronomia nova.* Hg.
von Max Caspar. München 1937, S. 5. [=Gesammelte Werke. Hg. im Auftrag der Deutschen
Forschungsgemeinschaft und der Bayerischen Akademie der Wissenschaften unter der Leitung von Walther von Dyck und Max Caspar, Bd. III]). In Buch I der *Epitome astronomiae*
Copernicanae ([1]1618) gibt Kepler auf die Frage »Quae est cognatio hujus Scientiae (sc.
Astronomiae, Hgg.) cum caeteris?« die Antwort: »Est pars Physices, quia inquirit causas
rerum et eventuum naturalium: et quia inter ejus subjecta sunt motus corporum coelestium
(...)«. 1620 erschien Buch IV unter dem Titel *Epitomes astronomiae Copernicanae, usitata*
forma quaestionum et responsionum conscriptae, liber quartus, doctrinae theoricae primus:
quo physica coelestis, hoc est, omnium in coelo magnitudinum, motuum, proportionumque,
causae vel naturales vel archetypicae explicantur, et sic principia doctrinae theoricae demon-
strantur. (Hg. von Max Caspar. München 1953, S. 23. [=Gesammelte Werke, a. a. O., Bd.
VII], S. 249).

[43] Claude Perrault (1613–1688). *La mechanique des animaux.* In: ders.: *Essais de physique, ou*
recueil de plusieurs traitez touchant les choses naturelles. Bd III, Paris 1680. Perrault erläutert
seinen Titel wie folgt:»Pour empescher le mauvais effet que l'équivoque et l'ambiguité du titre
de cet ouvrage pourroit produire dans l'esprit de ceux qui ont entendu dire que la pluspart des
animaux sont de pures machines (...), j'avertis que j'entens par animal un estre qui a du sen-
timent, et qui est capable d'exercer les fonctions de la vie par un principe que l'on appelle
Ame; que l'ame se sert des organes du corps, qui sont de veritables machines ...« (S. 1).

[44] *Institutiones philosophiae Wolfianae, in usus academicos adornatae.* 2 Bde. Frankfurt,
Leipzig 1725–26 (GW III,19.1–2).

[45] Cf. die Erläuterung dort.

[46] »*Deutsche Metaphysik*« (GW I,2), §§ 191, 747.

[47] An diese Reihenfolge hat sich Wolff bei der Abfassung der lateinischen Werke auch gehalten: 1730 erscheint die *Philosophia prima sive ontologia,* 1731 die *Cosmologia generalis,* 1732
die *Psychologia empirica,* 1734 die *Psychologia rationalis,* 1736–37 die *Theologia naturalis* in
zwei Teilen. In der »*Deutschen Metaphysik*« hatte er die Disziplinen noch anders angeordnet. Auf die Ontologie folgte dort die empirische Psychologie, die allgemeine Kosmologie,
die rationale Psychologie und die natürliche Theologie.

[48] »Vollständig« wird die praktische Philosophie in der fünfbändigen *Philosophia moralis sive*
ethica, Halle 1750–53, behandelt (GW II,12–16).

[49] § 103.

⁵⁰ Eine Überschrift ohne Paragraphennummer kommt noch ein weiteres Mal zwischen §§ 110 und 111 vor.

⁵¹ *De experientia morali.* In: *Horae subsecivae Marburgenses.* Anni 1731, trimestre autumnale (GW II,34. 3), S. 681–719; *Philosophia practica universalis* (GW II,11), Pars II, § 264.

⁵² Es konnte keine einschlägige Textstelle verifiziert werden.

⁵³ In: *Elementa matheseos universae* (GW II,32), Bd. IV, S. 383–488.

⁵⁴ *Philosophia rationalis sive logica* (GW II,1. 3), Pars II, Sect. II, Cap. 2:»De formandis judiciis intuitivis et notionibus a posteriori« und Cap. 3:»De formandis judiciis discursivis et definitionibus a priori«.

⁵⁵ *Philosophia rationalis sive logica* (GW II,1. 2), Pars I, Sect. II, Cap. 4:»De definitionibus«.

⁵⁶ *Philosophia rationalis sive logica* (GW II,1. 3), Pars II, Sect. I, Cap. 3:»De certo, incerto atque probabili«.

⁵⁷ *Philosophia rationalis sive logica* (GW II,1. 2). Cf. etwa §§ 562, 567, 568; cf. des weiteren ebd. Pars II, Sect. II, Cap. 2–3.

⁵⁸ *Philosophia rationalis sive logica* (GW II,1. 2) Pars II, Sect. I, Cap. 2–3 sowie §§ 537–544.

⁵⁹ *Philosophia rationalis sive logica* (GW II,1. 2), Pars I, Sect. I, Cap. 2:»De demonstratione«.

⁶⁰ Zum »Abacus Pythagoricus« cf. Wolffs Definition desselben in seinem *Mathematische(n) Lexicon* (¹1716):»Ist ein Täffelein, darinnen alle Zahlen zu finden, die herauskommen, wenn man die Zahlen von eins biß neun in einander multipliciret« (GW I,11), S. 1. Eine Konstruktionsanweisung hatte Wolff in den *Elementa arithmeticae* § 109 gegeben. In: *Elementa matheseos universae* (GW II,29), Bd. I, S. 43.

⁶¹ Wolff meint, wie § 164, Anm. deutlich macht, dessen Lehre von der prästabilierten Harmonie. Cf. Leibnizens 1695 im Journal des Sçavans publiziertes *Système nouveau de la nature et de la communication des substances, aussi bien que de l'union qu'il y a entre l'âme et le corps.* In: *Die philosophischen Schriften von Gottfried Wilhelm Leibniz.* Hg. von C. I. Gerhardt. Bd. IV, Berlin 1880. Reprint Hildesheim, New York 1978, S. 477–487.

⁶² *Philosophia prima sive ontologia* (GW II,3), Pars II, Sect. II:»De ente simplici«.

⁶³ *Psychologia rationalis* (GW II,6), § 48.

⁶⁴ *Cosmologia generalis* (GW II,4), § 182.

⁶⁵ »Deutsche Metaphysik« (GW I,2), § 930; *Theologia naturalis* (GW II,7.1), Pars I, § 67.

⁶⁶ *Elementa* Lib. I, § 16 wird der erste und § 32 der zweite, weitergehende Satz bewiesen. *Euclidis elementa.* Bd. I, libri I–IV cum appendicibus. Post I. L. Heiberg edidit E. S. Stamatis. 2. Aufl. Leipzig 1969, S. 24 f., 44.

⁶⁷ Petrus Ramus (1515–1572): *Scholarum mathematicarum, libri unus et triginta.* A Lazaro Schonero recogniti et emendati. Frankfurt 1599.

⁶⁸ *Elementa geometriae.* In: *Elementa matheseos universae* (GW II,29), Bd. I, S. 117–262.

⁶⁹ Cf. dazu bereits »Deutsche Logik« (GW I,1), 10. Cap., § 22 und *De praecipuis scriptis mathematicis brevis commentatio.* In: *Elementa matheseos universae* (GW II,33), Bd. V, S. 34 f.: »Ordo Euclidis displicuit Petro Ramo (…). Deficiunt tamen demonstrationes accuratae, quales dedit Euclides.«

⁷⁰ *Philosophia rationalis sive logica* (GW II,1. 2), § 561:»Quoniam in demonstratione non utimur praemissis, nisi definitionibus, experientiis indubitatis, axiomatis et propositionibus jam demonstratis (…); *in numerum principiorum demonstrandi non assumuntur nisi definitiones, experientiae indubitatae, axiomata et propositiones jam demonstratae* (…).«

⁷¹ *Philosophia rationalis sive logica* (GW II,1. 2), Pars I, Sect. II, Cap. 4; Pars I, Sect. III, Cap. 1; Pars II, Sect. I, Cap. 2.

⁷² Cf. *Philosophia rationalis sive logica* (GW II,1. 3), Pars II, Sect. VI, Cap. 2:»De methodo logicam discendi«.

⁷³ *Elementa matheseos universae* (GW II,29), Bd. I, S. 1–17. Die mit *Meth.* eingeführten Belege im Haupttext des Paragraphen beziehen sich auf die in *Elementa matheseos universae*, S. 1–17 abgedruckte Methodenschrift.

⁷⁴ Wolff antwortet hiermit auf entsprechende Vorwürfe seines Gegners Joachim Lange:»Ad hosce naevos facile condonandos pertinet quaedam *notionum* metaphysicarum *novatio*, et

inprimis ingens *demonstrationis defectus*; utpote quo integra libri series laborat. Ut nihil dicam de deficiente multarum definitionum et notionum akribeía.« *Caussa Dei et religionis naturalis adversus atheismum, et, quae eum gignit, aut promovet, pseudophilosophiam veterum ac recentiorum, praesertim stoicam, Spinozianam ac Wolfianam: una cum nova systematis Wolfiani analysi; e genuinis verae philosophiae principiis methodo demonstrativa adserta.* Halle 1727. Reprint (Préface de Jean École) Hildesheim, Zürich, New York 1984 (GW III,17), S. 345.

[75] Cf. Apollonius Pergaeus (ca. 240 bis ca. 170 v. Chr.): *Conica*. Lib. I, § 11. In: *Apollonii Pergaei quae graece exstant*. Cum commentariis antiquis. Ed. et latine interpretatus est I. L. Heiberg. Bd. I, Leipzig 1891. Reprint Stuttgart 1974, S. 36–39 und Claude-Francois Milliet Dechales (1621–1678): *Cursus seu mundus mathematicus. Tomus primus complectens tract. de progressu matheseos et de illustribus mathematicis, Euclidis libros XIV, Theodosii sphaerica, sectiones conicas, arithmeticam, trigonometricam, algebram, et refutationem hypotheseon Cartesianarum.* Editio altera ex manuscriptis authoris aucta et emendata, opera et studio R. P. Amati Varcin. Lugduni 1690. De sectionibus conicis, Lib. I: De parabola, Def. 6, S. 286. Während Wolff die Definition des Apollonius nur unwesentlich verkürzt, ist seine Wiedergabe der Definition des Dechales beinahe unverständlich, weil er die Erklärungen der Ausdrücke »ordinatim applicatae« und »sagittae«, die Dechales im Kontext liefert, nicht anführt. Was gemeint ist, drückt Wolff an anderer Stelle so aus: »In der Parabel verhalten sich die Quadrate der Ordinaten, wie die Abscissen.« *Anfangs-Gründe aller mathematischen Wissenschaften* (GW I,15.1), Bd. IV, S. 1686.

[76] So auch Joachim Lange: »Deus, Ens illud spirituale, est a se ipso, independens, necessarium, aeternum ac immutabile.« *Caussa Dei et religionis naturalis adversus atheismum*, a. a. O., S. 277–278.

[77] René Descartes (1596–1650). Cf. etwa *Meditationes de prima philosophia* (¹1641), Med. III, § 36; Med. V, § 7. In: *Œuvres de Descartes*. Publiées par Charles Adam et Paul Tannery. Nouvelle présentation. Bd. VII, Paris 1983, S. 51, 65.

[78] Cf. etwa »*Deutsche Metaphysik*« (GW I,2), § 945; *Theologia naturalis* (GW II,7.1), Pars I, § 67.

[79] *Philosophia rationalis sive logica* (GW II,1.2), Pars I, Sect. II, Cap. 3: »De usu vocum sive terminorum circa notiones«; Pars I, Sect. III, Cap. 4: »De usu vocum seu terminorum circa judicia«.

[80] *Philosophia rationalis sive logica* (GW II,1.2), Pars I, Sect. III, Cap. 1: »De judiciorum differentia«.

[81] Cf. die Angaben in Erl. 42.

[82] *Philosophia rationalis sive logica* (GW II,1.2), §§ 179–190.

[83] Deutlicher als in den *Elementa arithmeticae* wird der Nutzen der Fachtermini in den deutschen *Anfangs-Gründe(n) der Rechen-Kunst* herausgestellt: »(...) damit man sich in grossen Zahlen nicht verwirret; sondern von jedem Theile derselben einen deutlichen Begriff formiren kan: woraus der Nutzen der Kunstwörter erhellet.« In: *Anfangs-Gründe aller mathematischen Wissenschaften* (GW I,12), Bd. I, S. 47.

[84] Cf. etwa *Astronomia nova*. Introductio, a. a. O., S. 20 ff. und *Harmonices mundi libri V. Quorum (...) quintus astronomicus et metaphysicus, de harmoniis absolutissimis motuum coelestium, ortuque eccentricitatum ex proportionibus harmonicis* (¹1619), Cap. 3: »Summa doctrinae astronomicae, necessaria ad contemplationem harmoniarum coelestium.« (=Gesammelte Werke, a. a. O., Bd. VI, S. 296 ff.).

[85] *Dialogo sopra i due massimi sistemi del mondo, tolemaico e copernicano*. Firenze 1632; besonders in den Gesprächen des zweiten und dritten Tages.

[86] §§ 163–167.

[87] Vermutlich spielt Wolff hier abermals auf die Machenschaften der Hallenser Pietisten an, die zu seiner Amtsenthebung und Vertreibung aus Preußen im Jahr 1723 führten.

[88] Gisbertus Voetius (1589–1676) hatte 1643 in Utrecht anonym ein zusammen mit Martinus Schoock verfaßtes Pamphlet unter dem Titel *[Philosophia Cartesiana, sive] Admiranda methodus novae philosophiae Renati des Cartes* publiziert.

[89] Descartes' Verteidigungsschrift *Epistola Renati Des Cartes ad celeberrimum virum D. Gisbertum Voetium* erschien noch im selben Jahr und ist den *Meditationes* erstmals in der Ausgabe Amsterdam 1650 beigegeben. Cf. das Avertissement von Charles Adam zur Ausgabe der *Meditationes* innerhalb der *Œuvres de Descartes*. Ed. Adam/Tannery, a. a. O., Bd. VII, S. VIII.

[90] *Atheismus triumphatus, seu reductio ad religionem per scientiarum veritates (…) contra antichristianismum achitophellisticum.* In: *Ludovico Iusto XIII. regi christianissimo. Ad christianae rei patrocinium. Dedicat Fr. Thomas Campanella (…) tres hosce libellos, videlicet: Atheimus triumphatus, seu contra antichristianismum etc. De gentilismo non retinendo. De praedestinatione et reprobatione et auxiliis divinae gratiae cento thomisticus.* Paris 1636.

[91] *Philosophia rationalis sive logica* (GW II,1.2), Pars II, Sect. II, Cap. 2–3.

[92] *Philosophia rationalis sive logica* (GW II,1.2), Pars II, Sect. I, Cap. 2–3 sowie §§ 537–544.

[93] Cf. jeweils die diesbezüglichen Erläuterungen zu den im Text genannten Paragraphen.

[94] »J'appelle *Monde* toute la suite et toute la collection de toutes les choses existantes (…)«. *Essais de théodicée sur la bonté de Dieu, la liberté de l'homme et l'origine du mal*, § 8. In: *Die philosophischen Schriften*, a. a. O., Bd. VI, S. 107.

[95] Cf. etwa *Théodicée* § 9: »(…) ce monde, qui (…) a été trouvé le meilleur par le Createur qui l'a choisi.« In: *Die philosophischen Schriften*, a. a. O., Bd. VI, S. 108.

[96] 1. Joh. 5,19: »Mundus totus in maligno positus est.« Cf. auch Jesus Sirach 11,30 in der Wolff vermutlich vorliegenden Übersetzung Martin Luthers: »Denn die Welt ist vol vntrew vnd list.«

[97] Genesis 1,14–18.

[98] *Nova methodus pro maximis et minimis, itemque tangentibus, quae nec fractas nec irrationales quantitates moratur, et singulare pro illis calculi genus* (¹1684). In: *Mathematische Schriften*. Hg. von C. I. Gerhardt, Bd. V. Halle 1858. Reprint Hildesheim 1962, S. 222: »Ex cognito hoc velut *Algorithmo*, ut ita dicam, calculi hujus, quem voco *differentialem*, omnes aliae aequationes differentiales inveniri possunt per calculum communem, maximaeque et minimae (…).«

[99] *Methodus differentialis.* In: *Opera*, a. a. O., Bd. I, S. 521–528.

[100] *Tractatus de quadratura curvarum.* Introductio. In: *Opera*, a. a. O., Bd. I, S. 333.

[101] *Nova methodus pro maximis et minimis.* In: *Mathematische Schriften*, a. a. O., Bd. V, S. 223. Cf. auch *De geometria recondita et analysi indivisibilium atque infinitorum* (¹1686). In: *Mathematische Schriften*, a. a. O., Bd. V, S. 232.

[102] Über die Lehre des physischen Einflusses handelt Wolff ausführlich in der *Psychologia rationalis* (GW II,6), Sect. III, Cap. 2: »De systemate influxus physici«.

[103] Das taten z. B. Okkasionalisten wie Nicolas Malebranche. Cf. etwa das VII. Gespräch »De l'inefficace des causes naturelles, ou de l'impuissance des créatures (…)« seiner *Entretiens sur la métaphysique et sur la religion* (¹1688). In: *Œuvres de Malebranche*. Éd. par André Robinet. Bd. XII, Paris 1965, S. 147–172.

[104] Cf. etwa *Principes de la nature et de la grace, fondés en raison* (¹1718), §§ 1–4. In: *Die philosophischen Schriften*, a. a. O., Bd. VI, S. 598–600.

[105] »In medio vero omnium residet Sol. (…) Ita profecto tanquam in solio regali Sol residens circumagentem gubernat astrorum familiam.« Nikolaus Kopernikus (1473–1543): *De revolutionibus orbium coelestium* (¹1545), Lib. I, Cap. 10: »De ordine caelestium orbium«. Nicolaus Copernicus Gesamtausgabe Bd. II: *De revolutionibus*. Kritischer Text. Besorgt von Heribert Maria Nobis und Bernhard Sticker. Hildesheim 1984, S. 20 f.

[106] Tycho Brahe (1546–1601) hatte sein Weltsystem in Kapitel 8 seines Werkes *De mundi aetherei recentioribus phaenomenis* (¹1588) dargelegt und es anhand eines Modells veranschaulicht. *Opera omnia.* Ed. I. L. E. Dreyer. Bd. IV. Kopenhagen 1922. Reprint Amsterdam 1972, S. 155–170; das Modell: S. 158.

[107] Robert Hooke (1635–1703): *An Attempt to Prove the Motion of the Earth from Observations*. London 1674. Diese »Hypothese« ergibt sich aus den drei ausdrücklich als »suppositions« bezeichneten Annahmen, mit denen Hooke diese Schrift beschließt (S. 27 f.).

[108] Eine Definition der Apollonischen Ellipse hat Wolff im *Mathematische(n) Lexicon* (GW I,11), Sp. 583 und in den *Elementa analyseos mathematicae* gegeben. In: *Elementa matheseos universae* (GW II,29), Bd. I, S. 478 A.

[109] *Philosophiae naturalis principia mathematica*, Lib. III, Prop. 13. In: *Opera*, a. a. O., Bd. III, S. 29–30.

[110] *Theologia naturalis* (GW II,7.1), Pars I, § 464.

[111] Unter ihnen Laktanz: *Divinae institutiones*. Lib. III, Cap. 24: »De antipodibus, de coelo ac sideribus«. In: Lucius Caecilius Firmianus Lactantius: *Opera omnia* (…). Editio novissima. Paris 1844, Sp. 425–428. (=Patrologia Latina Bd. VI). Man war nämlich der Auffassung, die Meinung, die Erde habe Kugelgestalt, zöge die Annahme von Antipoden oder »Gegenfüßlern« nach sich; Menschen also, »(…) die mit den Füssen an der Decke stehen solten und den Kopf unter sich halten«. In der *Ausführliche(n) Nachricht* erläutert Wolff an diesem »gemeinen Exempel« die Praxis der »Consequentien-Macherey«. (GW I,9), S. 141f.

[112] Die Kugelgestalt der Erde wurde zuerst von den Pythagoreern gelehrt, dann auch von Parmenides aus Elea. Aristoteles und Archimedes konnten bereits mehrere Argumente für die Richtigkeit dieser Lehre benennen. Im *Almagest* des Ptolemäus wird die Kugelförmigkeit der Erde in Buch I, Kap. 4 unter der Überschrift »Auch die Erde ist, als Ganzes betrachtet, für die sinnliche Wahrnehmung kugelförmig« bewiesen (Ptolemäus: *Handbuch der Astronomie*. Bd. I. Deutsche Übersetzung und erläuternde Anmerkungen von K. Manitius. Vorwort und Berichtigungen von O. Neugebauer. Leipzig 1963, S. 10–12). Neuzeitliche Autoren, die Beweise für die Kugelgestalt der Erde geführt haben, nennt der Artikel »Erde« in Johann Heinrich Zedler (Hg.): *Grosses vollständiges Universal-Lexicon*, a. a. O., Bd. 8, Sp. 1532–1557; hier: Sp. 1543. – In den *Elementa geographiae et hydrographiae* stellt Wolff unter Hinweis auf die Arbeiten von Newton und Huygens das Theorem auf: »Terrae figura propemodum sphaerica est«. In: *Elementa matheseos universae* (GW II,32), Bd. IV, S. 5. Indes hatten die im 16. Jahrhundert mehrfach erfolgten Weltumsegelungen, die Wolff anführt (ebd., S. 6), die Frage bereits auf praktische Weise geklärt. Cf. Erl. 125. – Wolff hat dem Thema der Gestalt der Erde eine eigene kleine Abhandlung gewidmet: *De utilitate cognitionis figurae telluris*. In: *Horae subsecivae Marburgenses*. Anni 1731, trimestre vernale (GW II,34.3), S. 350–367. Die Alten, so sagt er dort, schrieben der Erde bereits Kugelgestalt zu; Experimente der jüngeren Zeit führten Huygens und Newton zu einer Präzisierung dieser Lehre, da sie die Abplattung der Erde an den Polen bewiesen.

[113] Die Definition des Begriffs »Tugend« in der *Philosophia practica universalis* ([1]1738; GW II,10), Pars I, § 321, nimmt auf diese Überlegung allerdings keinen Bezug: »*Virtus* est habitus actiones suas legi naturali conformiter dirigendi.«

[114] Cf. die Erläuterung zu § 128, Anm.

[115] Cf. die Erläuterung zu § 54, Anm.

[116] Jean-Baptiste Duhamel (1624–1706): *Philosophia universalis sive commentarius in universam Aristotelis philosophiam complectens compendia et logicam*. Paris 1705, S. 10: »Atque ob eas profecto rationes cautum saepe ac sapienter provisum est, ut nec aliam a peripatetica philosophiam tueri vel doceri liceret, et singulares quaedam recentioris philosophiae opiniunes plurimi(s) confixae censuris regiis quoque sanctionibus proscriptae eliminarentur.« Bibliographische Angabe wie Zitat folgen Écoles Erläuterung zu dieser Textstelle, da der Band im öffentlichen Leihverkehr nicht erhältlich war. (»plurimis« für vermutlich irrtümliche Lesart Écoles »plurimi«). Cf. dessen »Notes de l'éditeur« (GW II,1.1), S. 184f.

[117] Wie Wolffs Hinweis auf § 165 nahelegt, sollte dieses vermutlich in dem lateinischen Werk zur Politik dargelegt werden, das Wolff nicht mehr schreiben konnte. Cf. die Erläuterung zu § 54, Anm.

[118] Cf. die Erläuterung zu § 54, Anm.

[119] Baruch Spinoza (1632–1677): *Ethica ordine geometrico demonstrata*. ([1]1677 in: *Opera posthuma*).

[120] Zitat aus *Ethica* I, Def. 3. In: *Opera*. Im Auftrag der Heidelberger Akademie der Wissenschaften hg. von Carl Gebhardt. Bd. II, 2. Aufl. Heidelberg 1972, S. 45.

[121] Zitat aus *Ethica* I, Def. 7. In: *Opera*, a. a. O., S. 46.

[122] Cf. die Erläuterung zu § 54, Anm.

[123] *Philosophia rationalis sive logica* (GW II,1.3), Pars II, Sect. IV, Cap. 2:»De modo alios refutandi«.

[124] Cf. die Erläuterung zu § 54, Anm.

[125] In: *Elementa matheseos universae* (GW II,32), Bd. IV, § 5:»Rotunditas adeo telluris permisit, ut ipsa jam aliquoties circumnavigari potuerit.« In § 6 werden dann frühe Weltumsegelungen mit Nennung des Jahres, der Dauer und des Namens des Kapitäns angeführt.

[126] Honoratus Fabri (1607–1688). In einem Artikel *A further Account, touching Signor Campani's Book and Performances about Optick-Glasses* (Philosophical Transactions. Nr. 4, Montag, 5. Juni 1665) wird S. 74 f. in einer Anmerkung diese Erklärung des Jesuiten Fabri aus einer sekundären Quelle in lateinischer Sprache und englischer Übersetzung zitiert:»Ex vestris, iisque Coryphaeis non semel quaesitum est, utrum aliquam haberent demonstrationem pro *Terrae motu* astruendo. Nunquam ausi sunt id asserere. Nil igitur obstat, quin loca illa in sensu literali Ecclesia intelligit, et intelligenda esse declaret, quamdiu nulla demonstratione contrarium evincitur; quae si forte aliquando a vobis excogitetur (quod vix crediderim), in hoc casu nullo modo dubitabit Ecclesia declarare, loca illa in sensu figurato et improprio intelligenda esse (…)«.

[127] Giovanni-Battista Riccioli (1598–1671): *Astronomiae reformatae tomi duo. (…)* Bologna 1665. Lib. I, cap. 9, § 3, S. 30 A heißt es dort:»Nos, etsi, certi sumus (…) terram quiescere in centro eclipticae, et solem circa eam moveri motu annuo, et proprio, tum motu diurno, et communi semper versus occidentem (…), non negamus tamen solem, ita circa conum quendam describere suas diurnas spiras, ut designet quam proxime in eius superficie peripheriam ellipticam proxime tamen accedentem, ad circularem (…).« Dieser Umstand ist insofern bemerkenswert, als Riccioli – in den Worten Robert Hookes – einer der »great Anti-copernicans« war. Cf. das in Erl. 107 zitierte Werk Hookes *An Attempt to Prove the Motion of the Earth*, a. a. O., S. 26. – Bei der Verifizierung der Textstelle aus Ricciolis Werk hat uns Frau Bibl.-Inspektorin Kerstin Rehm von der Universitätsbibliothek Tübingen, Abteilung »Alte Drucke/Handschriften«, freundlicherweise unterstützt.

[128] »Cette recherche est d'autant plus important, que si l'on pouvoit parvenir à établir la parallaxe de l'orbe annuel, on auroit une preuve solide du mouvement de la terre (…)«. Jacques Cassini (1677–1756): *De la grandeur des étoiles fixes, et de leur distance à la terre.* In: Histoire de l'académie royale des sciences. Année 1717. Avec les memoires de mathematique et de physique, pour la même année. Amsterdam 1720, S. 330–345, hier: S. 337.

[129] Recte: §§ 626–627 der *Elementa astronomiae*. In: *Elementa matheseos universae* (GW II,31), Bd. III, S. 608–610.

[130] Auf diesen Punkt war Wolff gleich eingangs der »Dedicatio« zur *Philosophia rationalis sive logica* zu sprechen gekommen. Cf. unten S. 134.

[131] Zu den drei Anklagen cf. Diogenes Laertius: *Vitae philosophorum.* 2 Bde. Recognovit brevique adnotatione critica instruxit H. S. Long. Oxford 1964. Lib. II, 38–42; Lib. II, 12; Lib. V, 5,8.

[132] Zum Irrtum und den Gründen seiner Entstehung cf. *Philosophia rationalis sive logica* (GW II,1.2), §§ 623 ff., bes. § 634.

[133] Wolff kommt in dem 1740 erschienenen Bd. I des *Jus naturae* (GW II,17), §§ 706 ff. hierauf zurück, vertagt die ausführlichere Behandlung des Themas dort aber ausdrücklich auf die lateinische Ethik:»Nemo hominum id agere debet, ut alter in errore persistat; sed ab eodem, si potest, eum revocare tenetur« (§ 709). In Teil V der *Philosophia moralis sive ethica* (GW II,16) von 1753 greift Wolff das Thema dann im Zusammenhang mit der Wahrhaftigkeitsproblematik und unter Hinweis auf die Darlegungen des *Jus naturae* auf:»Enimvero nemo hominum aliorum animis errorem insinuare debet« (§ 536).

Anhang 2

Widmung und Vorrede
zur »Philosophia rationalis sive logica«

Dem[1] Durchlauchtigsten und Mächtigsten
Fürsten und Herrn
Herrn
Karl I.[2],
Landgrafen von Hessen, Fürsten
von Hersfeld, Grafen von Katzenelnbogen,
Dietz, Ziegenhain, Nidda,
Schaumburg
usw.
Meinem Allergnädigsten Fürsten und Herrn.

Durchlauchtigster und
Mächtigster
Fürst,
Gnädigster Herr,

Ein schwieriges und gefahrvolles Werk nehme ich in Angriff, wenn ich
mich bemühe, die gesamte Philosophie sowohl gewiß als auch nützlich zu
machen. Die meisten Lehrstuhlinhaber haben nämlich ein Interesse daran,
daß eine gründliche und vollkommene Wissenschaft nicht hochkommt,
wenngleich Kirche und Staat ihrer vor allem in unserer Zeit in höchstem
Maße bedürfen. Denn obwohl einerseits vieles von den Alten gut und
richtig gelehrt worden ist, andererseits im vergangenen und in unserem
Jahrhundert in allen Wissenschaften viele großartige Entdeckungen gemacht worden sind, so hat doch die Freiheit des Philosophierens eine gewisse oberflächliche Philosophie in die Schulen gebracht, die zwar der
müßigen Jugend gefällt, aber nur mit der Aussicht auf künftiges Verges-
senwerden gelernt wird. Man stört daher nicht ungestraft die Ruhe der
Schulen, die für die Lehrenden einträglich, für die Lernenden angenehm
ist. In Euch, mächtigster Fürst, verehre ich daher den Beschützer, den die
Vorsehung mir gegeben hat, mit dessen ganz einmalig großzügiger Unterstützung und unter dessen Schutz ich das vollenden kann, woran man
mich mit ruchlosen Anschlägen zu hindern gewagt hat[3], indem man die
Jugend vor der wahren und gelehrten Art des Studiums warnte. Ihr, weisester Fürst, ragt ebenso an Alter wie an Wissen, Weisheit und Klugheit

unter allen Fürsten ganz Europas hervor, so daß es keinen glücklicheren Philosophen gibt als den, der sich der Gnade Eurer Durchlaucht erfreut. Länger als fünfzig Jahre habt Ihr die Herrschaft inne[4], so daß es Euch vergönnt war, ein höchst seltenes Regierungsjubiläum zu feiern. Im Kriege habt Ihr Euch tapfer, standhaft und vorsichtig gezeigt, in der Regierung klug, gnädig und milde. In allen Wissenschaften, besonders der Mathematik und Naturwissenschaft, aber auch in den bedeutendsten Künsten, habt Ihr den Gipfel erklommen, auf dem alle guten Kenner derselben Euren Erfindungsgeist bewundern. Ihr, umsichtiger Fürst, seht also nicht mit fremden, sondern mit eigenen Augen und gebt Proben Eures Scharfblicks bei der Unterscheidung einer gründlichen und dem Staate nützlichen Wissenschaft einerseits und einer windigen und unfruchtbaren Wissenschaft andererseits. Die Anstrengungen derer, die sich mit ausreichender Begabung um die Pflege der Künste und der Wissenschaften bemühen, unterstützt Ihr durch Eure Großzügigkeit und Euer Beispiel. Eurer Durchlaucht verdanke auch ich, daß ich, auf einen Lehrstuhl berufen,[5] den Hochbegabten, die von weit her nach Marburg kommen, gründliche Wissenschaft vortragen kann und mich bei der Abfassung der philosophischen Werke, deren Idee ich schon im Geist gefaßt hatte, der Muße und Ruhe erfreue. Allen Nutzen für den Staat, alles Glück für die Menschheit, das dereinst daraus erwachsen wird, wird die dankbare Nachwelt also Euch, gnädigster Herr, zuschreiben. Wenn ich daher jetzt den ersten Band jener Werke der Öffentlichkeit vorlege, muß ich die gnädige Unterstützung Eurer Durchlaucht öffentlich rühmen, damit alle, die sich bewußt sind, davon profitiert zu haben, einsehen, daß sie ihre Dankbarkeit in Euren Ruhm verwandeln müssen. Eurem durchlauchtigsten Namen widme ich daher dieses Werk, und zu Euren Füßen lege ich es ergebenst nieder. Obwohl ich nämlich glaube, daß es Leute geben wird, die aus Übereilung verächtlich von jeder Logik denken, weil die gewöhnlich gelehrte meistens nur den Lehrenden, den Lernenden aber wenig oder gar nichts nützt, und die mich deshalb ich weiß nicht welcher Unbesonnenheit und Unbedachtsamkeit beschuldigen werden, weil ich dieses Werk einem so großen Fürsten aufzudrängen wage, so bin ich doch der felsenfesten Überzeugung, daß Euer Urteil, weisester Fürst, von jenem unendlich weit entfernt ist. Denn Ihr habt durch das genaue Studium der Mathematik und der Naturwissenschaft gelernt, welches die wahrere Logik ist, und da Ihr im Kriege und in der Regierung Großes zuwege gebracht habt, wißt Ihr, wie sehr es bei Überlegungen und Entscheidungen hilft, wenn man seine Gedanken nach einem feststehenden Gesetz entwickeln kann. Wie also Ludwig XIV., von dem noch die späte Nachwelt berichten wird, daß er die Wahrheitssucher in ganz Europa durch seine wahrhaft königliche Großzügigkeit zu ihren Studien angefeuert hat, ein ähnliches Werk unter dem Titel *Medicina mentis*, das Ehrenfried Walther von Tschirnhaus[6], ein um die Wissenschaften hochverdienter Mann, seiner Majestät widmete, nicht zurückgewiesen hat, so wird auch Eurer Durchlaucht ein Werk nicht mißfallen, in dem der richtige Gebrauch der Vermögen des Geistes bei jeder Erkenntnis der Wahrheit und bei der Anwendung der erkannten Wahrheit deutlich erklärt wird. Möge der dreimal beste und größte Gott Euch, den gütigsten Vater des Vaterlandes, erhalten, damit ich unter Eurem Schutz das langjährige Werk glücklich vollenden kann, und möge er Euch viele Jahre lang den Ruhm genießen lassen, den Ihr mit so großen Tugenden erworben habt, durch die Ihr unter den Fürsten herausragt.

Marburg/Hessen,
am 27. März 1728

Euer Durchlaucht
demütigster und ergebenster
Diener
Christian Wolff.

Vorrede[7]

Zwei Dinge werden bisher in der ganzen Philosophie vermißt. Es fehlt jene Evidenz, die allein feste und unveränderliche Zustimmung bewirkt, und das, was in ihr gelehrt wird, entspricht nicht den Bedürfnissen des Lebens. Beides hat denselben Grund: Es fehlen die bestimmten Begriffe und Lehrsätze, ohne die das Vorgebrachte weder genügend verstanden noch zureichend bewiesen noch geschickt auf die Lebenspraxis angewendet werden kann. Als ich daran ging, eine für die Menschheit nützliche Philosophie zu entwickeln, habe ich daher geglaubt, mein Augenmerk darauf richten zu müssen, daß ich nur zuließ, was genügend erklärt und hinreichend bewiesen war, und die Worte von verworrenen Begriffen auf deutliche und von einer schwankenden Bedeutung auf eine feste zurückführte sowie wohlbestimmte Lehrsätze aufstellte, wie sie die Philosophierenden bisher noch nicht kannten. Auf diese Weise war es mir nicht allein möglich, das Wahre vom Falschen, mit dem es gewöhnlich vermischt ist, zu trennen und die untereinander verknüpften Wahrheiten in ein harmonisches System zu bringen, sondern es ist auch den Entdeckern endlich Zugang zu den Schulen gewährt worden, was schon *Campanella*[8] gewünscht hatte, obgleich die dort philosophierenden Schwätzer ihre Gewohnheiten noch nicht geändert haben, die der scharfsichtige und tiefsinnige Philosoph schon zu seiner Zeit getadelt hat.(*)

(*) So nämlich in dem Brief an *Gassendi*, den man in dessen *Opera*, Band VI, S. 407 lesen kann: *Ich bedauere die Wechselfälle des Zeitalters, nämlich daß es in der Erfindung neuer Dinge sehr glücklich ist, die Erfinder aber nicht in die Schulen aufnimmt. Dort haben nämlich vor langer Zeit diejenigen die Lehrstühle eingenommen, die auf geschwätzige Weise philosophierten, indem sie alles nicht am Leitfaden der Natur, sondern nach ihrem eigenen Gutdünken bemaßen und den Geist der Menschen mit solchem Blendwerk besetzten und mit solchem Dunst umnebelten, daß sie ihn in einen so tiefen und dem stumpfen Geist angenehmen Schlaf versetzten, daß sie immer dann, wenn einer mit der Stimme der Wahrheit oder mit einer Fackel und den hellen Strahlen des Tages zu ihnen durchdringen will, sich sogleich voller Zorn und Empörung bewaffnet gegen die Störer des süßen Schlafes erheben, um das Licht auszulöschen und dann wieder in schändliche Ruhe zurückzufallen. Darum müssen wir uns draußen herumtreiben, bis Gott unsere Welt von der Finsternis befreit und seinen Anhängern als Wohnstatt zurückgibt. (…) So wird es nämlich geschehen, daß die Gelehrsamkeit ihren Glanz zurückerhält, daß sie die geschlossenen Augen freiwillig wieder öffnet und die Hirten der Menschen zwingt, die göttliche Herde auf bessere Weiden zu führen.*

Niemand möge hier von mir erwarten, daß ich die schändlichen Kunstgriffe gewisser geschworener Feinde der gründlichen Wissenschaft und
der ungeschminkten Tugend schildere, mit denen sie mein Vorhaben
auch jetzt noch zu Fall zu bringen bemüht sind, oder daß ich den Eifer
beschreibe, mit dem sie den Sinn meiner Worte entstellen und mir gottlose Meinungen unterstellen, und von dem sie sich nicht abbringen lassen, obwohl sie längst eines Besseren belehrt sind[9]. Denn wie ein Geist,
der sich des Rechten bewußt ist, die lügenhafte Nachrede verlacht, so haben einsichtige und rechtschaffene Männer längst erkannt, »daß meine
Lehren nicht der Verteidigung bedürfen, sondern allein der Aufmerksamkeit und Fassungskraft des Lesers; daß meine Widersacher, obwohl
auf Hilfstruppen gestützt, in der Schlacht nicht standhalten werden; daß
meine Schriften reden, wenn ich schweige«. Dies biete ich also allen dar,
die etwas Zuverlässiges über meine Lehren und die Art, wie ich sie vortrage, in der Hand halten wollen, und ich hege keine Zweifel, daß sie
ohne jede Schwierigkeit erkennen werden, was jüngst ein berühmter
Philosoph in einem privaten Brief an mich bekannt hat: »daß meine Gegner so unbillig mit mir umgehen, daß man es kaum glauben möchte,
wenn sich die Unbilligkeit nicht durch den Vergleich beider Werke feststellen ließe; die Deutschen müßten sich ohne Mühe blenden lassen,
wenn das Wort meiner Gegner bei ihnen irgendein Gewicht haben
sollte.«[10] Die Sache ist jedoch halb so schlimm; nicht alle Deutschen sind
so stumpfsinnig, daß sie den Unterschied zwischen Korn und Unkraut
nicht sähen, noch so weit von allen guten Sitten entfernt, daß sie eine
gründliche und der Menschheit nützliche Lehre zu unterdrücken ver-
suchten. Was ich in deutscher Sprache zur Philosophie geschrieben
habe, ist nicht ohne Beifall aufgenommen worden, so daß innerhalb weniger Jahre wiederholt Neuauflagen nötig wurden.[11] Allein von der
Deutschen Logik[12] sind gewiß mehr als achttausend Exemplare in den
Händen teils der Gelehrten teils der studierenden Jugend. Mit den Stimmen der Besseren habe ich längst gesiegt, und frohgemut sehe ich den
Früchten entgegen, die eine gründliche Wissenschaft in der Kirche
ebenso wie im Staat und vor allem in der gelehrten Welt tragen wird.
Ich erkenne nämlich mit *Melanchthon* an, wie sehr dem Staat eine
vollkommene Wissenschaft not tut und daß, solange diese fehlt, »teils
aus Mangel an Urteilskraft, teils weil sie nichts ordentlich erklären
können, absurde und konfuse Meinungen verbreitet und verteidigt werden, aus denen große Meinungsverschiedenheiten und Streitigkeiten
resultieren, und daß kein Ende dieser Übel sein wird, wenn die Jugend

nicht zur wahren und gründlichen Art des Studiums zurückgeführt wird.«(**)

Ich habe mich auf einen langen Weg begeben, als ich mich entschloß, die einzelnen Teile der Philosophie, die ich im *Discursus praeliminaris* erwähnt habe,[14] nach derselben Methode ins Licht zu setzen wie jetzt die *Logica*, die ich als ersten Band der philosophischen Werke der Öffentlichkeit vorstelle. Da ich dem Verlangen der wahrheitsbegierigen Jugend keineswegs vollständig Genüge tun kann und sie, obwohl ich wenigstens sechs Stunden pro Tag Philosophie und Mathematik lese, trotzdem noch mehr bei mir zu hören wünscht, würde ich mich daher gegen die göttliche Vorsehung und die Menschheit vergehen, wenn ich die Zeit, die von diesen Arbeiten übrigbleibt, auf eitle Streitereien verwenden wollte. Alle, die ihr der Wahrheit abgeneigt und mir feindlich gesinnt seid, fahrt fleißig fort mit euren Verdrehungen, Schmähungen und Verleumdungen![15] Ich werde im Vertrauen auf die göttliche Vorsehung das Begonnene fortsetzen und mich bemühen, aus euren Schmähungen und Verleumdungen Nutzen zu ziehen, indem ich sie einst meinen Werken anstelle von Lobsprüchen voranstelle, damit auch die späten Nachfahren davon profitieren können. Was ich über mein Vorhaben zum Besten derjenigen sagen mußte, die es nicht aus den deutschen Werken kennen, kann dem *Discursus praeliminaris* entnommen werden, in der ich zwar Lehren vorzutragen scheine, aber doch das Ziel im Auge habe, mein Vorhaben darzulegen und zu rechtfertigen. Die einzelnen Lehrsätze habe ich in anderen Typen drucken lassen als das, was zu ihrem Beweis vorgebracht wird; ebenso das, was zur Veranschaulichung hinzugefügt wird; zum einen damit die Lektüre des ganzen Werkes leichter fällt, zum anderen damit man ohne Mühe sieht, was zum späteren Gebrauch dem Gedächtnis anvertraut werden muß. Wenn künftig einer die Stirn haben sollte, daß er, einen Vorwand zu schimpfen suchend, mir schamlos Dinge unterstellt, die mir fernliegen, der wird durch meine expliziten Lehrsätze zum Erröten gebracht, und es wird keine weitere Verteidigung gegen Verdrehungen meiner Worte und gegen unbillige Unterstellungen nötig sein. Die Theorie der Logik, die ich bringe, habe ich als der Praxis der Geometer, die auf die Strenge des Beweisens achten, entsprechend erkannt und mit Gründen untermauert, die teils von der Natur des Geistes[16], teils von dem – noch nicht hinreichend geklärten – Begriff des Seienden im allgemeinen[17] hergenommen sind; und

---

(**) In der Vorrede zu *Johann Vogelins Elementa geometriae*.[13]

im *Discursus praeliminaris,* wo ich von der philosophischen Methode spreche[18], habe ich ausführlich bewiesen, daß man nur auf diesem Wege zu sicherer Erkenntnis der Dinge gelangen kann. Die Praxis der Logik habe ich weitläufig auseinandergesetzt,[19] damit diejenigen, die sich diesem Studium zuwenden, den Nutzen der Theorie daraus ersehen können, und diejenigen, die sich entschlossen haben, nur das zu lernen, was ihnen dereinst nützen wird, die Nutzanwendung nicht vernachlässigen. Wer sich dieses Fernrohrs bedient, wird aufs klarste erkennen, daß die Wissenschaften, die man in den Schulen lehrt, verbessert werden müssen, damit sie nützlich werden, und daß ich bei ihrer Verbesserung auf dem richtigen Weg bin. Das Inhaltsverzeichnis[20] lehrt, was in dem Werk enthalten ist, die Überschriften, die den einzelnen Paragraphen beigegeben sind, stellen den Inhalt deutlicher vor. Es ist daher nicht nötig, daß wir den Inhalt hier besprechen. Wer sich auf die Weise, die wir am Schluß des Werkes[21] angegeben haben, um sein Verständnis bemüht, der wird die Erfahrung glücklicher und schneller Fortschritte in jeder Art der Wissenschaften machen und nie bestreiten, daß ihm der Gebrauch der Logik im ganzen Leben von Vorteil ist.

Marburg/Hessen,
am 31. März 1728.

Anhang 3

Erläuterungen zu Widmung und Vorrede

[1] Eine Übersetzung der Widmung durch Gottlieb Friedrich Hagen findet sich als Anmerkung 3 zu seiner Übersetzung der Vorrede zur *Philosophia rationalis sive logica* in: *Gesammlete (!) kleine philosophische Schrifften (...)*. Halle 1737, Reprint Hildesheim, New York 1981 (GW I, 21.3), S. 74–99; hier: S. 75–83. Sie trägt die Überschrift *Von Verbesserung der Weltweisheit, ingleichen von der Vernunfftlehre*.

[2] Karl, Landgraf von Hessen-Kassel (1654–1730). Er war ein Förderer der Wissenschaften und Künste und hatte Wolff, noch ehe dieser aus Halle auf Betreiben der dortigen Pietisten verjagt worden war, angeboten, in Marburg zu lehren (cf. Wuttke: *Ueber Christian Wolff den Philosophen*, a. a. O., S. 51). Die Hallenser Pietisten hatten beim König erreicht, daß Wolff durch Befehl vom 8. Nov. 1723 »binnen 48 Stunden (...) bey Strafe des Stranges« Preußen verlassen mußte. Die Kabinettsordre Friedrich Wilhelm I. ist abgedruckt ebd., S. 28.

[3] Cf. Erl. 2.

[4] Karl regierte ab 1670 bis zu seinem Tode 1730.

[5] Cf. Erl. 2.

[6] Tschirnhaus (1651–1708) hatte seine *Medicina mentis*. Amsterdam ([1]1687), »Ludvico XIV. Franciae et Navarrae Regi inclyto« gewidmet. *Medicina mentis, sive artis inveniendi praecepta generalia*. Editio nova, auctior et correctior cum praefatione autoris. Leipzig 1695. Reprint mit einem Vorwort von Wilhelm Risse. Hildesheim 1964, S. III [n.p.]. – Die *Medicina mentis* gehört zu den Werken, die starken Einfluß auf den jungen Wolff ausgeübt haben. Cf. *Christian Wolffs eigene Lebensbeschreibung*, a. a. O., S. 123–127 und das Urteil Wuttkes: »Wolffs philosophische Richtung war durch seine Vorgänger Tschirnhauß und Leibnitz bestimmt.« Ebd. S. 81.

[7] Zu einer Übersetzung der Vorrede durch Gottlieb Friedrich Hagen cf. Erl. 1.

[8] Dieser Brief Thomas Campanellas (1568–1639) an Pierre Gassendi (1592–1655) vom 7. Mai 1632 ist an der von Wolff angegebenen Stelle zu finden in Petrus Gassendi: *Opera omnia*. Faksimile-Neudruck der Ausgabe von Lyon 1658 in 6 Bdn. mit einer Einleitung von Tullio Gregory. Stuttgart-Bad Cannstatt 1964, Bd. VI: *Epistolae*, S. 407. Zu Beginn des Zitates hat Wolff nach »doleo« die Worte »tamen et contra« fortgelassen; ansonsten zitiert er wörtlich. An der durch Auslassungszeichen gekennzeichneten Stelle fehlt ein ganzer Satz.

[9] Anspielung auf die nach Wolffs Vertreibung aus Halle fortgesetzte Auseinandersetzung mit seinen dortigen Widersachern wie Joachim Lange und Daniel Strähler. Cf. hierzu Carl Günther Ludovici: *Ausführlicher Entwurf* a. a. O., (GW III,1.1–3). Theil I: §§ 60–63, 66; Theil II: §§ 149–154, 157–163, 165, 174. Cf. auch ebd. Kap. 14: »Von den Streitschrifften, welche wegen der Wolffischen Weltweisheit von deren Gegnern sowohl als Vertheidigern nach und nach zum Vorschein gekommen sind«, S. 504–651 und Theil III, Kap. 15: »Von den Wiedersachern der Wolffischen Weltweißheit«, S. 1–60.

[10] Laut École ist dieser Brief nicht überliefert. Cf. seine Erläuterung zu dieser Textstelle (GW II,1.1), S. 112.

[11] Über die Aufnahme der deutschen Werke Wolffs beim Publikum gibt der von Carl Günther Ludovici stammende Artikel *Wolf, Christian*. In: Johann Heinrich Zedler (Hg.): *Grosses vollständiges Universal-Lexicon*, a. a. O. Bd. 58, Sp. 549–677; hier: Sp. 604–638, Auskunft. Er enthält eine Bibliographie der Schriften Wolffs und nennt sowohl die Auflagen als auch die Übersetzungen, die sie bis dahin erfahren haben.

[12] Gemeint sind die *Vernünfftige(n) Gedancken von den Kräfften des menschlichen Verstandes und ihrem richtigen Gebrauche in Erkänntniß der Wahrheit*. Das Werk war erstmals Ende 1712 vorausdatiert auf das kommende Jahr in Halle erschienen und lag zum Zeitpunkt der Abfassung dieser Vorrede bereits in fünfter Auflage vor ([2]1719, [3]1722, [4]1725, [5]1727).

[13] Philipp Melanchthon (1497–1560): *Elementa geometriae ex Euclide singulari prudentia collecta a Ioanne Vogelin professore mathematico in schola Viennensi. Arithmeticae practicae per Georgium Peurbachium mathematicum. Cum praefacione Philippi Melanthonis*. Wittenberg 1536. Da der Band im öffentlichen Leihverkehr nicht zu erhalten war, ist der Titel angegeben nach *Philippi Melanthonis opera quae supersunt omnia*. Post Carol. Gottl. Bretschneiderum ed. Henricus Ernestus Bindseil. Bd. 20. Braunschweig (=Corpus reformatorum Bd. 20).

Reprint New York, London, Frankfurt/M. 1963, Sp. 828: »Additamenta ad Vol. I–X«, No. 6. Die Vorrede Melanchthons ist abgedruckt ebd. Bd. 3, Sp. 107–114; das Zitat: Sp. 110. Wolff zitiert etwas frei.

[14] Kap. III: »Von den Teilen der Philosophie«.

[15] Cf. Erl. 2.

[16] Cf. *Philosophia rationalis sive logica* (GW II,1.2), Pars I, Sect. I, Cap. 1: »De tribus mentis operationibus in genere«.

[17] Cf. *Philosophia rationalis sive logica* (GW II,1.2), Pars I, Sect. I, Cap. 2: »De notionibus quibusdam generalibus entis«.

[18] Cf. Kap. IV: »Von der philosophischen Methode«.

[19] Im zweiten, umfangreicheren Teil des Werkes unter der Überschrift »Logicae pars II sive practica« (GW II,1.2–3).

[20] *Philosophia rationalis sive logica* (GW II,1.3), S. 867f. Ihm folgte ein detaillierter »Index rerum et verborum« (ebd. S. 869–888).

[21] *Philosophia rationalis sive logica* (GW II,1.3), Pars II, Sect. VI, Cap. 2: »De methodo logicam discendi«.

Anhang 4

Personenregister zur »Einleitenden Abhandlung«,
zur Widmung und zur Vorrede

Personenregister

Berücksichtigt sind die *Einleitende Abhandlung über Philosophie im allgemeinen* sowie die Widmung und das Vorwort Wolffs. Einfache Ziffern bezeichnen die Paragraphen; ein vorangestelltes S. verweist auf die Seitenzahlen von Widmung und Vorrede.